数字时代

网络侵权认定与法律实践

史本军／著

知识产权出版社
全国百佳图书出版单位
—北京—

图书在版编目（CIP）数据

数字时代网络侵权认定与法律实践 / 史本军著. —北京：知识产权出版社，2024.11. —ISBN 978-7-5130-9580-8

Ⅰ.D923.404

中国国家版本馆 CIP 数据核字第 2024BW5301 号

责任编辑：刘　睿　邓　莹　　　　　　　责任校对：潘凤越
封面设计：杨杨工作室·张冀　　　　　　　责任印制：刘译文

数字时代网络侵权认定与法律实践

史本军　著

出版发行：知识产权出版社 有限责任公司	网　　址：http://www.ipph.cn
社　　址：北京市海淀区气象路50号院	邮　　编：100081
责编电话：010-82000860 转 8346	责编邮箱：dengying@cnipr.com
发行电话：010-82000860 转 8101/8102	发行传真：010-82000893/82005070/82000270
印　　刷：三河市国英印务有限公司	经　　销：新华书店、各大网上书店及相关专业书店
开　　本：720mm×1000mm　1/16	印　　张：18.5
版　　次：2024年11月第1版	印　　次：2024年11月第1次印刷
字　　数：292千字	定　　价：98.00元
ISBN 978-7-5130-9580-8	

出版权专有　侵权必究

如有印装质量问题，本社负责调换。

序

PREFACE

　　这是一部关于数字技术背景下的信息网络传播权法律实务与案例精析的专著。在数字时代背景下,知识产权保护与侵权现象日益成为法律界和社会关注的焦点,实践中也呈现出众多需要解决的难点、疑点。史本军律师凭借其多年来在法律实务和学术研究方面的积累,为我们提供了一部极具价值的参考书籍。

　　史本军律师在中国人民大学法学院攻读硕士学位期间,我是他的导师。他长期在大型互联网、文化企业做法务与管理工作,因为工作的便利,加之爱思考、肯钻研,他的硕士学位论文选择了彼时互联网行业蓬勃发展中UGC平台中出现的侵害作品著作权现象作为研究对象。这是一篇较早涉及互联网平台侵权现象的研究论文,其中涉及的现象与理论至今仍然有较好的研究价值与借鉴意义。

　　史本军律师硕士毕业后继续在大型TMT公司负责知识产权法律与管理工作,之后创办专注于TMT公司与行业法律、知识产权、公司法律纠纷解决的北京合博律师事务所,其间还攻读了法学博士学位,并发表多篇与知识产权相关的论文。史本军律师认为,跨学科特别是经济学研究方法对研究侵权理论中的赔偿会有很大的帮助,所以又去攻读了金融管理博士学位,并在做访问学者期间做了数字经济与数据产权方面的课题研究。史本军律师多年来对互联网与文化产业中涌现出的侵权案件以及数字经济与数字产权、侵权赔偿等课题始终保持着浓厚的研究兴趣与研究热情,再加上他近二十年来在TMT行业的法律实践、管理经验,积累了丰富的行业知识、案例经验与理论功底,形成了跨学科、跨行业领域的知识结构,能够深刻理解科技、文化、经济等多维度因素对知识产权保护的影响。这种综合性的视野使他在解决复杂知识产权问题时能够展现出独到的见解，并提出切合实际的解决方案。

本书清晰地呈现了史本军律师在 TMT 行业与律师从业工作中遇到的技术与版权应用场景，以及其中发生的法律纠纷的解决之道与理论思考。这也是他写作本书的主要缘起。书中的案例都是他亲自代理或者参与代理的案件，其中的一些理论性文章也都是他根据工作中遇到的实践问题形成的理论思考。他曾经跟我谈及他的一个观点：虽然这二十年来互联网行业发展迅速，商业模式迭代也很快，涌现出了很多新类型的侵权案件，看起来很难用现有的法律解决，但是只要用心思考，坚持法理，再复杂的争议现象依然可以在现有的法律框架下解决。也就是说，没有新理论，只有新现象。

本书中，史本军律师不仅回顾了信息网络传播权的发展历程，还结合了他亲自代理或参与代理的案件，包括多个涉外知识产权案例，将知识产权法律理论与行业实践案例相结合，为我们展示了如何在现有的法律框架下解决复杂的侵权争议。他的分析深入透彻，案例选择典型，理论阐述清晰，对法律从业者和学术研究者来说，本书不仅具有很高的参考与研究价值，而且在国际化视野的开拓以及海外知识产权纠纷应对与实务操作上也提供了借鉴。

值得一提的是，史本军律师在书中对跨学科研究方法的重视，尤其是经济学研究方法在侵权赔偿问题上的应用，为我们代理、研究侵权案件提供了一个新的视角和思考路径。这种跨学科的视角，不仅丰富了知识产权法律保护领域的相关研究，也为解决知识产权保护中遇到的现实问题提供了更多可能性。

史本军律师是数字技术应用场景下的参与者，也是数字时代的思考者与法律纠纷专业解决的践行者！我强烈推荐本书！

是为序！

姚欢庆
中国知识产权法学研究会副秘书长
2024 年 11 月 26 日

自序

PREFACE

当今时代，互联网技术突飞猛进，文化产业日益繁荣，人们的精神消费日益多元化，社会中涌现出更多与内容生产、使用、消费的知识产权相关的应用场景。与此相关的法律争议与侵权现象层出不穷，需要应用现有的法律进行解决，但相比日新月异、快速迭代的互联网技术与商业模式，这些法律又显得那么的滞后与"不合时宜"，而这一直是我个人以及合博律师团队所致力于解决的实践命题与理论课题。

一、行业发展

1998年美国《新千年数字版权法案》（DMCA）通过后，各国开始对互联网传播中的版权问题展开讨论。在我国，2000年11月22日，最高人民法院审判委员会第1144次会议通过《最高人民法院关于审理涉及计算机网络著作权纠纷案件法律若干问题的解释》，其中第2条第2款规定："著作权法第十条对著作权各项权利的规定均适用于数字化作品的著作权。将作品通过网络向公众传播，属于著作权法规定的使用作品的方式，著作权人享有以该种方式使用或者许可他人使用作品，并由此获得报酬的权利。"这里出现了信息网络传播权的雏形。在2001年修正的《中华人民共和国著作权法》（以下简称《著作权法》）中明确增加"信息网络传播权"这一权项，并于2006年通过《信息网络传播权保护条例》。信息网络传播权的定义在表达上借鉴了世界知识产权组织（WIPO）制定的《世界知识产权组织版权条约》（以下简称《版权条约》）和《世界知识产权组织表演和录音制品条约》中的相关概念。《版权条约》第8条是对《保护文学和艺术作品伯尔尼公约》（以下简称

《伯尔尼公约》）确定的传播权保护体系的发展和完善，它弥补了伴随着信息技术的发展，在《伯尔尼公约》中有关作者公开传播权的规定中逐渐显露出的不足。尽管如此，在信息网络传播权的运用中，依然出现很多新的问题，比如平台对"避风港原则"的"滥用"增加了内容权利人的维权成本，侵权行为认定中涉及"明知或应知"判断标准的争议等。2020年颁布的《中华人民共和国民法典》（以下简称《民法典》）就侵权责任进一步明确"明知或应知"作为过错责任的承担判断标准，并加入侵权责任的惩罚性赔偿，为2020年修正的《著作权法》中增加惩罚性赔偿条款提供了依据。

从业伊始，知识产权专业已经"小荷才露尖尖角"，大学已经设立知识产权学院，已经有知识产权专业双学位，甚至跨学科攻读硕士学位的法官走上知识产权审判岗位，但是总体上人们对知识产权的保护意识依然不强。而这二十年我国知识产权行业飞速发展，与知识产权保护相关的法律、法规、规章政策纷纷出台与修订。在这二十年的发展中，本人既是知识产权行业的观察者，也是参与者、研究者。

从最早为了加入WTO而进行的知识产权三部法律的修改，到之后国家发展到一定阶段对知识产权保护内生的诉求，进而到国务院每年制定的知识产权规划，保护创新发展，建立知识产权法庭、知识产权法院，设立最高人民法院知识产权庭，无不是外部发展、内生需求的水到渠成。"知识产权对经济社会发展的推动作用日益显著，知识产权各项基础数据稳步增长，中国成为名副其实的知识产权大国。"[1] "从2017年至2021年，中国版权产业的行业增加值从5.46万亿元人民币增长至7.51万亿元人民币，产业规模增幅38%；从对国民经济的贡献来看，中国版权产业占GDP的比重由2016年的7.33%增长至2020年的7.39%，提高了0.06个百分点，占比呈稳步提升的态势；从年均增速来看，2016年至2020年间，中国版权产业行业增加值的年均增长率为8.3%，高于同期GDP 0.2个百分点。"[2]

---

[1] 董涛. 十年来中国知识产权实践探索与理论创新 [J]. 知识产权，2022 (11).
[2] 2021年中国版权产业增加值占到GDP的7.39% [EB/OL]. [2022 - 12 - 08]. http://ncae.gov.cn.

二、法律实践

美国大法官霍姆斯认为，法律的生命不在于逻辑，而在于经验。在我看来，霍姆斯在一个半世纪前对法律在于实践的表达，对当今法律从业者依然有启发甚至指导意义，即法律是应用之学，只有在事件场景下进行法律应用，才是真实的法律。法律即实践，而非严格意义上的"法教义主义"，不应在解决具体的法律事件上进行"生搬硬套"。我认为霍姆斯的以上论述并没有否定法律的逻辑，因法律的逻辑在于法律本身，而非法律实践，法律在实践中才有生命力。进而言之，既有的法律在客观法律实践场景中有的是纯粹的适用，有的需要理解适用，而丰富的场景也给予立法、司法实践以参考样本，给予行业以样本支撑。

以我对律师行业的浅见，作为应用之学的法学，特别是作为大陆法系的中国法学的研究，其理论只能围绕现实、围绕制定法，而现实是复杂的，制定法是永远滞后于现实的。理论研究如果依然刻舟求剑，无疑是在对现实中涌现的争议解决掩耳盗铃，不能解决实际问题，达不到法院所要求的定分止争的效果。具体而言，二十三年前因为互联网的风起云涌造成了行业的法律突变，而在美国提出的DMCA中，有一些理论仍然影响及至规制当下，但是如今已经进入web 3.0的元宇宙、数字经济时代，这些理论是否应该改变呢？是否应进行扩张、顺应时代的解释呢？不管是ChatGPT的出现对文本内容产业产生的影响，还是2024年新年伊始Sora的横空出世对视频内容行业产生的震撼，作为法律实践者，一定要立足法律理论、现有法律法规，依照法律逻辑分析、解决法律问题，而这也已经体现在2023年12月发生的"纽约时报诉制造商开放人工智能研究中心（OpenAI）和微软公司案"[1]，以及已结案的"文生图第一案"[2]中。

所以，我更愿意通过案例的方式来解构滞后的法律理解、法律应用、法律解释。案例研究法最早可以追溯到1870年，其时，兰德尔就任哈佛大学法

---

[1] 南博一.《纽约时报》起诉OpenAI、微软人工智能产品侵权，"损失数十亿美元"[EB/OL].[2024-10-26]. https://www.thepaper.cn/newsDetail_forward_25833289.

[2] 徐慧瑶. 构成作品！我国AI文生图著作权第一案尘埃落定[EB/OL].[2024-10-26]. https://baijiahao.baidu.com/s?id=1785776324857246825&wfr=spider&for=pc%EF%BC%882024%EF%B9%B42%E6%9C%8826.

学院院长，而当时，法律教育正面临巨大压力，传统的教学法遭到全面反对，而法律文献急剧增长。兰德尔认为法律条文的意义在几个世纪中得到扩展，这种发展可以通过案例来寻找规律，因此，法学院开创了案例研究法的先河。虽然我国不是判例法国家，但是这些年来，每年最高人民法院都会公布指导性案例，这些案例的审理具有法律适用解释力与审理规制指导性，甚至对同类型案件审理有强制规范性。各级法院也会公布典型性案例，这些案例具有类型案件的解释力，也具有指引性，而一些法院也在实行类案援引制度。这些措施在维护着司法的权威，而案例也正因为其灵活性，更加贴合司法实际。

三、本书取材

本书收集了侵害作品著作权案例，其中更多地分析侵害影视作品信息网络传播权案件，并兼顾其他作品著作权案件。这是因为影视作品属于内容产业中的重要产品，也属于版权中的重要类型。恰巧，笔者在多年的从业中有绝大部分的法律实践围绕影视版权开展，所以近水楼台先得月，根据自己对这些案例的代理或者研究作了近距离的思考。

当下，影视作品的被侵权主要表现在信息网络领域中，表现在平台与终端上又是多样化的。如何认清并从法律实践中对这些场景下的侵权现象进行研究，以及作为权利人如何在多场景下维权，是需要解决的问题。所以，笔者力图把这几年呈现出的多场景下的侵权案例进行梳理，以便于权利人、代理律师或其他相关从业者快速掌握这些法律法规以及司法案例。同时对著作权侵权不同场景下的典型案例进行研究，分析和探讨影视剧著作权侵权的典型场景和诉讼实务。

四、选材思路

本书依托案例进行，整体上结合典型性案例呈现与梳理、同质化案例归纳与总结进行。本书中所援引的案例，都是已经公开的裁决文书，笔者在选择之时，考虑了时效性、典型性、权威性，也尽可能考虑案件类型的多样化、地域法院分布的广度、应用场景的多样化等因素。

以多样性为例，多样性体现为侵权场景的多样性、侵权行为的多样性、涉案作品的多样性等，也表现在商业模式的多样性、裁决文书结果的多样性、适用法律法规和司法解释的多样性、裁决结果的多样性等。比如在视频网站侵权中，列举的电影制作地区有国内有国外，国外的影视作品尽可能多是不同国家的影视作品。在列举侵权中，尽可能多地展现可能出现的盗版类型。

作为内容行业与法律行业的同行者、研究者、实践者，笔者一直认为自己有义务呈现这些场景。秉承合博的求真务实之价值观，本书也充分考虑律师的使用习惯，即场景化而非教科书化。这个行业的现有法律从业者，可以进行场景回顾并系统化，而没有从事过该领域、该行业的法律从业者，如果想对这个行业进行了解或参与，可以通过场景化的案例阅读，快速掌握有关案件的法律代理思路与审理司法实践。

五、精选说明

本书所选案例都是近些年笔者代理的著作权案例，每个代理的案子对我们律师来说都是自己的作品，都是"心爱之物"，但是因为篇幅有限与理论阐述所需，只能从这些案例中进行精选。既然是精选，就有一定的标准，精选的标准出于以下三个考虑。

第一，精在案例新颖。新颖代表新的侵权场景、新的判赔认定或者新的涉案影视作品，以及新的理论在案例中的应用。道高一尺，魔高一丈，侵权场景也是如此，一部新的片子一旦公映或者被剧透，侵权盗版行为就猖獗泛滥，很多的侵权场景涌现出来。各地、各级、各个时间区间甚至同一个法院的不同法官对同一个类型案件所作出的裁决文书都不相同。

第二，精在案例典型。典型代表侵权场景的类型化、侵权类型的差异化、裁决文书的条理化。既然是精选，就要选择比较有典型性的案例来分享、来论述。每年4月的"世界知识产权月"，各级、各地人民法院都会发布上一年度的知识产权保护典型案例。这些案例既是对上一年度知识产权保护的陈述，也是对相同类型案件的审理进行指导。这些典型案例对各级、各地法院审理相同或者相似案件是一种指导。

第三，精在面面俱到。所谓的"面面俱到"是指选择裁决文书之时，兼顾法院审级、地域、侵权模式、作品类型以及时间跨度上的考量。在技术发展、商业模式更迭中，不同时期对新侵权方式的定性与裁决结果会有不同。

各地法院在各个时期、阶段，都会对同一个类型的案例作出不一样的裁判，有不一样的裁决标准。而作为知识产权中作品的异质化，以影视作品为例，其制作成本、宣发成本、社会影响、院线选择、渠道分发、侵权类型、侵权平台、侵权持续时间、侵权主体的过错程度等因素，都决定了一个作品在被侵权之时，获得法律救济程度会有所不同。

法律的出台总是滞后的，但是市场化中的商业模式更迭迅速，通常立法与司法无法及时遏制一些盗版侵权的现象。而案例分析对法律工作者、行业从业者来说是最容易有代入感并解决实际问题的一种方式。有相似的案例，但是绝对不存在完全一样的案例，而即便是在有相似案例的情况下，因为我国是大陆法系国家，不同的法官甚至同一个法官在不同的时间段对类型相似的案件，会作出不同的裁决。作为一名横跨互联网与法律业界的"老兵"，我一直在实践、思考与研究，试图从中找到以上问题的最优解。在我看来，法律争议的最优解是一种立场表达，而非第三人的评价，从这个意义上讲，对涉及互联网技术发展与商业模式的法律争议的解决，任何不身临其境的深度参与以及对行业没有深刻理解甚至战略展望的参与者对争议的理解都是片面的、有局限性的。寻找规律与回顾发展史，有助于减少这种片面与局限性。

本书力求通过案例分析，把案例场景、证据呈现、办案程序、裁判结果与法律援引，以及笔者对案件审理、办理过程中的一些想法都呈现出来，以期抛砖引玉，能引发读者更多的思考和讨论。

目录
CONTENTS

视频平台与网站中的侵权认定

背　　景 ·· 3
　　视频网站的发展 ·· 3
　　视频网站的运营模式 ··· 3

案　　例 ·· 5
　　案例一：网站服务提供者未经授权擅自向公众提供涉案作品的
　　　　　　在线播放和下载服务的侵权认定 ··· 5
　　案例二：判赔金额影响因素 ··· 8
　　案例三：插画作品权利被侵害的甄别 ·· 11

法律实践 ·· 15
　　视频网站或平台的侵权模式 ·· 15
　　视频网站或平台侵权行为的认定 ··· 16
　　网站侵权的判赔金额 ··· 17
　　涉网站侵权证据保全的注意事项 ··· 17

理论研究 ·· 19
　　涉及信息网络传播权赔偿金额的研究 ··· 19
　　侵害著作人身权精神损害赔偿研究 ··· 30
　　论赔礼道歉责任在侵害著作权案件中的谨慎适用 ·· 34
　　网络服务提供者信息网络传播权的侵权抗辩事由 ·· 43

· 1 ·

手机 App 上的侵权形态

背　　景 ·· 53
　　智能手机与手机软件的发展 ··· 53
　　长短视频权利人成为信息网络传播中的受害者 ························· 53

案　　例 ·· 56
　　案例一：电影作品音频向公众播放的侵权责任认定 ··················· 56
　　案例二：社交属性的网络服务平台责任认定 ······························ 60
　　案例三：国外电影在视频平台上被侵权的救济 ·························· 63
　　案例四：对历史艺术人物作品解读的文字作品侵权 ··················· 66
　　案例五：与电视台作品播放同步的 App 回放功能侵权的认定 ··· 70
　　案例六：合作业务超过作品使用授权范围的侵权认定标准 ········ 73
　　案例七：视频实际提供者承担责任，仅提供链接、搜索服务者免责 ····· 77

法律实践 ·· 82
　　如何判断网络平台构成间接侵权 ··· 82
　　如何找到背后的实际侵权人 ·· 82

理论研究 ·· 84
　　广播电台、电视台播放作品中涉及的广播权与信息网络传播权 ····· 84
　　国外电影权利主体与版权流转机制研究 ····································· 92
　　影视作品部分权利人的权利救济
　　　　——兼评我国《著作权法送审稿》（2014）第 17 条之规定 ······ 105
　　信息网络传播权中的实质性替代 ··· 114
　　社交属性网络服务平台责任认定 ··· 118
　　如何准确认定网络著作权的"间接侵权责任" ·························· 121
　　关于侵害知识产权民事案件适用惩罚性赔偿的研究 ················ 125

微信公众号上的侵权行为

背　　景 ·· 141
　　微信公众号的侵权模式 ··· 141

案　　例 ·· 142
　　案例一：网络服务提供者对被链网站有"应知"过错，
　　　　　　构成帮助侵权 ·· 142
　　案例二：网络服务平台不能提供合法的链接网站，构成帮助侵权 ······ 145
　　案例三：实际侵权人众筹课件分享课程涉及侵权 ···················· 149

法律实践 ·· 153
　　微信公众号和微信小程序的主体确认 ································· 153
　　服务器标准和用户感知标准的抉择 ··································· 153
　　固定证据的操作方法 ··· 154

理论研究 ·· 157
　　链接服务提供者行为的侵权认定 ····································· 157
　　浅析"深层链接"式信息网络传播行为的侵权性质 ················· 163
　　网络侵权中的"避风港原则"和"红旗原则" ························ 168
　　"避风港原则"在司法实践中面临问题的再梳理
　　　　——以视频网络行业为视角 ······································ 172

OTT互联网电视侵权类型

背　　景 ·· 179
　　互联网电视发展与侵权现状 ··· 179

案　　例 ·· 180
　　案例一：小米盒子侵权类型的认定标准 ······························ 180
　　案例二：OTT盒子制作商及销售商侵权责任的认定 ················ 182

法律实践 ·· 185
　　OTT简介 ·· 185
　　OTT发展现状 ··· 185
　　OTT侵权主体的认定 ··· 186
　　OTT生产商行为认定 ··· 187

理论研究 ·· 189
　　OTT互联网电视诉讼案例分析 ·· 189

证据理论与实践 ·· 195

线下经营性场所版权保护边界

背　　景 ·· 209
　　点播影院之隐蔽性侵权 ·· 209
案　　例 ·· 210
　　案例一：线下经营性场所播放作品的侵权认定 ························ 210
　　案例二：线下经营性场所与第三方以分工合作的方式播放
　　　　　　作品的侵权认定 ·· 213
法律实践 ·· 217
　　点播行为侵权的责任认定 ·· 217
　　点播影院侵权责任的承担 ·· 218
理论研究 ·· 220
　　线下经营场所可能会触犯的视听作品的权利 ·························· 220
　　绕不开著作权，私人影院也难以遍地开花 ···························· 225
　　以分工合作的方式共同提供作品涉及侵权的司法认定研究 ·············· 230

涉网盘的侵权行为

背　　景 ·· 243
　　网盘：隐形的侵权工具 ·· 243
案　　例 ·· 244
　　案例一：美术教程被他人通过百度网盘进行散布侵权的救济 ············ 244
　　案例二：下载服务提供者是否侵权的认定 ···························· 248
法律实践 ·· 252
　　网盘是否等于侵权工具 ·· 252
理论研究 ·· 256
　　众筹课程视频、低价倒卖网课为侵权行为 ···························· 256

智能电视侵权行为类型

背　　景 ·· 261
　　交互式网络电视的介绍 ································ 261

案　　例 ·· 262
　　案例一：IPTV 有线电视播放的作品行为侵犯作品信息网络
　　　　　　传播权的认定 ·· 262
　　案例二：智能电视软件侵犯作品信息网络传播权的认定 ········· 265

法律实践 ·· 268
　　实务中 IPTV 侵权的法律责任 ································ 268
　　IPTV 司法救济 ·· 271

理论研究 ·· 272
　　IPTV 电视的崛起与法律困境 ································ 272

后　　记 ·· 276

视频平台与网站中的
侵权认定

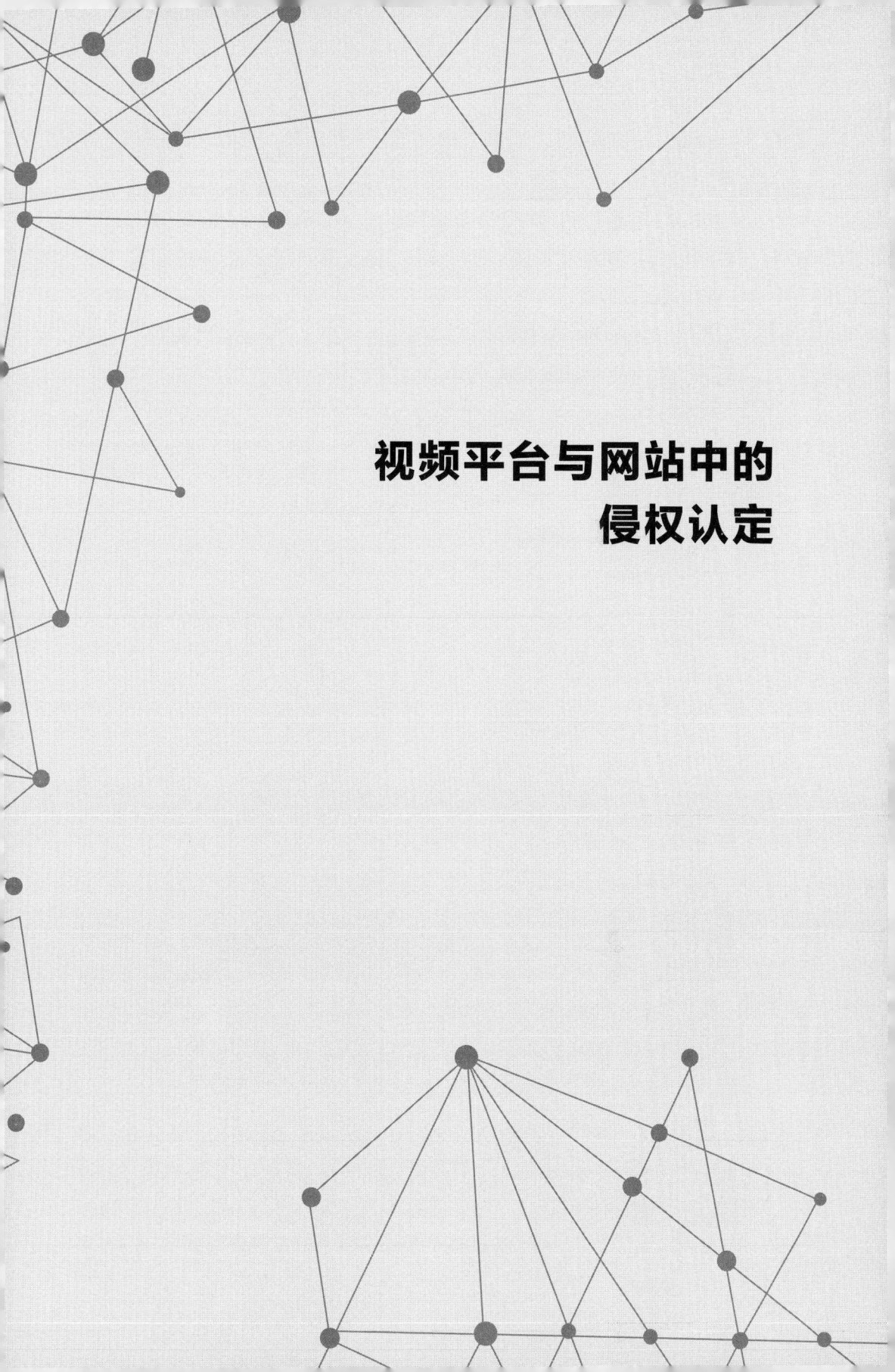

背 景

视频网站的发展

起始于PC端时代的主流的视频网站,例如搜狐、爱奇艺、优酷、腾讯视频等,都伴随着信息存储技术和网络传播技术的进步而快速发展,用户群体广泛。伴随着平板电脑和智能手机等移动终端的普及,可以下载视频内容或者在移动终端直接观看的应用层出不穷,与此同时,依托网络搜索和链接技术的发展,视频网站逐渐演变出"聚合"的功能,为用户提供全网搜索服务,甚至还会采取转码、链接技术整合主流视频网站的各种独家付费资源来满足用户需求,并且不需要用户支付任何费用,以致于视频网站著作权侵权的案件呈现快速增长的趋势,近几年的增长速度尤为迅猛。由此可见,视频网站侵权已经处于一个比较严峻的形势。

视频网站的运营模式

目前,各大视频网站平台公司为了获取用户的流量而竞争激烈,各大主流网站争相斥巨资购买独家版权来保证自身有唯一性的资源,以此获取用户流量,增加用户黏性,从而获得流量的模式促进运营。视频平台维持运营的最主要收入来源是广告商或者产品厂家直接投放广告的服务收入,而广告收入主要取决于视频的播放数量、访问数量以及用户的独立访问数量(PV、UV)等,其中主要侧重点是一天之内用户的独立访问数量,一般只记录第一次进入网站、具有独立IP地址的用户。广告商在计算有效流量时将视频的播放数量、访问数量以及用户的独立访问数量三者结合起来进行计算,若一一对应便为有效流量。目前互联网广告主流计费方式有点击成本(Cost – Per – Click,CPC)、按天付费(Cost – Per – Day,CPD)、千人成本(Cost – Per –

Mile，CPM)、由广告所带来的用户产生的每次特定行为的费用，即根据每个访问者对网络广告所采取的行动收费的定价模式（Cost‑Per‑Action，CPA）。对于用户行动有特别的定义，包括形成一次交易、获得一个注册用户、产生一次下载行为等。基于广告引入用户所产生的成功销售而收取一定比例佣金的商业合作方式（Cost‑Per‑Sale，CPS）、投资收益率或报效回报率（Return‑On‑Investment，ROI）。

案 例

以下案例从案件基本信息、案情简介、裁判要旨、争议焦点等方面对网站侵权的判决书进行评析,[①] 将司法实践中的焦点问题进行梳理,以期为知识产权的司法保护提供一些思路。

案例一：网站服务提供者未经授权擅自向公众提供涉案作品的在线播放和下载服务的侵权认定

【案件基本信息】

1. 一审：上海杨浦区人民法院（2015）杨民三（知）初字第606号

    二审：上海知识产权法院（2016）沪73民终212号

2. 案由：侵害作品信息网络传播权纠纷

3. 当事人：

    原告：广州佳华文化活动策划有限公司

    被告：上海宽娱数码科技有限公司

4. 侵权平台：哔哩哔哩网站（www.bilibili.com）

5. 涉案作品：电影《史前大章鱼》（Octopus）、《终极斗士2》（Undisputed 2）

【案情简介】

原告拥有独家信息网络传播权的电影《史前大章鱼》《终极斗士2》在被告经营的哔哩哔哩网站（www.bilibili.com）上对外公开在线播放及传播。被告所经营的网站通过会员注册发送弹幕、收藏视频等权限设置来吸引公众点击观看相关内容及增加网站浏览量，致使原告拥有独家信息网络传播权的电影作品在不特定的公众中大范围地被点击观赏及扩散，被告的行为未取得

---

① 下文提及"该案"或"本案"，如无特别说明，均指代该案件，全书同。

原告的合法授权，侵害了原告的合法权利，并给原告造成重大经济损失。

【裁判要旨】

本案争议焦点为：（1）原告是否享有涉案作品的信息网络传播权？是否具有诉讼主体资格？（2）被告的行为是否构成侵权？如果构成，应当承担怎样的责任？

一审法院判决被告上海宽娱数码科技有限公司于该判决生效之日起10日内赔偿原告广州佳华文化活动策划有限公司人民币30 000元（含合理费用人民币2000元）。

【争议焦点】

（1）原告是否享有涉案作品的信息网络传播权？是否具有诉讼主体资格？

根据我国《著作权法》的相关规定，电影作品和以类似摄制电影的方法创作的作品的著作权由制片者享有；如无相反证明，在作品上署名的公民、法人或者其他组织为作者。涉案作品《史前大章鱼》《终极斗士2》均属摄制在一定介质上，由一系列有伴音或者无伴音的画面组成，并且借助适当装置放映或者以其他方式进行传播，属于受著作权法保护的以类似摄制电影的方法创作的作品。原告就影片《史前大章鱼》《终极斗士2》提供了影片中的署名、刻录光盘、授权书、生效判决等证据，证明其获得了著作权人的授权，享有独占的信息网络传播权，被告未能提供相反证据，因此对于被告认为原告不享有涉案两部影片信息网络传播权的主张，法院不予采信。虽然原告就涉案两部影片的独占信息网络传播权授权期为2011年4月25日至2015年4月22日，但由于原告指控的侵权行为发生在其合法有效授权期内，因此原告有权以自己的名义对授权范围内、授权期限内的侵权行为提起诉讼。

（2）被告的行为是否构成侵权？如果构成，应当承担怎样的责任？

依据我国《著作权法》的规定，信息网络传播权是指以有线或者无线方式向公众提供作品，使公众可以在其个人选定的时间和地点获得作品的权利；未经著作权人许可，以上述方式使用其作品的，构成侵害信息网络传播权。本案中，被告自认涉案两部影片系由网友上传至被告服务器。被告未经原告许可，在其经营的网站及安卓手机端提供涉案两部影片的在线播放，使公众可以在其个人选定的时间和地点观看涉案两部影片，其中被告安卓手机客户端还可以提供涉案两部影片的缓存（下载），上述行为侵害了原告享有的信息网络传播权。对于被告辩称其是网络服务提供者，网站有大量的网友上传的信息，不应当对其苛以较高的责任，应当适用"避风港原则"的主张，法院认为，网络服务提供者为服务对象提供信息存储空间，供服务对象通过信息网络向公众提供作品、表演、录音录像制品，不知道也没有合理的理由应当知道服务对象提供的作品、表演、录音录像制品侵权的，不承担赔偿责任。因此，被告不承担赔偿责任的前提是其不知道也没有合理理由应当知道网友上传的涉案两部影片构成侵权。通常情况下，影片的采购需要花费大量的物力财力，在互联网传播影视作品需要获得授权，而网络个人用户上传的影片资源通常不具有合法授权，权利人一般也不会免费许可他人将影片上传分享到网站上，供公众在线播放。被告作为国内知名的视频网站，对于行业规则必然非常了解。被告开放服务器空间，并开辟了动画、音乐、电影、电视剧等专区，允许网络用户任意上传电影作品到其网站上供其他用户在线播放，其行为本质是属于有意制造一个危险的状态——吸引、帮助用户集中上传侵权影视剧到被告网站再供网友观看。因此，在被告对服务器空间完全开放供用户上传分享的经营模式下，明知网络个人用户上传的影片通常不具有合法授权，便应当负有较高注意审查义务，应当对网友上传的资源加以严格审核甚至不予通过的方式制止侵权行为的发生。而被告从日常的经营模式和本案提交的证据中，无法体现其已尽到相应的注意义务，其实质就是在明知且应知可能侵权的情况下仍提供存储服务的帮助行为，故无法适用"避风港原则"予以免责。综上，被告的行为侵犯了原告对涉案影片享有的信息网络传播权，应当承担赔偿损失的民事责任。

【法律评价】

该案涉案影片是三部，在立案的时候分别立了三个案件，后来被主审法官作并案处理，这是上海法院审理这类案件的通常操作。三部涉案影片都是涉外影片，首先涉及权利归属的版权链的完整性问题，该案代理律师做了大量的工作，包括涉外授权材料的认证、转递等，这些工作都在域外完成，所以工作周期较长。另外，涉案的三部影片中的其中一部电影《破坏者》的主要演员是著名演员施瓦辛格，并且该部电影当时正在国内进行公映。代理人认为这是一个很好的侵权案件的代理范例，涉及侵权的认定、侵权赔偿金额的确定等。

该案代理的难点：

（1）权利证明与侵权证据收集。在本案中，原告需要充分证明其拥有涉案影片的独家信息网络传播权。这需要对大量涉及权利归属以及授权的文件做的公证书，以及相关生效的判决书、涉案影片光盘等材料的收集、整理与核实。同时，原告还需提供足够的证据证明被告存在侵权行为，包括提供被告网站和移动客户端都有提供涉案影片播放的公证书等。这一环节不仅需要严谨的法律思维，还需要较强的证据收集和选择能力。

（2）侵权性质的认定证据。被告主张其运营的网站上的涉案影片系网络用户上传，不属于侵权行为。原告在主张被告的行为属于侵权性质时，需要收集被告是否采取了合理的措施避免侵权的证据，以及呈现证据证明被告所运营网站的特点（如实时评论功能）是否增加了侵权行为的传播范围。

（3）赔偿金额的确定的证据。在确定赔偿金额时，法官一般需要综合考虑涉案影片的知名度、商业价值、侵权行为的持续时间、范围以及原告为维权所支出的合理费用等因素。由于这些因素往往难以量化，因此赔偿金额的确定具有一定的主观性和不确定性。所以代理律师提供了以上所涉及的相关证据用来获取法官对赔偿金额的支持。

案例二：判赔金额影响因素

【案件基本信息】

1. 一审：北京市海淀区人民法院（2018）京 0108 民初 57289 号

2. 案由：侵害作品信息网络传播权纠纷

3. 当事人：

原告：北京优图佳视影像网络科技有限公司

被告：北京思集智库科技有限公司

4. 侵权平台：域名为 www.199it.com 的网站

5. 涉案作品：三张图片

【案情简介】

由被告运营的网站在域名为"www.199it.com"的网站（网址分别为：www.199it.com/archives/345770.html；www.199it.com/archives/399394.html；www.199it.com/archives/441258.html）中作为配图使用了涉案三幅作品。

【裁判要旨】

本案涉及以下焦点问题：（1）北京优图佳视影像网络科技有限公司（以下简称"优图公司"）是否享有涉案作品的信息网络传播权？（2）北京思集智库科技有限公司（以下简称"思集智库公司"）是否侵犯了优图公司的信息网络传播权？（3）损失的赔偿数额如何认定？

一审法院认定被告在其经营的网站中使用涉案作品，通过信息网络向公众提供涉案作品，且未支付报酬，侵犯了原告对涉案作品享有的信息网络传播权。

【争议焦点】

（1）优图公司是否享有涉案作品的信息网络传播权？

原告提交作品登记证书及其附表封面、内容页、作品样稿，证据显示：编号为＊＊＊的作品，证书编号为＊＊＊，首次发表日期为2011年6月15日；编号为＊＊＊的作品，证书编号为京作登字＊＊＊，首次发表日期为2008年1月10日；编号为＊＊＊的作品，证书编号为京作登字＊＊＊，首次发表日期为2013年1月10日，上述作品著作权人均为原告。根据原告提交的权属证据，在无提交相反证据的情况下，应该认定原告系涉案作品的著作权人。

（2）思集智库公司是否侵犯了优图公司的信息网络传播权？

被告网站性质不影响其对涉案作品提供行为的性质判定，其关于自身网站系非交互式网站不应承担侵权责任的辩称于法无据，被告未经原告许可，在其经营的网站中使用涉案作品，通过信息网络向公众提供涉案作品，且未支付报酬，侵犯了原告对涉案作品享有的信息网络传播权。

（3）损失的赔偿数额如何认定？

依据《著作权法》的规定，侵犯著作权或者与著作权有关的权利的，侵权人应当按照权利人的实际损失给予赔偿；实际损失难以计算的，可以按照侵权人的违法所得给予赔偿。赔偿数额还应当包括权利人为制止侵权行为所支付的合理开支；权利人的实际损失或者侵权人的违法所得不能确定的，由人民法院根据侵权行为的情节，判决给予50万元以下的赔偿。鉴于原告并未提交证据证明其实际损失，亦未证明被告的侵权所得，故法院对该侵权损失予以酌定。综合考虑涉案作品的性质及独创性程度、被告侵权行为的性质和情节等因素酌情确定赔偿数额。关于原告所主张的律师费有相关票据及代理合同佐证，但鉴于律师未出庭，本案为批量案件中的一件，故法院综合考虑律师的工作量对本案原告主张的律师费酌减，不再全额支持原告的诉讼请求。

【法律评价】

该案与代理律师代理其他案件有一些不同：

（1）这是代理律师这些年在代理知识产权案件中比较少的一个代理被告的案件代理工作。所以如何站在被告的角度代理好这个案件，代理律师需要转换以往的代理策略与代理视角。

（2）在代理这类案件的原告代理过程中，如果作为原告代理律师，对审理法官对案件的侵权的认定、赔偿金额，一直抱有更高的期待，而作为被告的代理律师自然希望法官不认定该案构成侵权，也不应该支持赔偿。该案中，代理律师认为被告对涉案作品的使用程度、过错程度都不构成主观上的过错，根据《中华人民共和国侵权责任法》（《中华人民共和国民法典》实施后已废止）的规定，该案不构成侵权，但是这一观点没有被法官认可。在判赔金额上，代理律师认为即便被告的行为构成侵权，也不应该赔偿，理由是被告没有过错或者说注意义务很低，并且被告及时对涉案作品进行了删除，并没有对原告造成损失，原告对自己主张的损失也没有提供证据支持。

（3）该案的最大遗憾是，法官认定被告对涉案作品的使用构成侵权。如前所述，该案中被告对涉案作品的使用是完全没有过错的，且转发的作品中对涉案作品的使用是其中的一部分，被告没有能力判断转发作品中的部分作品构成侵权，进一步讲，即便构成对涉案作品的使用，这种使用过程中程度极低，应受到《信息网络传播权保护条例》中的有关"避风港"条款的保护。

案例三：插画作品权利被侵害的甄别

【案件基本信息】

1. 一审：北京互联网法院（2019）京0491民初12869号
2. 案由：侵害作品信息网络传播权纠纷
3. 当事人：

原告：张某

被告：宁波市江北仙人掌和刺猬广告工作室

　　　北京五八信息技术有限公司

4. 侵权平台：五八同城网站平台
5. 涉案作品：插画作品

【案情简介】

2018年11月13日，宁波市江北仙人掌和刺猬广告工作室（以下简称"江北工作室"）在五八同城网站发布的插画师教师/助教职位的网页页面的公司介绍处的照片显示，存在头戴圆顶形灰色帽子、戴着红色镜框棕色背景绿色植物镜片的眼镜、身穿纯灰色上衣、黑色波浪形头发、面部的两腮和鼻子均为棕色的无嘴巴的女孩。经公证取证，2018年11月9日，江北工作室在其公司内部存在两幅图片：一为头戴圆顶形灰色帽子、戴着红色镜框棕色背景绿色植物镜片的眼镜、身穿纯灰色上衣、黑色波浪形头发、面部的两腮和鼻子均为棕色的无嘴巴的女孩；二为头戴斜三角红色帽子、身穿红白色衣服、衣服上写着"HAPPYCHRISTMAS"字样、手拿四个盒子、盒子自下至上分别为红色、白色、绿色、黄色的白熊。张某明确江北工作室关于女孩图片侵犯了其信息网络传播权、署名权及获得报酬权，关于白熊图片侵犯了其署名权及获得报酬权。

【裁判要旨】

北京互联网法院审理后认为,"木可子Mukezi"的账号于2016年10月17日14时发表的微博中包含主张权利的图片,在无相反证据的情况下,可以认定"木可子Mukezi"是主张权利的图片的作者,张某的委托诉讼代理人当庭登录了"木可子Mukezi"的账号,故张某系主张权利的图片的作者,对其作品享有著作权,该权利应受法律保护。江北工作室虽然提交了图片用以证明张某不具有主张权利的图片的著作权,但其提交的图片与涉案图片相异程度较大,不足以证明其主张。

北京互联网法院一审判决:(1)江北工作室于本判决生效之日起7日内在其名下的微博账号首页置顶位置发布致歉声明,对其侵犯原告张某主张权利的图片署名权一事向张某赔礼道歉,致歉声明的内容、版式及发布持续的时间须经法院审核认可后方可发表,发布持续时间不少于3日;如逾期未履行上述判决义务,将由法院在全国范围内公开出版发行的报刊上登载判决书主要内容,费用由江北工作室负担;(2)江北工作室于本判决生效之日起7日内赔偿张某经济损失1000元;(3)江北工作室于本判决生效之日起7日内赔偿张某合理费用3000元。

【争议焦点】

本案争议焦点在于在著作权侵权比对时如何确定插画形象作品的权利保护范围。

(1)实质性相似的判断依据应采用整体比对原则。本案庭审中,张某明确,江北工作室关于女孩图片侵犯了其信息网络传播权、署名权及获得报酬权,关于白熊图片侵犯了其署名权及获得报酬权。但法院只是支持了张某主张江北工作室关于女孩图片侵犯了其信息网络传播权、署名权及获得报酬权。张某提交的公证书显示,江北工作室在五八同城网站的招聘信息的公司介绍处存在被控侵权女孩图片,经比对,该女孩图片与张某的主张权利的女孩图片在波浪的头发、大圆框眼镜加上植物的彩绘图案均相同,构成实质性相似。因此,江北工作室未经张某许可,在五八同城网页上使用被控侵权女孩图片的行为侵犯了张某就主张权利的女孩图片享有的信息网络传播权。被控侵权女孩图片确实未署张某的姓名，故法院支持了张某主张的江北工作室侵犯其主张权利的女孩图片的署名权的主张。张某主张被控侵权白熊图片侵犯其署名权及获得报酬权，因主张权利的白熊照片与被控侵权白熊图片有较大差异，法院没有给予支持。

（2）法院认为赔礼道歉、消除影响系人身权侵权的责任承担方式，故对张某诉请江北工作室在其工作室微博、微信上进行3天书面道歉声明的主张，在法院已经支持张某主张的署名权的情况下，符合法律规定，但赔礼道歉的方式、范围与被告的侵权行为方式、影响相适应，鉴于被控侵权图片是通过五八同城网站及工作室进行公开传播的，故法院判令江北工作室在其微博账号首页置顶位置进行赔礼道歉为宜。

（3）在赔偿数额的确定问题上，法院认为张某未提交证据证明因江北工作室的侵权行为给其所造成的实际损失，所以法院根据张某的诉讼请求，综合考虑主张权利的图片的创作难度、知名度、江北工作室的过错程度、具体侵权情节等因素，酌情确定江北工作室的赔偿金额。对张某主张的维权合理支出，依据其提供的律师费及公证费发票，法院给予部分支持。

【法律评价】

首先，原告认为被告江北工作室侵犯了其信息网络传播权。侵权事实表现在江北工作室在五八同城网站的招聘信息的公司介绍处使用了被控侵权的女孩图片。经过比对，这张被控侵权的女孩图片与原告主张权利的女孩图片在波浪的头发、大圆框眼镜加上植物的彩绘图案等方面均存在明显的相似性，构成实质性相似。由于江北工作室未经原告的许可，擅自在其网页上使用这张被控侵权的女孩图片，使得公众可以在其个人选定的时间和地点获得该作品，因此侵犯了原告对其作品享有的信息网络传播权。在该案中，律师通过可信时间戳取证和公证取证等多种方式，收集了大量证据，包括侵权图片、发布平台、发布时间等关键信息。

其次，被告对涉案作品的使用是直接使用，且没有署名原告，所以原告认为江北工作室侵犯了其署名权。被控侵权的女孩图片在使用时并未署上原告的姓名，这违反了《著作权法》中关于保护作者署名权的规定。因此，原告要求江北工作室承担侵犯其署名权的法律责任是有法律依据的。

最后，原告主张其因江北工作室的侵权行为而遭受了经济损失，并要求江北工作室赔偿相应的经济损失。为此，原告代理人提交了一系列证据，包括关于《白熊花店售卖美好的鲜花》的文章截图、关于《白熊守护者童心烂漫的插画师木可子》的文章截图、《致亲爱的你》的白熊花店手书的截图及"木木熊的花店"的网页截图等，以证明其作品的市场价值和影响力。同时，代理人还提交了律师代理费发票和取证公证费发票等证据，以证明其为维护自身权益所支出的合理费用。

法律实践

视频网站或平台的侵权模式

传统的视频网站直接将权利人的影视作品上传至自己的服务器供用户观看和下载，并按照热度对影视作品进行排列和推荐，此时视频网站不仅是网络服务提供者，也是网络内容提供者，该行为毫无疑问属于直接侵权，但目前大多数视频网站不会采取这种侵权方式，而是选择一种更为隐蔽的方法，那便是破解了被链接网站的防范措施，设置了一个深层链接，盗取正版网站的视频资源，以直接的网页外观形式呈现其他网页所拥有的内容。

目前，多数的视频网站都会设置链接将各大视频网站的资源进行整合，以给用户提供更为丰富的内容，用来防止自己所运营平台的用户流失。根据链接技术的不同，这些视频网站可以分为两种：一种的搜索技术是正当合法的，提供的链接技术也仅仅是从自身网站跳转到被链接网站，在跳转的过程中视频网站不会对被链接网站的页面、版权信息、独有标志等各种信息进行删除和修改，不会侵犯被链接网站的著作权，也不会对被链接网站的流量造成影响。用户通过该视频网站搜索资源，通过网站的链接服务转到被链正规网站，避免了在盗版视频网站进行搜索观看，反而会增加被链接网站著作权人的收益。另一种则是破解了被链接网站的防范措施，设置了一个深层链接，盗取原版网站的视频资源。此种链接方式会对被链视频网站造成极大损失。《信息网络传播权保护条例》第4条规定："为了保护信息网络传播权，权利人可以采取技术措施。任何组织或者个人不得故意避开或者破坏技术措施，不得故意制造、进口或者向公众提供主要用于避开或者破坏技术措施的装置或者部件，不得故意为他人避开或者破坏技术措施提供技术服务。但是，法律、行政法规规定可以避开的除外。"第26条第2款也阐述："技术措施，是指用于防止、限制未经权利人许可浏览、欣赏作品、表演、录音录像制品的或者通过信息网络向公众提供作品、表演、录音录像制品的有效技术、装置或者部件。"主流视频网站为了使自己拥有版权的影视作品利益最大化，通常是将该资源储存在自己的服务器当中，用户购买会员后便会将该资源提供给用户，用户在连接过程中，视频网站拥有每一个视频资源所对应的用户地址，防止自身版权资源外泄，属于防范的技术措施，因此破解技术措施本身就违法。视频网站采取盗链技术不仅盗取了正规网站的视频资源，也增加了正规网站服务器的访问负担，由于用户不是直接进入该网站，而是通过其他网站获取该网站的资源，服务器资源被调动却没有用户访问，视频播放数量与用户访问数量无法统一，而广告商在对视频网站的流量进行计算时会将用户访问数量、独立访问数量和视频播放数量结合，若三者无法对应，相应流量便为无效流量，相应的广告收入便会大打折扣，严重损害被链网站的商业利益。还有的视频网站将被链接网站的视频广告通过技术手段删除，植入自身广告商的广告，利用被链网站的视频资源来使自己获利，与被链网站争夺市场资源。

视频网站或平台侵权行为的认定

视频网站通过盗链、深度链接等技术手段提供的视频播放，本质上并没有将视频资源上传至平台自身服务器，司法实践目前普遍采用服务器标准，但是该标准的司法认定有局限性。该标准的认定条件是，侵权责任主体需要将被链网站的视频资源存储至自身的服务器当中，并且公众可以以公开的方式获取视频资源才能认定为侵权行为。那么视频网站通过盗链、深度链接等方式提供的视频播放也只能认定为提供了技术服务而非网络内容，此时视频网站的角色为网络服务提供者而不是网络内容提供者，无法认定侵犯权利人的信息网络传播权。因此用户感知标准可以在主观上进行补充认定，若用户认为该视频资源是从设链网站上获得，那么这种设置深度链接的方式就会使用户产生主观上的认识错误，可以认定设链视频网站"提供"了该视频资源。

视频网站未经被链网站许可向不特定公众"提供"了视频资源，实施了侵权行为，通过设置盗链、深度链接的方式获得了被链网站的正版视频资源，被链网站的视频资源在设链网站上能得到直接呈现，与被链网站的观看效果相同，使权利人的著作权被侵害，商业利益受到损失，造成实际损害结果，设链网站的侵权行为与被链网站的损害结果具有法律上的因果关系。视频网站的经营者对于被链网站购买版权所需支付的巨额成本是明知的，在被链网站为保护自身平台上的影视作品的著作权不受侵害，采取加密措施后仍通过技术手段破解被链网站的保护措施，明知链接后被链网站的广告收益、用户真实访问量和服务器资源都会被侵占的前提下依然实施盗链行为，主观上是故意的，设链网站的行为满足了侵权责任的构成要件，可以认定为直接侵权行为。

网站侵权的判赔金额

《著作权法》第 54 条规定："侵犯著作权或者著作权有关的权利的，侵权人应当按照权利人因此受到的实际损失或者侵权人的违法所得给予赔偿；权利人的实际损失或者侵权人的违法所得难以计算的，可以参照该权利使用费给予赔偿。"由于权利人受到的实际损失和侵权人的违法所得很难找到证据来直接证明，因此法官在审判时有很大的自由裁量权，通常根据影视作品热度和知名度、是否处于热映期间、被告的侵权情节来确定判赔金额。实际损失和侵权人的违法所得没有直接证据，因此取证的侧重点应当在于证明被告的主观过错明显，合理支出的发票等证据也应及时保留。

涉网站侵权证据保全的注意事项

法院审查证据要审查证据的"三性"，即客观性、关联性、合法性。首先通过可信时间戳进行网页取证便已经保证了证据的合法性。在对视频网站进行取证时，对网站页面进行全部展示，与取证无关的其他链接也可点击进入，证明该网站是真实客观的，而不是取证方为达到目的所设立的虚假网站，保证该证据的客观性。在取证网站的影视作品侵权画面后，点击进入网站中的"关于我们"板块，展示运营者信息以及联系方式，对网页底端 ICP 备案号进行查询，查询到该网站的主体，证明此视频网站是该主体设立的，并且该主体要与在网站中显示的主体一一对应，保证该证据的关联性。若播放视频跳转网站，要注意域名是否与主网站域名一致，不一致时查看该网站的主体是否与主网站的主体对应，若主体不同，再将该网址复制到浏览器搜索查看是否能直接进入，无法直接进入说明主网站设立了内部链接，两主体之间存在何种联系外部无从得知。确认诉讼主体时应以主网站对应的主体为被告。

理论研究

下文旨在探讨涉及信息网络传播权的赔偿金额，这是一个备受关注的话题。下面将深入分析现行赔偿标准的判赔现状，不同法院关于赔偿金额的规定，并探究如何更加合理地确定涉及信息网络传播权的赔偿金额。

涉及信息网络传播权赔偿金额的研究

一、相关信息网络传播权案件中的赔偿金额的数据变化及诉讼现状

通过对2019—2022年信息网络传播权纠纷案例判赔金额的分布及影响因素的研究可知[1]，在抽样检查的116个信息网络传播权纠纷案例里，涉案作品类型包括美术作品、摄影作品、视听作品、图形作品和文字作品，其中涉案最多的作品类型是摄影、图形类作品，达到了69件，占比为56.1%；文字作品共16件，占比为13.0%；视听作品和美术作品各13件，占比为10.1%。抽样检查123个信息网络传播权纠纷案例，法院普遍采取法定赔偿作为确定赔偿数额的方式，且赔偿数额较低的案件占比较高。具体数据显示，法院支持赔偿数额高于10万元的案件仅占1.0%，支持赔偿数额在1万—10万元的案件占比为15.0%，支持赔偿数额在1000—10 000元的案件数量为27%，而支持判赔数额在1000元以下的案件数量最多，占比达到57%。此外，法院判赔的平均额为1.2万元，中位数为700元。

通过以上数据可知，2019—2022年，信息网络传播权赔偿金额普遍呈现出较低的趋势，大部分案件的赔偿金额集中在1000元以下，仅极少数案件的赔偿金额超过1万元。平均判赔额和判赔额中位数显示出稳定或略微下降的

---

[1] 参见徐彤2022年7月24日在"RUC法学院研究生会"微信公众号发表的《信息网络传播权侵权损害赔偿现状与思考——基于2019—2022年司法案例的实证研究》一文。

趋势，反映了信息网络传播权侵权案件赔偿数额普遍较低的态势。从涉案作品类型角度分析，不同类型的作品对赔偿金额有显著影响，如摄影、图形作品因其市场价值和传播成本较低，导致平均判赔额较低；而文字作品和视听作品的平均判赔额则相对较高。从法院裁定因素角度分析，法院通常采用法定赔偿作为赔偿标准，而不是按照实际损失进行赔偿。判决中对赔偿数额的裁定缺乏详细解释，仅有少数案件对赔偿数额的裁判理由详细说明。从当事人举证和诉讼方式角度分析，部分案件中，权利人举证不当，以及存在商业化诉讼等因素也影响了裁判结果，导致整体上赔偿金额偏低。因此，涉及作品著作权中的信息网络传播权侵权案件的赔偿金额的诉讼现状，呈现出赔偿额普遍偏低、法定赔偿为主导、作品类型影响赔偿额等特点。同时也存在法院裁定因素不明确、举证不适当和商业化诉讼等问题，这也影响了赔偿金额的确定。

值得注意的是，不同区域的法院对同一个类型的侵权案件的赔偿认定标准也不同。

二、北京市高级人民法院与广东省高级人民法院知识产权法律赔偿规定及对比

（一）《北京市高级人民法院关于侵害知识产权及不正当竞争案件确定损害赔偿的指导意见及法定赔偿的裁判标准》（摘录）

第一章　基本规定

1.1【损害赔偿的确定原则】

确定损害赔偿坚持知识产权市场价值导向，遵循填平原则，体现补偿为主、惩罚为辅的损害赔偿司法认定机制。

被告因过错侵害他人知识产权或实施不正当竞争行为，且造成损害的，应当承担损害赔偿责任。

1.2【赔偿计算方法及顺序】

当事人应当按照权利人的实际损失、侵权人的获利、许可使用费、法定赔偿的顺序，提出具体的赔偿计算方法。

当事人选择后序赔偿计算方法的，可以推定前序赔偿计算方法难以

确定赔偿数额,但有相反证据的除外。

当事人还可以依据协商一致的其他合理方式提出具体的赔偿计算方法。

1.3【赔偿计算方法的举证】

原告除明确具体赔偿数额、赔偿计算方法外,还应当按照提出的赔偿计算方法进行举证。被告对原告主张的赔偿数额和赔偿计算方法不予认可的,也可以提出具体的赔偿计算方法并进行相应举证。

当事人可以证明赔偿的具体数额,也可以证明赔偿数额的合理区间;既可以精确计算,也可以概括估算。

1.4【赔偿计算方法的种类】

同一案件中,当事人针对同一被诉行为可以同时提出多种赔偿计算方法,针对不同被诉行为也可以分别提出赔偿计算方法。

1.5【未明确赔偿计算方法的后果】

原告仅提出赔偿数额,经释明后仍未提出具体赔偿计算方法且未提供相应证据的,对于其举证责任转移的主张,一般不予支持。

上述原告不服一审判决赔偿数额提起上诉的,在无充分理由和证据时,二审法院对一审判决确定的赔偿数额一般不予调整。

1.6【赔偿数额的阐述】

当事人已提出具体赔偿计算方法和相应的证据,判决书中应当评述计算方法的合理性和证据的可信度,细化阐述判决采用的赔偿计算方法,并在此基础上确定赔偿数额。

1.7【实际损失和侵权获利的确定】

确定权利人的实际损失和侵权人的获利,应当运用证据规则,采取优势证据标准,考虑知识产权的市场价值、贡献率等合理因素。

确定侵权人的获利,一般以营业利润为准;被告完全以侵权为业的,可以销售利润为准。

原告确有必要自行修复商誉的,为修复商誉已实际支出的合理广告费可以作为确定实际损失的考量因素。

1.8【裁量性赔偿的适用】

裁量性赔偿不是法定赔偿，属于对权利人的实际损失或侵权人的获利的概括计算。

有证据证明权利人的实际损失或侵权人的获利明显在法定赔偿限额以外，综合全案证据情况，可以在法定限额以外合理确定赔偿数额。

1.9【合理的许可使用费】

参照许可使用费确定赔偿数额的，一般不低于可比较的合理许可使用费。

认定合理的许可使用费，可以综合考虑下列因素：

（1）许可使用合同是否实际履行，有无发票、付款凭证等相应证据；

（2）许可使用合同是否备案；

（3）许可使用的权项、方式、范围、期限等因素与被诉行为之间有无可比性；

（4）许可使用费是否为正常的商业许可费用而未受到诉讼、并购、破产、清算等外在因素的影响；

（5）许可人与被许可人之间是否存在亲属关系、投资或关联公司等利害关系；

（6）其他因素。

1.10【法定赔偿的适用】

在案证据难以确定权利人的实际损失、侵权人的获利、许可使用费，也难以采用其他合理方式确定赔偿数额的，可以适用法定赔偿。

原告明确请求适用法定赔偿，被告对此不予认可且提供一定证据证明权利人的实际损失、侵权人的获利、许可使用费等，被告提供的证据可以作为确定赔偿数额的参考。

1.11【法定赔偿的说明】

原告直接依据法定赔偿方法请求损害赔偿的，应当说明适用法定赔偿的理由及主张赔偿数额的相关因素。

1.12【法定赔偿数额的确定】

法定赔偿数额的确定,应当遵循裁判标准一致性原则,综合考虑权利、行为、过错、后果、因果关系等因素,体现案件之间的相同点和不同点,合理确定赔偿数额。

第六章 视频类作品、制品法定赔偿的裁判标准

6.1【视频的范围】

本章规定的视频类作品及制品,包括电影(微电影)、电视剧、动画片、纪录片、短视频、MTV、综艺节目视频、体育赛事节目视频、连续的游戏画面等。

6.2【特别考量因素】

除一般考量因素外,视频类作品、制品的法定赔偿可以考虑的特别因素包括:

(1)视频的具体情况,如视频的类型、时长、票房收入、收视率、点击率、档期、是否属于国家行政主管部门发布的预警名单中的作品等;

(2)原告获得授权的具体范围及类型,如传播渠道、传播平台、是否可以转授权等;

(3)原告提供涉案视频的商业模式、收费标准等;

(4)被诉行为是否发生在热播期或热映期、被诉侵权视频的清晰程度、被诉侵权视频的影响力等;

(5)其他因素。

6.3【广播、放映的基本赔偿标准】

被告未经许可将涉案视频类作品进行广播或放映的,无其他参考因素时,电影、电视剧、纪录片、动画片类作品每部赔偿数额一般不少于2万元;微电影类作品每部赔偿数额一般不少于1万元;综艺节目视频类作品每期赔偿数额一般不少于3000元;其他短视频类作品每条赔偿数额一般不少于2000元。

6.4【参考在线播放收费的基本赔偿标准】

被告未经许可在线播放涉案视频类作品、制品,需付费观看的,可

以参考单部计费标准、会员收费标准等不同收费方式以及收费标准，确定每部作品或制品的赔偿数额。

6.5【在线播放的基本赔偿标准】

被告未经许可在线播放涉案视频类作品、制品，无其他参考因素时，电影、电视剧、纪录片、动画片类作品每部赔偿数额一般不少于3万元；微电影类作品每部赔偿数额一般不少于1.5万元；综艺节目视频类作品每期赔偿数额一般不少于4000元；其他短视频类作品每条赔偿数额一般不少于2500元；录像制品每部赔偿数额一般不少于500元。

6.6【同时提供播放和下载的酌加标准】

被告未经许可在线播放涉案视频类作品、制品并提供下载的，可以比照前述在线播放的基本赔偿标准，酌情提高1—2倍确定赔偿数额。

6.7【网吧播放的基本赔偿标准】

被告未经许可将涉案影视作品上传至网吧局域网，或从第三方购买置有影视作品的软件安装到网吧局域网及接受网络更新服务，具有过错的，每部作品的赔偿数额一般为3000元至8000元。

6.8【VOD播放的基本赔偿标准】

被告未经许可在酒店、宾馆等场所通过VOD点播系统播放涉案影视作品的，每部作品的赔偿数额一般为1万元至3万元。

6.9【卡拉OK经营者的考量因素】

卡拉OK经营者未经许可使用涉案MTV的，可以综合考虑涉案歌曲的知名度、创作时间、点播次数、全行业点播报告、经营场所的规模、所处地理位置及各方主体的利益平衡等因素，确定赔偿数额。

6.10【卡拉OK经营者的基本赔偿标准】

卡拉OK经营者未经权利人许可，也未与著作权集体管理组织签订许可使用合同并支付费用的，每首歌曲赔偿数额一般为200元至800元。

卡拉OK经营者与著作权集体管理组织签订许可使用合同并支付费用，但著作权集体管理组织未获得涉案歌曲授权的，卡拉OK经营者仍应承担赔偿责任，每首歌曲赔偿数额一般不高于200元。

6.11【分割片段的基本赔偿标准】

被告未经许可将涉案电影、电视剧、综艺节目视频、体育赛事节目视频、连续的游戏画面等分割成若干片段，通过信息网络传播，能够替代或基本替代被分割视频的，可以按照前述在线播放的基本赔偿标准，确定赔偿数额。被诉侵权片段不能替代被分割视频的，每一片段的赔偿数额一般不少于500元，但赔偿总额不应超过整部作品的基本赔偿标准。

6.12【知名度的酌加标准】

涉案视频具有获得国际或国内知名奖项、票房收入较高、收视率或点击率较高等情形的，可以比照前述基本赔偿标准，酌情提高1—5倍确定赔偿数额。

6.13【侵权情节严重的酌加标准】

有下列情形之一的，属于侵权情节严重，可以比照前述基本赔偿标准，酌情提高1—5倍确定赔偿数额：

(1) 被诉行为发生在首次播映日之前或热播期、热映期；
(2) 将涉案视频推荐至首页、热门栏目等用户关注度较高的页面；
(3) 将涉案视频用于广告或截取画面制作成广告；
(4) 其他情形。

6.14【酌减情形】

有下列情形之一的，可以比照前述基本赔偿标准，酌情降低赔偿数额：

(1) 涉案视频的著作权保护期即将届满；
(2) 涉案视频未获得审批许可即在我国境内公开传播；
(3) 其他情形。

(二)《广东省高级人民法院关于审理侵害影视和音乐作品著作权纠纷案件若干问题的办案指引》(摘要)

该指引对侵权行为的不同类型和方式进行分类，并确定相应的赔偿金额范围。以下是每种侵权行为的赔偿标准。

一、侵害音乐作品著作权的赔偿标准

网站在线提供音乐作品播放或者下载服务的（每首作品）

最低：2000.00 元

最高：10000.00 元

网站在线提供音乐作品播放或者下载服务的（单独提供歌词，每首歌词）

最低：1000.00 元

最高：3000.00 元

网吧在局域网提供音乐作品的（每首作品）

最低：1000.00 元

最高：2000.00 元

二、侵害电影作品著作权的赔偿标准

网站在线提供电影作品播放或者下载服务的（每部作品）

最低：10000.00 元

最高：100000.00 元

网吧在局域网提供电影作品或电视剧的（每部作品）

最低：2000.00 元

最高：6000.00 元

电视台播放电影作品构成侵权的（每部作品）

最低：20000.00 元

最高：150000.00 元

网站提供电视剧播放、下载或者电视台播放电视剧构成侵权的（每集作品）

最低：2000.00 元

最高：7000.00 元

三、侵害摄影作品和美术作品著作权的赔偿标准

侵害摄影作品著作权的（每幅作品）

最低：2000.00 元

最高：5000.00 元

侵害美术作品著作权的（每幅作品）

最低：5000.00 元

最高：15000.00 元

在确定赔偿数额时，应重点考虑作品的独创性水平、是否商业使用等情形。对于系列案件，法院可根据实际情况另加合理的维权费用，包括律师费、公证费等。

北京市高级人民法院、广东省高级人民法院出台相关规定为赔偿金额提供了系统的指导，包括损害赔偿原则、计算方法、举证责任等方面。尤其对不同作品类型列明了赔偿标准和特别因素，具有很高的实践参考价值。

然而，在司法实践中，地区差异、审判理念、法官个人观点等因素都会对案件判决产生影响。不同地区的法院可能对相同类型的案件采取不同的判决标准，导致"同案不同判"的情况。审判者个人的观点和理解也会影响案件的判决结果。此外，社会舆论、法律环境的变化以及相关法律法规的不断完善也会对司法实践产生影响。这些因素共同作用下，可能导致司法实践中出现不确定性和不稳定性，需要加强相关法律规定的解释和统一，以提高司法公正和效率。

部分地区高级人民法院也相继推出知识产权审理及损害赔偿的相关法律规定，虽没有如上文两文件细分，但对损害赔偿金额的确定给出了原则及参考因素，对侵犯知识产权行为的赔偿产生了以下影响。

首先，这两个法律规定明确了不同类型侵权行为的赔偿标准和金额，使侵权行为的赔偿标准更加具体和清晰规范，有助于避免侵权行为的发生。

其次，这些规定在一定程度上提高了侵权行为的赔偿标准，特别是针对某些侵权行为的最低赔偿额的设定，使侵权行为的成本增加，从而降低了侵权的动机。通过设定合理的赔偿标准，这些规定有效地维护了知识产权权益，使权利人在其知识产权受到侵犯时能够获得合理的赔偿，增强了知识产权的保护力度。

最后，由于侵权行为可能面临较高的赔偿成本，这些规定有助于促使企业和个人选择合法经营方式，避免侵权行为，从而促进了市场的合法竞争。

依据这些规定，侵权行为者可能会更加谨慎地考虑其行为的后果，避免违法侵权行为，从而逐渐改变侵权行为的习惯和观念。

总的来说，这些法律规定对侵犯知识产权行为的赔偿产生了积极的影响，有效地提高了侵权行为的成本，维护了知识产权的合法权益，促进了市场的公平竞争和知识产权的创造、传播和利用。

三、赔偿金额举证及举证妨碍制度

在分析赔偿金额和法律规定的基础上，举证问题显得尤为重要。对于知识产权侵权案件，充分的举证能力不仅能够确保权利人获得合理的赔偿，也能够在法律程序中起到决定性的作用。然而，在实际案件中，原告和被告往往面临着不同的举证责任和难题。由于影响知识产权侵权判赔金额的因素有很多，包括但不限于侵权行为的性质、程度，侵权行为对权利人利益造成的实际损失或侵权人获得的利益等，因此不同类型的作品，举证的方式和重点也有所不同。以下针对几种不同类型作品进行分析。

（1）摄影作品和美术作品。影响该类作品侵权判赔金额的因素有作品的独创性、市场价值、被侵权行为的性质和严重程度等。

举证方式包括：权利人可以提供作品的原始创作文件、登记证书等证据，证明作品的独创性和其在市场上的价值。同时，还可以通过市场行情、类似作品的交易价格等来证明作品的价值。

（2）视听作品。影响该类作品侵权判赔金额的因素有作品的类型、播放量、点击率、影响力等。

举证方式包括：权利人可以提供作品的著作权证书、收视率、点击量等相关数据，以及与侵权行为相关的证据，如侵权行为的具体描述、证据链等，来证明侵权的事实和侵权行为对作品造成的损失。

（3）音乐作品。影响该类作品侵权判赔金额的因素有作品的知名度、播放量、商业价值等。

举证方式包括：权利人可以提供作品的著作权证书、音乐版权登记证明、音乐下载量、曲目排行榜等数据，以及侵权行为的证据，如侵权音乐作品的具体描述、传播渠道等。

在举证过程中，除了直接证明侵权行为和损失，还可以通过证人证言、相关合同、市场调查报告等多种方式来支持自己的主张。除当事人举证外，还应考虑可能存在的举证妨碍制度。2019年修正的《最高人民法院关于民事诉讼证据的若干规定》（法释〔2019〕19号）第95条规定："一方当事人控制证据无正当理由拒不提交，对待证事实负有举证责任的当事人主张该证据的内容不利于控制人的，人民法院可以认定该主张成立。"

在知识产权诉讼中，法院对侵权人的举证行为有严格要求。如果侵权人未能按照法院的证据披露命令提供相关证据，导致无法查明其实际获利且没有正当理由，法院可以认定其构成举证妨碍。在这种情况下，法院可以根据权利人的主张和提供的证据认定侵权获利，或者依法进行不利于侵权人的事实推定。此外，法院还应该严格审查是否存在恶意侵权行为。如果侵权人两次以上故意侵犯同一知识产权且情节严重，法院可以认定为恶意侵权，可能会判决惩罚性赔偿，或者在考虑赔偿数额时适当考虑侵权赔偿的惩罚性因素，以彰显对恶意侵权行为的法律威慑力。

在审理知识产权侵权案件时，法院应当根据相关法律法规和司法解释及充分的证据进行判决，合理确定赔偿金额，以维护知识产权的合法权益。同时，对于举证责任的分配和举证妨碍行为，法院应当严格审查，确保双方当事人的合法权益得到充分保护。然而，在当前的司法实践中，由于各地审判标准的不统一和社会经济环境的差异，导致了判赔金额的不确定和不公平，甚至出现了一些不当的诉讼行为。因此，有必要加强对知识产权案件审判标准的统一解释和适用，提升法官的专业水平和审判能力，以确保司法公正和依法裁判。同时，也需要加强对知识产权的宣传和教育，提高人们的法律意识和知识产权意识，减少侵权行为的发生。只有在法治环境的保障下，知识产权才能得到充分的尊重和保护，为社会的创新和发展提供良好的法律保障和制度保障。

在当今数字化时代，著作权人的人格权面临着新的挑战与威胁。在此背景下，探讨侵害著作人身权精神损害赔偿问题显得尤为重要。以下将深入研究现行法律对此类侵权行为的认定和赔偿标准，并提出相应的建议与观点，以期为著作人身权保护提供新的思路和解决方案。

侵害著作人身权精神损害赔偿研究

在著作权侵权案件中，权利人常见的救济手段有要求赔偿经济损失、停止侵权、赔礼道歉、消除影响，而精神损害赔偿作为救济途径的一种则鲜少被主张。下文拟针对此问题进行探讨。

一、主张精神损害赔偿的请求权基础

《著作权法》第52条规定中列举了十一种侵权行为，并规定应当根据情况，承担停止侵害、消除影响、赔礼道歉、赔偿损失等民事责任。然而未区分财产权益损害赔偿和精神损害赔偿，或者说没有明确地规定精神损害赔偿责任。

《民法典》第1165条第1款规定："行为人因过错侵害他人民事权益造成损害的，应当承担侵权责任。"第1183条规定："侵害自然人人身权益造成严重精神损害的，被侵权人有权请求精神损害赔偿。因故意或者重大过失侵害自然人具有人身意义的特定物造成严重精神损害的，被侵权人有权请求精神损害赔偿。"以上是《民法典》中精神损害赔偿请求权的权利基础，著作人身权作为人身权益的一种类型，在《著作权法》没有规定的情形下，应当适用《民法典》的规定。

著作人身权遭受侵害继而主张精神损害赔偿，需要满足以下侵权责任构成要件：（1）侵权行为，即行为人侵犯了权利人的著作人身权；（2）损害事实，即造成权利人精神严重损害；（3）因果关系，即侵权行为和损害事实之间存在引起与被引起的关系；（4）主观过错，即侵权人故意或者存在重大过失；（5）请求权主体为著作权人。

二、赔偿请求主体

精神损害赔偿的请求主体是自然人，具体限定为受害者本人或其近亲属。

精神损害具有较强的人身依附性，其主要表现为情绪、心理等方面的异常、扭曲或严重痛苦，对于不法行为所带来的精神损害，受害人及其近亲属会有强烈的情绪反应和心理感知。

著作人身权是一种精神性的权利，是指作者对作品中体现出的人格和精神享有的权利。按照大陆法系的著作权法理论，著作权法首先要保护的就是蕴含在作品中的作者独特的人格利益。传统大陆法系著作权理论认为著作权是一种天赋人权，它是作者因创作行为自然而然享有的权利，法律只是承认和保护这种人权而已。这种人格利益遭受损害，同样会导致权利人精神痛苦，心理遭受创伤。

三、侵犯著作人身权的侵权行为

著作人身权包括发表权、署名权、修改权和保护作品完整权。

（一）发表权

发表权，是指作者享有的决定是否将其作品公之于众，于何时、何处公之于众，以及以何种形式公之于众的权利。所谓公之于众是指以出版发行、广播、上映、口述、演出、展示和网络传播等方式披露作品并使作品处于为公众所知的状态，至于公众是否实际知悉或者关注被发表的作品，无关紧要。其特点有三：（1）作者只要将作品公之于众，即完成了对作品的发表，作品被公之于众这一状态是不可逆转的；（2）如果作者已转让著作权或者许可他人以特定方式利用作品，通常可以视情况推定作者许可发表作品；（3）作者的继承人或者受遗赠人可以在不违背作者生前意志的情况下发表作品。

（二）署名权

署名权是著作人身权的核心，署名权包括以下内容：（1）作者享有署名权，意味着他人必须尊重作者关于是否在自己创作的作品上署名，以及以何种方式署名的决定；（2）作者在最初发表作品时选择暂不署名，并不意味着作者放弃了署名权，相反，作者可以日后在作品上署名；（3）对于基于原作品而产生的演绎作品，原作品的作者仍然有署名权。

（三）修改权

修改权，是指修改或者授权他人修改作品的权利。修改是对作品内容作局部的变更以及文字、用语的修正。

（四）保护作品完整权

保护作品完整权就是保护作品不受歪曲、篡改的权利。歪曲是指故意改变事物的真相和内容；篡改是指用作伪的手段对作品进行改动或者曲解。保护作品不受歪曲、篡改，就是要防止他人在利用作品时，通过对作品的不当改动或利用，导致作品无法正确地反映作者原本要表达的思想、感情。

四、严重精神损害

根据《民法典》规定，如果精神损害是一般或者轻微的，无法主张精神损害赔偿，需要达到严重程度才能够获得赔偿。因现实情况千差万别，《民法典》和相关司法解释均未对"严重精神损害"作出明确规定，而是交由个案法官自由裁量。有观点认为应当综合考虑侵权人的主观状态、侵害手段、场合、行为方式和被害人精神状态等具体情节。该观点与《最高人民法院关于确定民事侵权精神损害赔偿责任若干问题的解释》第5条表述相似，但第5条规定的并不是"严重精神损害"的考量因素，而是精神损害赔偿数额的考量因素。有观点主张采取容忍限度理论进行解释，所谓严重，即超出了社会一般人的容忍限度。还有一种观点主张采用客观的类比标准，即在具体案件中如果一般人在该案的情形中会遭受严重精神损害，那么该案的受害人也遭遇了严重的精神损害。总之，在精神权益下严重精神损害的"严重"之确定，尚无定论，实践中，法官会根据各种因素综合考量。在著作人身权被侵害的案件中，认定严重精神损害的难度要更大，往往止步于财产损失赔偿和赔礼道歉。

五、部分裁判观点

对于侵犯著作人身权产生的精神损害赔偿诉求，法院在审理的时候表现出较为谨慎的裁判思路，如果能通过赔偿经济损失、赔礼道歉加以弥补，则鲜少支持当事人的诉求。

在徐某水与徐某军侵害保护作品完整权纠纷一案[①]中，原告徐某水为汇

[①] 山东省高级人民法院（2017）鲁民终1277号民事判决书。

编作品《徐氏族谱》第三、第四、第五卷的编撰者，被告徐某军为续修族谱的管理者，徐某军未经徐某水同意，在印刷成册的族谱中未使用徐某水编撰的序言、纪实、修谱讲话等内容，改变了涉案作品的内容和形式，客观上达到了歪曲、篡改的效果，侵害了徐某水的保护作品完整权。一审法院山东省淄博市中级人民法院认为徐某军应承担停止侵害及赔偿损失的侵权责任，酌情确定徐某军向徐某水赔偿经济损失3000元，对徐某水主张的4万元精神损害抚慰金不予支持。二审法院山东省高级人民法院维持了一审判决。

在朱某一与上海看榜信息科技有限公司侵害作品署名权纠纷一案[①]中，原告朱某一为涉案美术作品的作者，将作品授权被告上海看榜信息科技有限公司使用并要求使用时保留作者署名，被告未遵守约定擅自去除作者署名，侵害了原告的署名权。二审法院上海知识产权法院认为，该案仅涉及对著作人身权的侵犯，且原告就作品授权已取得对价，未构成对财产权利的损害，故对原告提出的赔偿损失的诉请不予支持，但认为涉案侵权行为会对原告造成精神损害，依据《中华人民共和国侵权责任法》（已废止）的规定可以请求精神损害赔偿。因此，对精神损害的救济应聚焦于受损精神状态的恢复，在适用停止侵害、消除影响、赔礼道歉仍不足以抚慰的，可通过判令侵权人支付精神损害抚慰金的方式予以弥补。最终，二审法院判令被告向原告赔礼道歉并赔偿精神损害抚慰金5000元。

六、结语

《民法典》"人格权"独立成编，立意高远，显现了国家对人格权的高度重视。但是，保护人格权不仅应该保护自然人人格权，也应该保护著作人身权。《著作权法》虽几经修改，但每次修改都没有对著作人身权进行调整、完善，也没有对著作人身权的保护方式进行细化。而且《著作权法》规定的赔偿损害责任是否包含精神损害依旧存在争议。为了应对著作人身权保护的现实问题，也为了解决司法实践对精神损害赔偿的认识不一等问题，期待相应的司法解释的出台，以对侵害著作人身权的精神损害赔偿责任予以明确。

[①] 上海知识产权法院（2020）沪73民终263号民事判决书。

在涉及著作权的案件中，除了财产损失赔偿，赔礼道歉责任也成为权利人追求的一种救济方式。然而，审判实践中，对赔礼道歉责任的适用存在一定的混淆与模糊。以下将探讨在侵害著作权案件中，如何谨慎地运用赔礼道歉责任，并就其适用条件与实践操作进行深入分析与思考。

论赔礼道歉责任在侵害著作权案件中的谨慎适用

在日益增多的侵害著作权案件中，权利人除了向侵权人主张财产损失赔偿，还会向侵权人主张本属于侵害人身权才适用的赔礼道歉责任。审判实践中，很多法院在具体案件审理中并没有很好地区分理解该类案件中财产补偿作用与赔礼道歉责任的适用条件。基于赔礼道歉主要适用于严重侵害人身权类案件，在侵害著作权类案件中应谨慎适用。

一、引言

在北京市海淀区人民法院审结的一起侵害信息网络传播权纠纷案件中，被告是一家新成立的互联网数据资讯公司，其官网全文登载了某商业地产公司公开发表的一篇行业研究报告，该地产研究报告中使用了原告李某的一张摄影图片，原报告包括涉案图片在内的众多图片均未注明出处及图片所有人姓名。原告李某将被告以及包括该商业地产公司在内的多个公司以其信息网络传播权被侵害为由，分别诉至法院，要求被告"在《中国摄影报》上向原告公开赔礼道歉，并在自己的网站首页明显位置向其公开赔礼道歉，持续时间不低于一个月"，并承担人民币1万元经济赔偿之责任。2016年9月12日，北京市海淀区人民法院作出了该案的一审判决，[①] 除了判决由被告赔偿原告一定的经济损失，被告需要在自己的网站首页显著位置向原告公开赔礼道歉24小时，但就公开赔礼道歉依据，该判决并未释明。

以上案件的判决结果中，无论是对被告应该承担的经济赔偿数额还是赔

[①] 北京市海淀区人民法院（2016）京0108民初22787号民事判决书。笔者就该案不应适用"赔礼道歉"这一民事法律责任进行相应的分析和论证。

礼道歉的时间、平台影响度都相对于原告的诉讼请求有一定距离。可以理解为法院在该判决书中综合考虑了涉案摄影作品的独创性、被告的过错程度、使用方式、侵权情节等因素酌情确定赔偿数额。尽管如此，被告在收到该份判决书后，对判决内容中的赔礼道歉部分，表示坚决不能接受，表现出对赔礼道歉责任的强烈抵触。

为何原告在浩瀚的互联网信息中发现自己几年前摄制的一个小小的图片未经原告授权许可被他人使用，而坚持主张侵权人的"赔礼道歉"责任？被告又为何对一审判决书中的"赔礼道歉"如此抵触？"赔礼道歉"在此类信息网络传播权案件中如何定位？赔礼道歉，仅仅就是说说而已？法院的判决结果与当事人的内心期待之间产生的巨大差异引起了笔者的深思。

有作者统计在全国赔礼道歉纠纷裁判文书中，除了其他案由，案由为"知识产权纠纷"的占比为36%，案由为"人格权纠纷"的占比为24%，这两个案由占比排名在前两位。[①] 更多学者认为赔礼道歉只应在人格权纠纷案件中适用，以防止法官对赔礼道歉的适用，但是通过以上的统计可以看出，赔礼道歉在知识产权纠纷这一更具有财产权属性的案件纠纷中"大行其道"。也有作者"分析中国裁判文书网中的相关案件，'赔礼道歉'判决大多适用于侵犯著作人身权的案件，而著作财产权的案件中则很少适用赔礼道歉这一判决"。[②] 也就是说，原告对"赔礼道歉"的诉求与法院的判决之间有巨大"鸿沟"，这样的判决书达不到法律裁判本应达到的"定分止争"效果，也破坏了司法公信力，这种现象值得探讨。

二、"赔礼道歉"的法律分析

基于社会学的认知，"赔礼道歉"原本属道德价值范畴。《民法典》第179条规定了"赔礼道歉"作为一种承担民事责任的方式，它主要被规定在人格权的侵害这一情形之上。《著作权法》第52条明确将"赔礼道歉"作为一种著作权侵权的民事责任承担方式。然而由于缺乏"赔礼道歉"这一方式的具体适用规则要件，著作权法与人格权之间的交叉也缺乏实务案例中的具

---

① 周笑阳. 赔礼道歉责任的适用问题研究 [D]. 广州：华南理工大学，2020：16.
② 袁泉. 试论判决"赔礼道歉"的可行性 [J]. 玉溪师范学院学报，2019（5）：83.

体适用。实务案例中，我们能见到的基本是法院根据当事人的诉讼主张以及法官根据自己的裁判经验与对相关法律规定的理解来完成对"赔礼道歉"的法律适用。可以说，某种意义上，"赔礼道歉"的责任承担方式是总结我国实践经验而规定的。有学者认为赔礼道歉在法律责任承担方式的应用能更好地定分止争，是一条很好的"东方经验"。① 但是也有学者对此提出疑问，认为赔礼道歉作为民事责任的承担方式之一，是将道德义务法律化，羞辱了道歉人的人格尊严，侵犯了道歉者的人格权，违背人的基本的思想自由和良心自由。② 甚至有学者主张，不应过分夸大强制赔礼道歉的作用，赔礼道歉应该回归其道德责任的地位。③ 也有人从宪法保护人的人格尊严角度，认为赔礼道歉的责任承担与宪法中应该保护人格尊严是冲突的，在现行法还存在赔礼道歉责任的情况下，对该项责任承担的适用应该被限缩。④ "徒法不足以自行"，法需要执行，并且以可执行的方式进行，但是在现实中，因为赔礼道歉将道德义务和法律责任混为一起，这也就出现了在实践中执行难的现实局面。⑤

通常我们所理解的"赔礼道歉"是指在社会交往过程中，己方的不当行为给对方（可能）造成利益损失或某种妨碍后，向对方表达歉意或请求对方原谅自己的情感表达方式。进入法律范畴的"赔礼道歉"则是一种具有强制性的法律责任承担方式。这显然已经与社会大众最朴素的理解与认识产生了某种必然的冲突，其中最主要的就是"赔礼道歉"的主观感知与客观效果的异化。也就是说，法院确实可以判决当事人承担"赔礼道歉"的法律责任，但这种法律效果未必能够实现，且当事人甚至不能理解与接受。尤其是涉嫌侵权的行为并未在当事人主观可控的情形下，要求其承担本应属于道德责任

---

① 黄忠. 一个被遗忘的"东方经验"：再论赔礼道歉的法律化 [J]. 政法论坛, 2015 (4): 115.
② 夏秀渊. 对强制赔礼道歉的质疑 [J]. 民商法争鸣, 2011 (1): 302.
③ 段卫利. 论民法上的赔礼道歉责任 [J]. 私法研究, 2017 (1): 25.
④ 吴小兵. 赔礼道歉的合理性研究 [J]. 清华法学, 2011 (6): 144.
⑤ 2006年5月22日，北京市高级人民法院对"庄某诉郭某明抄袭案"作出终审判决，关于该案的执行，该涉案作品《梦里花落知多少》的作者郭某明就在其博客中申明会执行法院关于经济损失的赔偿判决，但坚决不会执行关于赔礼道歉的判决结果，最终法院只得通过在《中国青年报》上公布判决的方式来视为强制执行了赔礼道歉的目的。

却用主观表现出来的赔礼道歉方式的责任，很难让其"心服口服"。

"赔礼道歉"源于道德责任，是行为人认识到自己的行为错误而产生的内疚感，从而向受害人承认错误、表达歉意。① 这一过程主要是通过主观认知加言语表达实现的，这是口头或书面"赔礼道歉"都必须具备的。从道德到法律，"赔礼道歉"实质不应被改变，即当事人主观认知及语言表达的一致性。在法律的语境尤其是在侵权责任法的精神下，"赔礼道歉"的法律适用更离不开行为人主观的认知，包括故意和过失两种状态的觉知与预见，否则对当事人施加"赔礼道歉"的民事责任就有违法律的基本准则——"法不强人所难"。

说到"赔礼道歉"，单就知识产权领域来讲，我国《民法典》第1185条规定"故意侵害他人知识产权，情节严重的，被侵权人有权请求相应的惩罚性赔偿"。《著作权法》第52条所规定的侵害著作权的侵权责任形式提及了赔礼道歉责任。从这两条规定所列举的侵权形态来看，既包括侵害著作人身权的情形，也包括侵害著作财产权的情形。而我国的《专利法》《商标法》等法律并未对侵害专利、商标和其他知识产权的责任形式作出明确规定。

从以上法律中法条的规定可知，侵犯著作权的纠纷案件可以适用"赔礼道歉"的责任形式，至于其该如何适用，法律则并没有具体明文规定，实践中也完全依赖于法官的把握和权衡，因而在具体裁决中，其适用方式与适用程度的合法性就是一个值得商榷的问题，由此引发的合理性问题，尤其是对权利义务是否对等适用的合理性问题更加值得关注。

三、"赔礼道歉"在侵害著作权类案件中不应被滥用

在笔者看来，在侵害著作权类案件涉及赔礼道歉情况的，应仅限于严重侵害著作人身权时的判决，即著作权与人格权的交叉领域，而在侵害著作财产权时法院应该驳回这一诉讼请求。赔礼道歉的作用在于弥补精神痛苦，并且这种痛苦的程度因人而异且难以衡量，不宜过广地用赔礼道歉以弥补精神

---

① 付翠英. 论赔礼道歉民事责任方式的适用 [J]. 河北法学，2008：4.

痛苦为目的的法律责任，否则将导致法律的高度不确定性。① 在实践中，因为个体对赔礼道歉的感受程度以及赔礼道歉方式的理解不一，所以容易造成原告提出明显不合理的金额诉求，在案件调解中或宣判后，原告会要求更高的赔偿额来免除赔礼道歉责任，此时，被告往往要付出正常赔偿金额 10—15 倍的代价。② 原告的这些不切实际的诉求，不会得到法院的支持，也因为被告无法满足原告这种看起来"过当"的诉求，造成最终裁决结果没有达到双方或者其中一方的诉求，这样的裁决结果并不利于裁决所应达到的定分止争的效果。就本节开始所引案例而言，为何法院判决的"赔礼道歉"是不合理的呢？

首先，该案中被告的行为并未侵害原告的著作人身权。

综观该案原告在一审中强调被告在转载该篇研究报告时，没有标明涉案摄影作品的出处及姓名，因而侵犯了原告的姓名权。在该案中，原告故意混淆姓名权与署名权的区别，而是以署名权受到侵犯故请求主张损害赔偿及承担"赔礼道歉"的民事责任。但署名权作为人身权的一种，具有人身专属性，其遭受侵害要适用"赔礼道歉"必须是加害人直接实施了侵害人身权利的行为。

最高人民法院公布的"2009 年中国法院知识产权司法保护 50 件典型案例"之"毕某敏诉淮北市实验高级中学侵犯著作权纠纷上诉案"（以下简称"毕某敏与实验中学案"）中关于"赔礼道歉"的适用条件的司法阐述也印证了笔者的观点，即在侵害著作权纠纷案件中，"赔礼道歉"的民事法律责任的承担有且只能适用于侵害著作人身权的情形，不应毫无限制地一般适用。《著作权法》第 52 条规定，有下列侵权行为的，应当根据情况，承担停止侵害、消除影响、赔礼道歉、赔偿损失等民事责任。其中，赔礼道歉的方式是适用于著作人身权侵权的救济方式。在"毕某敏与实验中学案"中，实验中学未经毕某敏许可，在网络上登载毕某敏的涉案作品，且未署名，并通过网络向不确定的网络用户提供涉案作品的浏览或下载服务，其行为对毕某敏所

---

① 葛云松. 赔礼道歉民事责任的适用 [J]. 法学, 2013 (5).
② 杨德嘉. 侵害著作权的法律责任承担：以赔礼道歉的适用为视角 [EB/OL]. [2022 - 10 - 06]. http://bjcourt.gov.cn.

享有著作权中的署名权造成了侵害，侵害了毕某敏著作权中的人身权利，应承担赔礼道歉的民事责任。因此，毕某敏请求判令实验中学承担赔礼道歉的民事责任的诉讼请求应予支持。赔礼道歉的形式应和侵权的情节、后果等相适应，法院确定对侵犯毕某敏著作人身权的救济方式为：由实验中学向毕某敏公开赔礼道歉。①

其次，"赔礼道歉"还应该基于有人格权上的损害的事实发生。

在央视国际网络有限公司（以下简称"央视公司"）诉世纪龙信息网络有限责任公司（以下简称"世纪龙公司"）侵害信息网络传播权纠纷案一审判决中，法官明确认为被告未对涉案作品进行任何编辑和更改，且原告也未能证实其商誉因此遭受损失，因此对原告诉请"赔礼道歉"的请求不予支持。

"央视公司还要求世纪龙公司在其经营的网站首页及《中国电视报》上发布声明，向央视公司公开赔礼道歉。法院认为，赔礼道歉是以侵犯著作权中的人身权利为条件的，首先，本案中播放的内容并没有进行编辑、更改，实时转播的视频有 CCTV 的台标；其次，本案央视公司没有证据证明世纪龙公司实施的行为给其商誉造成损害，因此，对于央视公司的该项诉讼请求法院不予支持。"② 可以理解，在此案中，只要没有更改其作品的完整性，就不应该满足原告的关于赔礼道歉的诉讼请求。甚至可以进一步理解为，在权利人的经济利益被满足的情况下，赔礼道歉是没有必要的。

这里所引案例中，如若说原告的著作权受到了侵害，那也应该是该篇报告的所有者在使用该张涉案图片时首先侵害了原告的著作权，包括著作财产权和著作人身权。而具体到该案被告在转载该篇报告时，能否注意到该篇报告中具有侵权图片的能力和义务则是承担该案著作人身权侵犯的关键所在。

笔者认为，作为一般的公众，在转载某篇公开作品时，其注意义务仅限于一般人的注意义务，即一般公众用基本的常识判断即可知晓是否存在侵权行为，否则不应苛求公众在信息交流的过程中一一核查原著作权人的作品中

---

① （2009）皖民三终字第 0014 号。
② 广州市中级人民法院（2010）穗中法民三初字第 196 号。

是否存在侵犯第三方权利人的情形，包括文字段落、图片等可能涉嫌侵权的小部分，然后再确定是否转载使用，尤其当被告也不能提前知晓原告所有的涉案图片在该篇报告中是处于侵权状态的。

退一步讲，就算该案的被告在转载时侵害了原告的著作权，该案被告也仅需要支付相应的使用费用就足以弥补原告所受的损害，况且该案中并没有足够证据证明被告的转载行为给原告造成了任何损害事实发生。即该案的被告如若侵权行为成立，仅通过财产责任的承担就足够弥补原告遭受的侵权损失，而并不能通过主张"赔礼道歉"来要求被告承担作为一般公众在转载文章、进行信息交流时的注意义务。

在这里探讨的案例中，并不存在被告主观故意或重大过失所导致的原告著作人身权的损害事实发生，这也是笔者需要论证结论的主要依据条件。最高人民法院审判委员会于2017年3月6日讨论通过并发布的指导案例80号"洪某远、邓某香诉贵州五福坊食品有限公司、贵州今彩民族文化研发有限公司著作权侵权纠纷案"，其中更是明确了"赔礼道歉"的适用条件应该要明确的：侵权人是具有主观故意和重大过失还是仅仅只是没有尽到合理的审查义务而基于法律的规定承担侵权责任："五福坊公司事实上并无主观故意，也没有重大过失，只是没有尽到合理的审查义务而基于法律的规定承担侵权责任，洪某远也未举证证明被告侵权行为造成其声誉的损害，故对于洪某远要求五福坊公司在《贵州都市报》综合版面刊登声明赔礼道歉的第三项诉请，不予支持。"[①]

再次，该案被告的原文转载行为恰是对著作权的尊重，不具备法律对著作人身权受到侵害的可责性。

该涉案摄影作品所在的研究报告也是一篇具有完全著作权的作品，它的所有者与涉案图片的所有者的著作权并没有大小优劣之分，同样都应受到法律的保护。从被告的角度来讲，当其转载该篇研究报告时，基于著作权保护的精神，不加任何人为修改或编辑的完整呈现才是对直接的著作权人的尊重。况且对于被告来讲，无从查知也不可能查知某篇转载的文章中的某一

---

① 贵州省贵阳市中级人民法院（2015）筑知民初字第17号民事判决书。

个占极小部分的图片的侵权情况及其所有者的姓名。否则这将极大地增加一般公众对于信息获取与知识传播的负担与责任，也与我们日常的生活经验严重不符。

反过来讲，如果苛责被告在转载该篇研究报告时，对该篇文章的全部图片都进行署名及标注出处，则直接破坏了该篇研究报告所有者的著作权，因为只有原文转载该篇研究报告才是对该篇研究报告所有者著作权的最完整、最直接的尊重。也就是说，如果按照原告的诉讼主张，这样的逻辑思路反而会让人产生该篇报告中的某一张图片的著作权人的权利应该得到首要的保护，而作为该涉案图片所在的整篇研究报告的著作权的保护反而显得不那么重要了，甚至可以直接忽视。更直接地说，这会让一般公众产生著作权等级保护的错误观念。显然，著作权作为一项民事权利，理应得到平等的保护。不论是涉案图片所有者还是该篇研究报告的所有者，他们的著作权权利没有任何先后或优劣的差别。"法律不强人所难"的格言更告诉我们，被告能做到的是首先面对他所转载的该篇研究报告的著作权，他能尊重的是原文转载，不加任何修饰，而不是越过他能接触到的这篇研究报告去查明该报告中涉及的极小部分的某张图片的出处及所有者。

所以，站在被告的角度，该案中的被告在进行转载时没有进行署名与标注出处恰是一种正常且值得肯定的行为，并没有侵害原告的任何著作人身权，因为被告不可能也不必要做到查询某篇被广泛转载的文章中的某一张图片的出处及署名。因而，也就不具有法律上的可责性，更不应该承担向原告赔礼道歉的责任。

最后，原告如果必须主张"赔礼道歉"的诉求，应向图片所载的该篇报告的著作权人进行诉讼主张。

从前文的分析来看，在该案中，原告向被告主张"赔礼道歉"的民事责任承担并不妥，因为涉案图片所载的该篇报告的著作权人才是直接使用该摄影图片但并未署名及标明出处的"始作俑者"，是对涉案图片著作权人的署名权的直接侵犯，因而也应是该涉案图片遭受著作人身权侵权行为的直接承担者，故其应承担"赔礼道歉"的民事法律责任。

四、结论：在侵害著作权案件审理中谨慎使用"赔礼道歉"

赔礼道歉作为一项民事责任，其性质已经表明，法律的强制性适用和作为道德责任的内疚感、负罪感有着先天的矛盾，而这一矛盾也是根深蒂固的。如果权利人可以无限地要求任何类似转载该篇研究报告的传播者或者平台方都来进行"赔礼道歉"的民事责任承担，则无疑会无限扩张原告的权利范围，而这种放任的结果就是权利与义务的严重不对等。"赔礼道歉"看似容易，但仅仅是通过法律的强制力来实现，而无法得到义务承担者的认同，则其法律效果也必将会大受减损。

众所周知，民事权利义务涉及的最核心原则是公平。作为法律的同义词，在民事责任的分配上如何体现公平也是民事诉讼应该首要维护和保障实现的基本宗旨。先贤亚里士多德的公平理论早已提出，公平就是相互承认对方的人格尊严。在伙伴类型的社会关系中，个人作为人的价值靠社会成员之间的相互尊重和博爱来保障。① 从罗马法开始规定人身伤害可以用财产补偿从而使人身责任与财产责任相分离，我们看到了社会的巨大文明进步。

同样推动人类社会高速发展的在于承担文明思想符号的文化的传播，而科技进步、平台的广泛存在对传播人类文明的文字、图片、视频等载体的传播、扩散起了巨大的推动作用。特别是现在互联网技术的发展及传播手段的多样化，使平台的经营方难以有效地识别权利人，一般意义上就更谈不上对权利人人身权的故意侵害，因而赋予平台方或者传播者过大的注意义务与承担除财产之外的赔礼道歉责任并不妥当。虽然从最早的《安娜女王法令》开始，著作权人拥有了法律保护自己的权利不被侵害的权利，但是与此相关的著作权法主要保护权利人的财产权利，适用于人身权利的责任承担方式的"赔礼道歉"并不适用于具有强烈的财产保护与传播属性交集的侵害著作权类案件。因此，在侵害著作权案件审理中应谨慎使用"赔礼道歉"责任。

---

① 彼得·斯坦，约翰·香德. 西方社会的法律价值 [M]. 王献平，译. 北京：中国人民公安大学出版社，1990：78.

在当今信息时代，网络服务提供者在信息传播领域扮演着至关重要的角色，但也常常面临信息网络传播权侵权指控的挑战。下文旨在深入探讨网络服务提供者在应对这些指控时可以采取的抗辩事由，重点对合法授权抗辩、合理使用抗辩、法定许可使用抗辩以及"避风港规则"抗辩等方面进行分析与讨论。

网络服务提供者信息网络传播权的侵权抗辩事由

在信息时代，网络服务提供者扮演着关键的角色，为用户提供了广泛的信息传播平台。然而，随着信息网络传播权法规的不断完善，一些网络服务提供者不可避免地陷入侵权纠纷的泥淖中。这里笔者旨在探讨网络服务提供者在面对信息网络传播权指控时的抗辩事由。信息网络传播权侵权人的抗辩事由一般包括：合法授权抗辩、合理使用抗辩、法定许可使用抗辩、"避风港规则"抗辩。以下着重对后三种抗辩事由进行分析。

一、法律法规概述和网络服务提供者的法律责任

（一）法律法规

信息网络传播权是指在信息网络空间或者以无线方式向公众提供作品、表演或者录音录像制品，使公众可以在其个人选定的时间和地点获得作品、表演或者录音录像制品的权利。信息网络传播权法规主要包括《著作权法》和《信息网络传播权保护条例》等相关法律法规。《著作权法》是版权领域的基本法律，保护了著作权人的合法权益，规定了著作权人对其作品的信息网络传播享有排他的权利；《信息网络传播权保护条例》对信息网络传播权的保护作出了更为具体的规定，规定了网络服务提供者、网络用户以及权利人之间的权利义务关系，对于网络服务提供者，规定了其应当对传播的信息进行管理和监督，保护著作权人的合法权益，规定了对违法传播、侵犯著作权等行为的处理措施和法律责任；其他相关法律法规例如《计算机软件保护条例》《互联网信息服务管理办法》等法规，也涉及信息网络传播权的保护和管理。

（二）网络服务提供者的法律责任

1. 信息监管责任

网络服务提供者应当对其平台上的信息进行监管，防范传播侵权内容。这包括建立合理有效的内容审核机制，及时发现并删除侵权信息，以确保平台内容的合法性。

2. 用户管理责任

网络服务提供者有责任规范用户行为，制定并执行用户协议，防范用户在平台上传播侵权信息。这涉及建立明确的平台规则，以及对违规行为的处理措施，如封号、删除违规内容等。

3. 合作与维权责任

网络服务提供者应与权利人合作，积极采取措施保护著作权人的权益。这包括建立投诉机制，响应权利方的合理请求，通过技术手段保障合法内容的传播，促进平台与权利方的合作与理解。

4. 法律合规责任

网络服务提供者需要严格遵守相关法律法规，确保平台的运营是在法律框架下进行的。这不仅包括《著作权法》和《信息网络传播权保护条例》的规定，还包括其他可能涉及的法规，如《计算机软件保护条例》等。

5. 危害防范责任

对于可能危害网络安全、社会稳定的信息，网络服务提供者应当采取措施进行预防和处理。这包括对虚假信息、恶意传播等行为的打击和处理，以维护网络空间的健康发展。

二、抗辩事由

（一）合理使用抗辩

合理使用是指无须征得著作权人同意，又不必向其支付报酬而使用他人作品的情形。合理使用仅限于已发表作品，且合理使用是一种无偿使用，不允许他人以营利为目的使用受《著作权法》保护的作品。

1. 法律依据

《信息网络传播权保护条例》第 6 条规定："通过信息网络提供他人作

品，属于下列情形的，可以不经著作权人许可，不向其支付报酬：（一）为介绍、评论某一作品或者说明某一问题，在向公众提供的作品中适当引用已经发表的作品；（二）为报道时事新闻，在向公众提供的作品中不可避免地再现或者引用已经发表的作品；（三）为学校课堂教学或者科学研究，向少数教学、科研人员提供少量已经发表的作品；（四）国家机关为执行公务，在合理范围内向公众提供已经发表的作品；（五）将中国公民、法人或者其他组织已经发表的、以汉语言文字创作的作品翻译成的少数民族语言文字作品，向中国境内少数民族提供；（六）不以营利为目的，以盲人能够感知的独特方式向盲人提供已经发表的文字作品；（七）向公众提供在信息网络上已经发表的关于政治、经济问题的时事性文章；（八）向公众提供在公众集会上发表的讲话。"

第7条规定："图书馆、档案馆、纪念馆、博物馆、美术馆等可以不经著作权人许可，通过信息网络向本馆馆舍内服务对象提供本馆收藏的合法出版的数字作品和依法为陈列或者保存版本的需要以数字化形式复制的作品，不向其支付报酬，但不得直接或者间接获得经济利益。当事人另有约定的除外。

前款规定的为陈列或者保存版本需要以数字化形式复制的作品，应当是已经损毁或者濒临损毁、丢失或者失窃，或者其存储格式已经过时，并且在市场上无法购买或者只能以明显高于标定的价格购买的作品。"

2. 典型案例

在上海萧明公司与西安佳韵社公司侵害作品信息网络传播权纠纷一案[①]中，北京知识产权法院认为，相对于篇幅巨大的电视连续剧来说，上海萧明公司对涉案作品的使用是较为碎片化的片段性使用，此时并没有将连续的相对完整的涉案影视作品的剧情情节提供给网络用户，也难以让网络用户相对完整地感知作品传递的思想感情和艺术美感，所以涉案App的片段化提供行为难以满足网络用户获取作品的基本需求，从而几乎不可能使得作品处于"被获得"的状态和结果，因此上海萧明公司所实施的上述行为客观上未构成对涉案作品的实质性利用和替代效果，也不会对其市场价值和营销造成实

---

① （2020）京73民终1775。

质性的不利影响，没有不合理地损害著作权人的合法利益，故而不能认定侵害了西安佳韵社公司所享有的信息网络传播权。

基于本案历经一审、终审以及再审，并且在以上三个阶段，三级法院分别作出了判决，且认定依据与判决内容不同，具有典型性意义，所以有必要再呈现出一审阶段与再审阶段中法院对本案的认定。

北京市高级人民法院在再审[①]中改判了（2020）京73民终1775号判决书。北京市高级人民法院认为本案中有关"提供作品"行为的判定应该从公众获得作品应指获得作品的可能性，而非实际获得情况。箫明公司虽表示剪辑视频仅用于推荐、宣发，但未证明选取情况，且App宣传未明确，相关栏目也非宣发栏目，同时佳韵社公司能随机识别剧集内容，满足将作品置于信息网络使公众可获得的行为要件，属于行使信息网络传播权的行为。片段化使公众获得作品不影响对"提供行为"的判断。在案证据表明佳韵社公司可随机选择内容用于"听声识剧"，箫明公司示范时未筛选，综合考虑其解释和宣传，确认箫明公司将涉案作品以一分钟短视频集合形式置于信息网络，使公众可获得，二审相关认定错误。箫明公司按一分钟时长提供涉案作品片段的行为属于行使信息网络传播权的行为。涉案作品的视频片段是完整表的组成部分，能传递思想感情，体现独创性，应受保护，箫明公司未经许可使用的行为侵害了佳韵社公司的信息网络传播权，二审相关认定不当且判断依据错误。北京市高级人民法院在本案中对合理使用行为的判定，认为"影视笔记"栏目中用户上传涉案作品片段非必要操作步骤，不属于创作过程中的行为，不符合合理使用规定。少量用户上传片段的情况不符合合理使用情形，"影视笔记"栏目不限于此，且未限制传播数量或内容，不能作为合理使用的认定依据。缺乏用户取得许可的证据，箫明公司应当知晓相关情况且未采取限制措施，存在过错，构成帮助侵权行为。

本案的一审[②]中，北京互联网法院对本案中原告的行为是否构成侵权行为的认定，认为被告将涉案作品剪辑并上传至服务器中，虽针对网络用户每

---

① （2022）京民再62号。
② （2020）京0491民初2769号。

次仅提供一分钟片段，但实质已将作品置于网络服务器，供公众在选定时间和地点通过被告 App 获得作品，符合信息网络传播权中"提供作品"的定义，侵犯了原告的信息网络传播权。且网络用户通过被告 App 发布涉案作品片段，这些片段系被告 App 从服务器抓取，即使发布行为由用户实施，也应认定被告与用户采用分工合作方式向公众提供涉案作品，且被告未证明片段系网友上传，所以被告作为运营 App 中涉案作品片段的直接提供者，侵犯了原告的信息网络传播权。被告虽辩称提供一分钟片段是为评论、介绍作品，属合理使用，但被告将作品置于网络服务器，整部作品任何节点可被识别播放，影响作品正常使用，不构成合理使用。故而认定被告对涉案作品的使用行为构成侵权。

（二）法定许可使用抗辩

法定许可使用是指在法律明文规定的范围内不经著作权人许可使用作品，但应当向著作权人支付报酬，包括发展教育设定的法定许可、扶助贫困设定的法定许可。

《信息网络传播权保护条例》第 8 条规定："为通过信息网络实施九年制义务教育或者国家教育规划，可以不经著作权人许可，使用其已经发表作品的片断或者短小的文字作品、音乐作品或者单幅的美术作品、摄影作品制作课件，由制作课件或者依法取得课件的远程教育机构通过信息网络向注册学生提供，但应当向著作权人支付报酬。"

第 9 条规定："为扶助贫困，通过信息网络向农村地区的公众免费提供中国公民、法人或者其他组织已经发表的种植养殖、防病治病、防灾减灾等与扶助贫困有关的作品和适应基本文化需求的作品，网络服务提供者应当在提供前公告拟提供的作品及其作者、拟支付报酬的标准。自公告之日起 30 日内，著作权人不同意提供的，网络服务提供者不得提供其作品；自公告之日起满 30 日，著作权人没有异议的，网络服务提供者可以提供其作品，并按照公告的标准向著作权人支付报酬。网络服务提供者提供著作权人的作品后，著作权人不同意提供的，网络服务提供者应当立即删除著作权人的作品，并按照公告的标准向著作权人支付提供作品期间的报酬。依照前款规定提供作品的，不得直接或者间接获得经济利益。"

（三）"避风港规则"抗辩

面对每分每秒海量上传的网络数据，苛求所有网络服务提供者对所有链接或搜索服务进行严格监管显然不合理，因此法律对此规定相应的免责规则，即"避风港规则"。网络服务提供者只有在知道侵权行为或侵权内容的存在后才有义务采取措施，如删除、屏蔽或者断开链接等。如果在明确知道侵权事实后，仍不及时采取相关措施，则需承担责任。

《民法典》第1195条第1款规定："网络用户利用网络服务实施侵权行为的，权利人有权通知网络服务提供者采取删除、屏蔽、断开链接等必要措施。通知应当包括构成侵权的初步证据及权利人的真实身份信息。"

第2款规定："网络服务提供者接到通知后，应当及时将该通知转送相关网络用户，并根据构成侵权的初步证据和服务类型采取必要措施；未及时采取必要措施的，对损害的扩大部分与该网络用户承担连带责任。"

《信息网络传播权保护条例》第22条规定："网络服务提供者为服务对象提供信息存储空间，供服务对象通过信息网络向公众提供作品、表演、录音录像制品，并具备下列条件的，不承担赔偿责任：（一）明确标示该信息存储空间是为服务对象所提供，并公开网络服务提供者的名称、联系人、网络地址；（二）未改变服务对象所提供的作品、表演、录音录像制品；（三）不知道也没有合理的理由应当知道服务对象提供的作品、表演、录音录像制品侵权；（四）未从服务对象提供作品、表演、录音录像制品中直接获得经济利益；（五）在接到权利人的通知书后，根据本条例规定删除权利人认为侵权的作品、表演、录音录像制品。"

第23条规定："网络服务提供者为服务对象提供搜索或者链接服务，在接到权利人的通知书后，根据本条例规定断开与侵权的作品、表演、录音录像制品的链接的，不承担赔偿责任；但是，明知或者应知所链接的作品、表演、录音录像制品侵权的，应当承担共同侵权责任。"

三、结语

网络服务提供者根据其业务性质和定位，可分为社交媒体、内容分享平台、电商平台等不同类型。网络服务提供者被控侵害涉案作品的信息网络传播权时，应详细列举平台的主要职能，强调其作为信息传播中介的功能，包括用户内容的托管、传播、搜索与推荐等方面的职能，从而强调用户分享内容在平台上的重要性，平台本质上是中介，提供类似信息托管的服务。通过清晰地描述平台的定位和职能，可以为后续论述网络服务提供者在法规下的法律责任和抗辩事由提供更有力的背景支持。

手机 App 上的侵权形态

背 景

智能手机与手机软件的发展

智能手机出现后,各类应用软件入驻手机的应用商城以供用户下载。影视作品或者其他内容应用软件入驻在智能手机商城中,以提供 App 下载的方式,供不特定公众下载安装软件,并在软件内实现选定影视作品的播放。具体表现为在手机等终端联网状态下,通过 App 应用商城,下载、安装该 App,进入该软件内搜索栏搜索影片,可以显示该片影视简介和播放按钮,点击播放按钮即可正常播放搜索影片,公众可以通过该 App 在选定的时间和地点获得影片内容,其实质是提供了一个影视播放的平台,这些播放行为符合信息网络传播权调整的范围。正如《最高人民法院关于审理侵害网络信息传播权民事纠纷案件适用法律若干问题的规定》(法释〔2012〕20 号)第 3 条规定:"网络用户、网络服务提供者未经许可,通过信息网络提供权利人享有信息网络传播权的作品、表演、录音录像制品,除法律、行政法规另有规定外,人民法院应当认定其构成侵害信息网络传播权行为。通过上传到网络服务器、设置共享文件或者利用文件分享软件等方式,将作品、表演、录音录像制品置于信息网络中,使公众能够在个人选定的时间和地点以下载、浏览或者其他方式获得的,人民法院应当认定其实施了前款规定的提供行为。"

长短视频权利人成为信息网络传播中的受害者

在信息网络传播权侵权案件中,一般存在两种侵权主体:一种是网络用户,即上传者(UGC 或 PGC),另一种是网络平台,即网络服务提供者。影视作品 App 的开发者一般是视频平台运营者,通过手机实现对平台上视频内容的播放是这些平台获得流量的重要手段。如果这些 App 软件上直接展示的影视作品未获得权利人的授权，则影视 App 运营者构成对权利人的侵权，这类长视频侵权认定相对容易。还有一种情况是，这些 App 软件上展示的内容是通过跳转的方式实现涉案影视作品的播放，在司法实践中，有不同的裁判标准。有的法院认为如果这类跳转是通过技术破解或者未取得被链平台许可，构成对权利人的侵害。有的法院认为，如果被链平台已经获得权利人的许可，链接 App 运营者不构成对涉案影视作品的侵害。

随着生活节奏的加快，目前短视频行业的发展迅速，各类型的短视频 App 层出不穷，网络用户的侵权形式也以上传短视频居多，因为短视频适合社会大众在不稳定的情景下利用碎片时间观看，可以不受时间和空间的制约，随时随地在网络平台上播放，而且短视频的准入门槛相对较低，所有人都可以参与视频的制作和上传，侵权现象层出不穷，平台受其侵权视频的利益驱使，对其监管采取"睁一只眼闭一只眼"的态度，并且某些短视频平台公司还将各大热播影片按照主题、内容进行整理，通过设置视频分类、智能搜索等方式推荐侵权视频，无形之中也扩大了侵权的影响范围。短视频主要有以下几种类型。第一种是解说类短视频，网络用户对影片的主要情节进行剪辑，再加上配音对故事情节的发展进行讲解，使观看者快速得悉影片的主要内容。这种短视频受众范围很广，侵权结果更为严重，而且此类短视频是否构成合理使用也很难界定，解说的基础还是影片的主要内容，离开影视片段，解说单独存在就失去了它要表达的效果，而解说也是讲述影片内容，没有自己的独特见解，缺乏创造性，也表达不了相应的主题，很难构成单独享有权利的二创作品。国家电影局也发布声明，将认真贯彻落实中央关于全面加强知识产权保护的安排部署，针对当前比较突出的"××分钟看电影"等短视频侵权盗版问题，配合国家版权局继续加大对短视频侵犯电影版权行为的打击力度，坚决整治短视频平台及自媒体、公众账号生产运营者未经授权复制、剪辑、传播他人电影作品的侵权行为，积极保护广大电影版权权利人的合法权益。第二种是切条类短视频，即将正片切割成几个至几十个不等的短视频。如今在各大知名短视频平台都能找到热度较高的影视作品的切条，此类短视频是完全的搬运，属于变相的盗版，严重侵害了著作权人的权利。第三种是剪辑类短视频，即将原视频进行剪辑、拼接，以某个人为主题，将含有其画面的片段剪辑在一起或者将不同作品的画面剪辑在一起。还有一些是预告片和花絮，这类视频的内容与影片想要表达的内容并无关联，更多的是宣传作用，不属于侵权。因此在取证时要将其过滤，挑选侵权行为更为严重的解说类和切条类短视频，以及一些影片的精彩片段剪辑这种质量较高的短视频取证。

短视频软件作为网络服务提供者，其并没有直接实施侵权行为，通常是因为用户上传的视频侵犯原告的信息网络传播权而承担连带责任。在具体案件中可能有成百上千个用户实施了侵权行为，尤其是一些热播影片上线后，当天就会有大量用户对其进行剪辑，上传至短视频平台，而原告没有足够的时间和精力来追查数量如此庞大的侵权用户，因此可以选择网络服务提供者进行起诉。作为专门的视频平台，随着科学技术的发展和运营视频平台多年积累的经验，会比一般的网络平台更清楚什么样的视频可能会发生著作权侵权，对此专门进行审核也不会加重该平台的负担，其更应具有审慎注意义务，对作品的审查也应当更为严格。

案 例

以下案例从案件基本信息、案情简介、裁判要旨、争议焦点等方面对手机 App 侵权的判决书进行评析，将司法实践中 App 各种侵权模式的焦点问题进行梳理，以期为知识产权的司法保护提供一些思路。

案例一：电影作品音频向公众播放的侵权责任认定

【案件基本信息】

1. 一审：北京互联网法院（2021）京 0491 民初 330 号

   二审：北京知识产权法院（2021）京 73 民终 4296 号

2. 案由：侵害作品信息网络传播权纠纷

3. 当事人：

原告（二审被上诉人）：捷成华视网聚（北京）文化传媒有限公司

被告（二审上诉人）：广州荔支网络技术有限公司

4. 涉案平台："荔支"手机客户端

5. 涉案作品：电影《港囧》

【案情简介】

原告经合法授权取得电影《港囧》的信息网络传播权，性质为独占专有，并享有以自己的名义依法维权的权利。原告发现被告未经合法授权在其运营的"荔支"手机客户端中未经许可向公众提供电影《港囧》的在线传播及下载服务，并且获取利益。原告对此进行了证据保全，并诉至北京互联网法院，请求广州荔支网络技术有限公司（以下简称"荔支公司"）停止侵权，赔偿损失以及维权的合理开支。

【裁判要旨】

本案中，一审原告通过涉案平台"荔支"手机客户端，注册登录后进入

软件主界面，进入首页后，浏览"推荐"页面，点击"影评|热门电影抢先听"，点击"播单"，点击播放《港囧》，可通过页面点击"下载""送花支持"等操作对涉案作品进行下载及"打赏"。就此，"荔支"手机客户端服务协议中指明："荔支"手机客户端提供的是信息网络存储空间服务，要求网站相关用户尊重他人知识产权，并且设置了侵权举报电话和举报邮箱，并有明确的版权投诉指引。该协议载明"荔支"本身不直接上传提供内容，并对用户提供内容不进行任何修改和编辑，"荔支"不具有实质的审查义务。

一审法院认为，根据法律规定，著作权属于作者，如无相反证明，在作品上署名的公民、法人或者其他组织为作者。电影作品和以类似摄制电影的方法创作的作品的著作权由制片者享有，当事人提供的涉及著作权的底稿、原件、合法出版物、著作权登记证书、认证机构出具的证明、取得权利的合同等，可以作为证据。本案中，根据原告提交的涉案影片的电影片公映许可证、影片片尾截图、授权书等证据可以确认原告已经获得涉案影片著作权人的合法授权，在授权期限内取得了对涉案影片的独占性信息网络传播权，并有权以自己名义就侵权行为提起诉讼。

《最高人民法院关于审理侵害信息网络传播权民事纠纷案件适用法律若干问题的规定》第7条规定："网络服务提供者在提供网络服务时教唆或者帮助网络用户实施侵害信息网络传播权行为的，人民法院应当判令其承担侵权责任……网络服务提供者明知或者应知网络用户利用网络服务侵害信息网络传播权，未采取删除、屏蔽、断开链接等必要措施，或者提供技术支持等帮助行为的，人民法院应当认定其构成帮助侵权行为。"在本案中，被告运营的网站和手机客户端上存在大量用户上传电影作品的完整音频文件。被告网站注册用户在未经相关作品著作权人允许的情况下，在其运营的网站上传完整的电影音频文件，使得涉案作品的音频可让社会公众在其选定的时间地点获得。鉴于电影是结合画面、音乐、台词、表演、灯光、服装、道具等各要素综合一体的艺术形式，伴音或者画面都是电影作品的有机组成部分，现涉案平台出现将原告享有著作权的电影作品的音频部分剥离使用的情况，且大部分完整涵盖了涉案作品的基本内容，已经构成对涉案作品传播的实质性替代，故可认定该行为侵犯了相关电影作品著作权人就该作品享有的信息网络传播权。作为网络服务的提供者和网站的经营者，在其网站的"推荐页面"中还设置了"热门电影原声系列""热门电影抢先听"系列，点击"推荐"按钮可进入"听电影丨热门电影原声系列"播放及下载相关作品，其中许多作品具有极高的知名度（如本案涉案作品《港囧》），部分作品还采用了原电影发行时对外发布的宣传海报或剧照作为推荐页面图标。故据此可推知被告对侵权行为应知情，且在涉案作品具有一定知名度的情况下，理应认识到网络个人用户不可能获得作品的完整授权，但并未对此尽到合理的注意和管理义务，甚至将相关的内容进行了编辑汇总和推荐，并通过在"打赏中奖说明"中向用户展示"边听声音，边打赏主播，有机会赢取玫瑰和赚金币"，通过提供创作收益激励金、流量扶持、变现服务等鼓励和支持平台注册用户上传音乐、影视作品，故一审法院认为被告在明知或应知网络用户利用网络服务侵害信息网络传播权的情况下，未采取删除、屏蔽、断开链接等必要措施，或提供技术支持，已经构成帮助侵权。就被告的抗辩而言，其提供的用户协议中载明的相关条款和在网站设置的侵权的维权渠道，以及在庭审中提交部分注册用户手机号码等注册信息的事实，并不能影响本案中帮助侵权行为的认定，对于该条抗辩意见一审法院不予支持。

二审法院认为，《最高人民法院关于审理侵害信息网络传播权民事纠纷案件适用法律若干问题的规定》第7条第3款规定："网络服务提供者明知或者应知网络用户利用网络服务侵害信息网络传播权，未采取删除、屏蔽、断开链接等必要措施，或者提供技术支持等帮助行为的，人民法院应当认定其构成帮助侵权行为。"第12条规定："有下列情形之一的，人民法院可以根据案件具体情况，认定提供信息存储空间服务的网络服务提供者应知网络用户侵害信息网络传播权：（一）将热播影视作品等置于首页或者其他主要页面等能够为网络服务提供者明显感知的位置的；（二）对热播影视作品等的主题、内容主动进行选择、编辑、整理、推荐，或者为其设立专门的排行榜的；（三）其他可以明显感知相关作品、表演、录音录像制品为未经许可提供，仍未采取合理措施的情形。"

本案中，第一，被告网站注册用户未经原告许可，上传了涉案作品的音频文件，使得不特定公众可以在个人选定的时间和地点获得涉案作品，该行为侵害了原告对涉案作品享有的信息网络传播权。第二，人民法院认定网络服务提供者构成帮助侵权行为，须该网络服务提供者明知或者应知网络用户利用其提供的网络服务侵害信息网络传播权。根据一审法院查明的事实，被告作为网络服务的提供者和网站的经营者，在其网站的"推荐页面"中设置了"热门电影原声系列""热门电影抢先听"系列，点击"推荐"按钮可进入"听电影｜热门电影原声系列"播放及下载相关作品，在被告平台显示的名称与涉案作品名称一致，被告理应认识到网络个人用户一般不太可能获得作品的完整授权，故可以认定被告对涉案侵权行为主观上为应知。另外，被告上诉称其推荐行为系平台自带的算法推荐所致，属技术中立。但二审法院认为，被告的上述算法推荐行为，实际上是向用户提供了信息流推荐服务，一定程度上存在提高侵权传播效率、扩大侵权传播范围的风险，同时也为其自身获得了更多的流量和市场竞争优势等利益，其理应对用户的侵权行为负有更高的注意义务。但被告并未对此尽到合理的注意和管理义务，故一审法院认为被告在应知网络用户利用网络服务侵害信息网络传播权情况下，未采取删除、屏蔽、断开链接等必要措施，或提供技术支持，构成帮助侵权，并无不当，二审法院予以确认。对被告关于涉案行为不构成侵权的上诉主张，二审法院不予采信。

一审法院认为：荔支公司对侵权行为应知情，构成帮助侵权，应承担相应责任。荔支公司不服，提起上诉。

一审法院判决：被告赔偿原告经济损失30 000元及维权合理支出费用1000元。

二审期间，双方均未提交证据，二审法院对一审法院查明的事实予以确认。对于双方的诉辩主张，本案争议的焦点问题为：是否应就涉案行为承担侵权责任？

二审法院判决：驳回上诉，维持原判。

【法律评价】

本案中，一审与二审法院都认定了荔支公司所运营平台播放涉案作品构成侵权。但二审判决称由与一审判决称由在认定侵权的表达上有不同。一审判决理由强调了荔支公司的侵权是因为荔支公司在其平台"推荐页面"设置"热门电影"等系列，在"热门电影"中经点击"推荐"可观看或下载涉案电影，故荔支公司对他人上传整部作品的合法性与否具有义务去审核，如果因为没有谨慎审核而构成对涉案权利人的侵害承担帮助侵权之责任。而二审则从算法推荐角度进行论证认为，荔支公司的运营平台向用户提供了信息流推荐服务，以获得更多的流量和市场竞争优势等利益，所以荔支公司对用户的侵权行为负有更高的注意义务，如果没有尽到与此对应的注意与管理义务，对用户的侵权应承担侵权责任。

无独有偶，北京市高级人民法院在（2024）京73民终180号判决书中认为针对重复传播侵权视频的网络用户，网络服务提供者应提高注意义务，除删除、屏蔽侵权视频外，还应当采取限制措施以限制推荐，即限制信息流服务是必要的，否则网络服务提供者应承担相应的侵权责任。这是一份二审法院对一审判决书改判的案例，具有较高的参考价值。[①]

案例二：社交属性的网络服务平台责任认定

【案件基本信息】

1. 一审：广州互联网法院（2021）粤0192民初21189、21191号
   二审：广州知识产权法院（2022）粤73民终3332、3338号
2. 案由：侵害作品信息网络传播权纠纷
3. 当事人：

原告：广州居升广告有限公司

被告：广州微波互动科技有限公司

4. 侵权平台："窝窝"手机端App
5. 涉案影片：《麻雀变王妃3》（The Prince & Me 3）、《坏中尉》（Bad Lieutenant）

---

① 一审案号：（2022）京0491民初16465号，二审案号：（2024）京73民终180号。

【案情简介】

涉案作品《麻雀变王妃3》《坏中尉》均系合作作品,《坏中尉》的百度百科词条也显示其制作单位包括多家制作公司。涉案电影作品《坏中尉》《麻雀变王妃3》的片尾截图显示版权人分别为 Lieutenant Productions，INC. 和 PM3，INC. 。涉案电影作品经 Trevor Short 代表版权人授权给 Nuimage，INC. 独家销售代理，Nuimage，INC. 有权自相关影片完片之日起永久授权影片的全权给其他公司。随后，Nuimage，INC. 授予 H. G. C. Entertainment，Ltd 在中国大陆范围内独家发行包含两案涉案电影作品在内的多个影片的发行权，包括院线、音像、付费电视、免费电视、VOD、IPTV、移动电视、PPV、Internet。H. G. C. Entertainment，Ltd 又将相关影视作品在中国大陆地区的独占性著作权和维权权利等转让给广州佳华文化活动策划有限公司，广州佳华文化活动策划有限公司再将包含两案涉案电影作品在内的影视作品的独占专有信息网络传播权授权给广州居升广告有限公司（以下简称"居升公司"）。《麻雀变王妃3》由昵称为"深知自己不讨喜"的窝窝 App 用户上传，《坏中尉》由昵称为"节与我无缘"的窝窝 App 用户上传。

【裁判要旨】

本案涉及如下焦点问题：（1）居升公司是否享有两案涉案电影作品的信息网络传播权？（2）广州微波互动科技有限公司（以下简称"微波公司"）的行为是否侵犯居升公司涉案作品的信息网络传播权？

一审法院认为：微波公司仅提示用户上传内容须符合版权政策，并无证据显示其已采取合理、有效的技术措施预防侵权行为的发生，同时还删除相关上传用户的身份信息，故其行为为侵犯居升公司就两案涉案电影作品享有的信息网络传播权。

二审法院驳回上诉，维持原判。

【争议焦点】

（1）居升公司是否享有两案涉案电影作品的信息网络传播权？

根据《著作权法》第 17 条以及《最高人民法院关于审理著作权民事纠纷案件适用法律若干问题的解释》第 7 条的规定，在无相反证明的情况下，足以认定两案涉案电影作品的版权人分别为 Lieutenant Productions，INC. 和 PM3，INC. 。两案涉案电影作品经 Trevor Short 代表版权人授权给 Nuimage，INC. 独家销售代理，Nuimage，INC. 有权自相关影片完片之日起永久授权影片的全权给其他公司。随后，Nuimage，INC. 授予 H. G. C. Entertainment，Ltd 在中国大陆范围内独家发行包含两案涉案电影作品在内的多个影片的发行权。H. G. C. Entertainment，Ltd 又将相关影视作品在中国大陆地区的独占性著作权和维权权利等转让给广州佳华文化活动策划有限公司，广州佳华文化活动策划有限公司再将包含两案涉案电影作品在内的影视作品的独占专有信息网络传播权授权给居升公司。上述授权有完整的证据链条予以佐证，足以证明居升公司已经取得两案涉案电影作品的信息网络传播权。

（2）微波公司的行为是否侵犯居升公司涉案作品的信息网络传播权？

微波公司开发运营的窝窝 App 上可以搜索到两案涉案电影作品，微波公司未提交证据证明其作为网络服务提供者，已取得居升公司许可，有权通过信息网络提供居升公司享有信息网络传播权的相关作品，让不特定公众可以在其个人选定的时间和地点通过窝窝 App 在线播放与两案涉案电影作品内容一致的影片，且微波公司仅提示用户上传内容须符合版权政策，并无证据显示其已采取合理、有效的技术措施预防侵权行为的发生，同时还删除相关上传用户的身份信息，故其行为侵犯居升公司就两案涉案电影作品享有的信息网络传播权，有主观侵权的故意。

【法律评价】

作为本案原告的代理律师，笔者在代理本案时，面临以下几个难点。

（1）微波公司的责任认定。微波公司或用户在其运营的窝窝 App 上提供涉案电影作品的行为，以及其是否尽到了合理的注意义务，需要根据现有证据加以判断微波公司的行为是否构成了对居升公司信息网络传播权的侵犯。

（2）针对微波公司所提出的"避风港原则"的抗辩。微波公司是否采取了合理、有效的技术措施来预防侵权行为的发生是一个关键问题。立案前需要评估微波公司在其运营的窝窝 App 上对用户上传内容的审核和管理是否足够严格,是否进行了相应的审核义务以及确认是否发生及时删除侵权内容等行为。

(3)举证证明微波公司主观上有过错的证据。原告代理律师需要取证并提供相关证据来证明微波公司的侵权行为是有主观侵权故意的。例如,微波公司未尽到"通知-删除"的义务,并且仍然持续进行了对涉案作品的侵权行为。

总之,在代理本案时需要结合双方提供的证据来全面分析案件事实和涉及的法律适用问题,积极收集、整理证据,充分举证、质证,并在法庭上进行有效辩论,使原告的合法权益得到保护。

案例三：国外电影在视频平台上被侵权的救济

【案件基本信息】

1. 一审：北京市石景山区人民法院(2017)京0107民初10939号
   二审：北京知识产权法院(2017)京73民终2249号
2. 案由：侵害作品信息网络传播权纠纷
3. 当事人：
   原告：广州佳华影业股份有限公司
   被告：暴风集团股份有限公司
4. 侵权平台："暴风影音"手机端App
5. 涉案影片：《国王的全息图》(A Hologram for the King)

【案情简介】

广州佳华影业股份有限公司(以下简称"佳华公司")依法享有影视作品《国王的全息图》(以下简称"涉案影片")的独占性信息网络传播权。在手机"应用市场"中搜索、下载、安装并打开"暴风影音",在其搜索栏中搜索、播放并缓存涉案影片,缓存后能够完整播放。暴风集团股份有限公司(以下简称"暴风公司")未经授权通过其运营的"暴风影音"手机客户端(以下简称"涉案应用软件")提供了涉案影片的在线播放与下载,侵犯了佳华公司的信息网络传播权。

【裁判要旨】

本案争议焦点：（1）视频平台未经权利人许可对国外电影的播放构成对权利人相关权利的侵害，如何确定国外电影的权利人？（2）在确定平台构成侵权的情况下，如何确定赔偿金额？

北京市石景山区人民法院审理后认为，我国《著作权法》规定，如无相反证明，在作品上署名的公民、法人或者其他组织为作者。著作权人可以自己行使著作权，也可以授权许可他人行使著作财产权。涉案电影片尾明确标注了版权归属，一审法院对暴风公司认为片头标注主体亦为权属主体的抗辩意见不予采纳。佳华公司提交的授权权属证明文件连贯、完整，一审法院对其在授权期限内继受取得涉案影片的著作权、转授权以及维权权利予以确认，对其诉讼主体资格予以确认。

一审法院判决：（1）暴风公司于判决生效后立即停止在"暴风影音"手机客户端提供涉案影片的在线播放和下载；（2）暴风公司于判决生效之日起10日内赔偿佳华公司经济损失74 000元及合理费用支出1000元。一审宣判后，暴风公司不服，提起上诉。

二审法院：维持一审关于侵权的认定，并维持了关于赔偿部分的判决。

【争议焦点】

（1）如何确定国外电影的权利人？

涉案电影片头标注"BAN FILM SPRESENT"，片尾标注"2016HOLOGRAM FOR THE KING LTD."，我国《著作权法》规定，如无相反证明，在作品上署名的公民、法人或者其他组织为作者。著作权人可以自己行使著作权，也可以授权许可他人行使著作财产权。涉案电影片尾明确标注了版权归属。佳华公司提交的授权权属证明文件连贯、完整，一审法院对其在授权期限内继受取得涉案影片的著作权、转授权以及维权权利予以确认，对其诉讼主体资格予以确认。

根据现行《著作权法》第17条的规定，电影作品和以类似摄制电影的方法创作的作品的著作权由制作者享有。对于制作者的定义，按照世界知识产权组织的解释,《伯尔尼公约》中的电影作品制作者是为制作该作品而首先采取行动并承担财务责任的人。然而实践中,影视作品关于"制作者"的署名缺乏统一规范,存在制作者、著作权人、出品单位、联合出品单位、出品人、摄制单位、联合摄制单位等多种表述方式。根据电影行业的现实情况,一些署名仅是挂名,并未实际投资或参与制作,与影视作品的著作权归属并无实际关联。因此当署名中既有出品方信息,又有明确版权声明的,在无其他相反证据推翻的情况下,应首先依据版权声明确定制片者。本案中,涉案影片的片尾明确显示:2016HOLOGRAM FOR THE KING LTD.。

根据涉案影片片尾的署名情况,在无充分相反证据的情况下,可以认定HOLOGRAM FOR THE KING LTD. 为涉案影片的著作权人。HOLOGRAM FOR THE KING LTD. 出具声明,将涉案影片的包括信息网络传播权在内的相关著作权权利以独占专有的形式授予 Lotus Media, LLC,而 Lotus Media, LLC 则将上述权利转授 H. G. C. Entertainment, Ltd。

佳华公司经 H. G. C. Entertainment, Ltd 授权获得了涉案影片的包括信息网络传播权在内的独占性著作权权利和维权、受偿及转授权的权利。上述授权链条完整,佳华公司具备作为本案适格原告的主体资格。

(2) 在确定平台构成侵权的情况下,如何确定赔偿金额?

关于一审判决确定的经济损失赔偿数额是否适当,根据《著作权法》(2010) 第49条的规定,侵犯著作权或者与著作权有关的权利的,侵权人应当按照权利人的实际损失给予赔偿;实际损失难以计算的,可以按照侵权人的违法所得给予赔偿。权利人的实际损失或者侵权人的违法所得不能确定的,由人民法院根据侵权行为的情节,判决给予50万元以下的赔偿。本案中,并无证据能够明确证明佳华公司的实际损失抑或暴风公司的违法所得,一审法院已综合考虑涉案影片的知名度和传播范围以及侵权平台的影响力和侵权方式、持续时间等情节,酌情确定的经济损失赔偿数额并无明显不当。

【法律评价】

根据《著作权法》(2010) 规定,电影作品和以类似摄制电影的方法创作的作品的著作权由制片者享有。对于制片者的定义,按照世界知识产权组织的解释，《伯尔尼公约》中的电影作品制作人是为制作该作品而首先采取行动并承担财务责任的人。然而实践中，影视作品关于"制片者"的署名缺乏统一规范，存在制片人、著作权人、出品单位、联合出品单位、出品人、摄制单位、联合摄制单位等多种表述方式。根据电影行业的现实情况，一些署名仅是挂名，并未实际投资或参与制作，与影视作品的著作权归属并无实际关联。因此当署名中既有出品方信息，又有明确版权声明的，在无其他相反证据推翻的情况下，应首先依据版权声明确定制片者。

根据《著作权法》（2010）之规定，侵犯著作权或者与著作权有关的权利的，侵权人应当按照权利人的实际损失给予赔偿；实际损失难以计算的，可以按照侵权人的违法所得给予赔偿。权利人的实际损失或者侵权人的违法所得不能确定的，由人民法院根据侵权行为的情节，判决给予50万元以下的赔偿。

案例四：对历史艺术人物作品解读的文字作品侵权

【案件基本信息】

1. 一审：北京互联网法院（2019）京0491民初29278号
   二审：北京知识产权法院（2021）京73民终1395号
2. 案由：侵害作品信息网络传播权纠纷
3. 当事人：

原告：申某

被告：京版北教文化传媒股份有限公司、北京触阅信息科技有限公司

4. 侵权平台："国韵传承"App
5. 涉案作品："程砚秋唱片导读"系列

【案情简介】

申某于2018年8月14日完成创作名为"程砚秋唱片导读"系列（三个版本）的文字作品，依法享有该文字作品的著作权。任何第三人未经申某许可，均不得使用该文字作品。2018年8月15日，申某通过微信将《程砚秋

唱片导读第三版》发送给京版北教文化传媒股份有限公司（以下简称"京版北教公司"）的工作人员刘某某女士，2018年8月20日通知刘某某将申某提供的文章删除。2019年4月26日，申某查证发现，涉案两被告通过"苹果应用商店"上架了一款名为"国韵传承"的软件，该软件提供了与《程砚秋唱片导读第三版》极为相似的文章内容及有声读物。申某认为，二被告的行为侵犯了申某的署名权、信息网络传播权和其他著作权权项，请求法院判令被告承担停止侵权、赔礼道歉、赔偿经济损失的民事责任。

【裁判要旨】

一审判决：（1）被告京版北教公司自本判决生效之日起10日内删除涉案App上发表的文章《程砚秋经典唱腔选》；自本判决生效之日起10日内删除涉案公众号上发表的文章《程砚秋经典唱片赏析》中侵权部分的内容；（2）被告京版北教公司自本判决生效之日起10日内在涉案App及公众号上首页置顶位置连续一周刊登致歉声明，就侵犯著作权一事向原告申某致歉（致歉内容须经审理法院审核，被告京版北教公司逾期不履行，法院将依原告申某的申请在《中国青年报》刊登本判决书主要内容，费用由被告京版北教公司负担）；（3）被告京版北教公司自本判决生效之日起10日内赔偿原告申某经济损失1000元及合理支出5000元，以上共计6000元；（4）驳回原告申某的其他诉讼请求。本案一审判决后，一审中的被告京版北教公司提出了上诉，在二审开庭前，该上诉人提出了撤诉申请，二审法院批准了该申请。

【争议焦点】

（1）"接触加实质性相似"是判断涉案作品是否构成侵权的重要判断标准，本案的审理法官也是严格按照这个审理思路判断本案中的被告是否构成对原告权利的侵害。在本案中，原告与被告的工作人员就涉案作品形成之前、之后都有通过微信等进行接触。本案中，如果被告在没有接触原告作品的前提下创作，即便有重复，也不会出现选取唱段雷同、剧目选择雷同、遣词造句雷同、文献引用雷同、表达形式雷同、文章结构雷同、思想见解雷同等方面，与原告有此七大雷同之处，并且还贯穿文章全文。基于原告的以上主张，审理法官认为被告文章无论是从整体观感还是细节比对上去判断，都构成实质性相似。

（2）关于几被告就对申某的侵权的承担方面，根据《最高人民法院关于审理侵害信息网络传播权民事纠纷案件适用法律若干问题的规定》（法释〔2012〕20号）第8条规定，人民法院应当根据网络服务提供者的过错，确定其是否承担教唆、帮助侵权责任。网络服务提供者的过错包括对于网络用户侵害信息网络传播权行为的明知或者应知。网络服务提供者能够证明已采取合理、有效的技术措施，仍难以发现网络用户侵害信息网络传播权行为的，人民法院应当认定其不具有过错。审理法院基于现有证据认定侵权作品并非由北京触阅信息科技有限公司（以下简称"触阅公司"）上传至网络服务器，其行为不构成内容提供行为。触阅公司在本案中仅为技术服务提供者，并不存在"明知"或"应知"的情节，因此不具有过错。故申某关于触阅公司承担该侵权责任的请求没有获得法院的支持。

（3）涉案作品的直接使用方是京版北教公司，申某主张京版北教公司侵犯其署名权、信息网络传播权等著作权权项。署名权，即表明作者身份，在作品上署名的权利；信息网络传播权，即以有线或者无线方式向公众提供作品，使公众可以在其个人选定的时间和地点获得作品的权利。除了署名权，经过合同约定，侵权文章的著作权归北京出版集团有限责任公司享有，且王某陈述文章的选段均是按照京版北教公司的安排。京版北教公司在未经许可、未予署名的情况下，在其运营的公众号和App上发布与涉案作品构成实质性相似的侵权文章，使公众可以在个人选定的时间、地点获取涉案作品，京版北教公司具有一定的过错，侵犯了申某的署名权、信息网络传播权等权项，应当依法承担停止侵害、消除影响、赔礼道歉、赔偿损失等民事责任。

【法律评价】

因为本案中涉案作品系对历史艺术人物作品的解读，有独创性，该解读构成文字作品。第一，判断涉案作品是否构成实质性相似，应比较作者在作品表达中的取舍、选择、安排、设计等是否相似，不应从主题、创意、情感等思想层面进行比较。如前所述，申某在程砚秋先生众多唱段中选取了不同阶段的四个选段，这种唱段的选取和编排本身就体现了一定的独创性。同时，作者文字部分的个性化表达也传递了一定的思想和信息，具有独创性。而《程砚秋经典唱片赏析》中"三、程砚秋经典唱片选析"部分以及《程砚秋经典唱腔选》，不论是选段的编排，还是文字的描述，与涉案文章高度近似。综上两点意见，一审法院认定涉案公众号发表的《程砚秋经典唱片赏析》中"三、程砚秋经典唱片选析"部分以及涉案App发表的文章《程砚秋经典唱腔选》，与涉案文章达到实质性相似。第二，论述京版北教公司是否存在接触在先作品的可能时，判断被告是否接触过在先作品或者存在接触的可能，一般考虑如下因素：在先作品是否已经公开发表；在先作品未发表的，但被诉侵权作品作者或者其关联主体与在先作者之间是否存在投稿、合作洽谈等情况。由于起初的合作洽谈阶段，申某将涉案作品的底稿交与京版北教公司的员工，因此京版北教公司具有接触过在先作品的可能性。

涉案公众号发表的《程砚秋经典唱片赏析》中"三、程砚秋经典唱片选析"部分以及涉案App发表的文章《程砚秋经典唱腔选》与涉案作品达到实质性相似，且京版北教公司未提供证据予以合理的解释，加之京版北教公司确实接触过在先作品，结合本案证据综合判定，京版北教公司在涉案公众号、涉案App上发表文章的行为对涉案作品构成侵权。

京版北教公司应承担何种侵权责任？申某主张京版北教公司侵犯了其署名权、信息网络传播权等著作权权项。署名权，即表明作者身份，在作品上署名的权利；信息网络传播权，即以有线或者无线方式向公众提供作品，使公众可以在其个人选定的时间和地点获得作品的权利。除了署名权之外，经过合同约定，侵权文章的著作权归北京出版集团有限责任公司享有，且王某陈述文章的选段均是按照京版北教公司的安排。京版北教公司在未经许可、未予署名的情况下，在其运营的公众号和App上发布与涉案作品构成实质性相似的侵权文章，使公众可以在个人选定的时间、地点获取涉案作品，京版北教公司具有一定的过错，侵犯了申某的署名权、信息网络传播权等权项，应当依法承担停止侵害、消除影响、赔礼道歉、赔偿损失等民事责任。申某要求停止侵权、赔礼道歉、赔偿经济损失等诉讼请求，一审法院予以支持。审理法院根据与侵权行为造成损害的影响范围相适应的原则，确定赔礼道歉的方式。至于具体的赔偿数额，鉴于原告未提交证据证明其实际损失或京版北教公司的违法所得，一审法院综合考虑以下因素依法酌情判定赔偿数额：第一，涉及侵权部分的字数、被诉侵权行为持续时间；第二，原告涉案作品是否存在较高的市场收益；第三，涉案公众号、App 的关注量、影响力；第四，京版北教公司的过错程度，京版北教公司作为出版行业，应当对知识产权保护予以更高的重视。另外，原告主张的律师费有票据佐证，一审法院予以支持。

触阅公司是否承担侵权责任？《最高人民法院关于审理侵害信息网络传播权民事纠纷案件适用法律若干问题的规定》第 8 条规定，人民法院应当根据网络服务提供者的过错，确定其是否承担教唆、帮助侵权责任。网络服务提供者的过错包括对于网络用户侵害信息网络传播权行为的明知或者应知。网络服务提供者未对网络用户侵害信息网络传播权的行为主动进行审查的，人民法院不应据此认定其具有过错。网络服务提供者能够证明已采取合理、有效的技术措施，仍难以发现网络用户侵害信息网络传播权行为的，人民法院应当认定其不具有过错。法院基于现有证据认定侵权作品并非由触阅公司上传至网络服务器，其行为不构成内容提供行为。触阅公司在本案中仅为技术服务提供者，并不存在"明知"或"应知"的情节，因此不具有过错。故申某关于触阅公司与京版北教公司等承担著作权权属、侵权纠纷连带责任的主张，因为未提交相应证据，法院不予支持申某的该项主张。笔者认为法院的以上评价是客观、合理的。

案例五：与电视台作品播放同步的 App 回放功能侵权的认定

【案件基本信息】

1. 一审：北京互联网法院（2020）京 0491 民初 10249 号

2. 案由：侵害作品信息网络传播权纠纷

3. 当事人：

原告：北京华视聚合文化传媒有限公司

被告：浙江广播电视集团

4. 侵权平台："中国蓝 tv" App

5. 涉案作品：电视剧《一场遇见爱情的旅行》

【案情简介】

捷成世纪文化产业集团有限公司和奇新世纪影业有限公司出具《版权声明》，确认并认定江苏稻草熊影业有限公司有权单独以自己的名义或授权第三方以第三方的名义对该剧遭受之侵权行为进行维权并获得全部赔偿。

2019 年 1 月 8 日，新疆卓秀文化传媒有限公司在中华人民共和国北京市内签署《授权书》，向被授权方北京华视聚合文化传媒有限公司即本案原告授权涉案作品的相关权利。2019 年 4 月 6 日，江苏稻草熊影业有限公司在中华人民共和国北京市内签署《授权书》，向被授权方新疆卓秀文化传媒有限公司授权涉案作品的相关权利。

刘某于 2019 年 5 月 16 日 18 时 48 分以及 2019 年 5 月 23 日 16 时 23 分在 Sky Link Tv USA 美国天下卫视（地址：500 Montebello Blvd，Rosemead，CA91770）进行证据保全行为，使用公证员提供的手机进行操作，在"appstore"中搜索"中国蓝 tv"，下载并进入"中国蓝 tv" App。在该 App 中，点击"首页"分别点击"直播""浙江卫视"进入相关页面；分别点击"5 月 10 日""04：00"进入播放页面，将进度条拖动至"36：16"处进行播放，随机拖动进度条进行播放；分别点击 5 月 11 日"05：00"进入播放页面，将进度条拖动至"34：09"处进行播放，随机拖动进度条进行播放，并通过上述方式对电视剧《一场遇见爱情的旅行》第 38～52 集进行播放。

【裁判要旨】

本案涉及以下焦点问题：（1）"回看"服务是否属于信息网络传播权的控制范畴？（2）一审判决的赔偿数额是否恰当？

审理法院依照《著作权法》（2010）第 10 条第 1 款第 12 项、第 48 条、第 49 条，《最高人民法院关于审理侵害信息网络传播权民事纠纷案件适用法律若干问题的规定》第 2 条、第 3 条之规定，判决如下：

（1）浙江广播电视集团于本判决生效之日起 10 日内赔偿北京华视聚合文化传媒有限公司经济损失 30 000 元；（2）浙江广播电视集团于本判决生

效之日起 10 日内赔偿北京华视聚合文化传媒有限公司合理费用 30000 元；（3）驳回北京华视聚合文化传媒有限公司其他诉讼请求。

【争议焦点】

（1）"回看"服务是否属于信息网络传播权的控制范畴？

被告提供的"回看"服务是为用户提供了一种回溯式的、可重复的观看体验，用户通过点击"回看"按钮即可在线观看存储于服务器中的涉案作品。本案中，原告通过在海外使用网络下载"中国蓝 tv"手机软件，并可自由选择时间观看作品，此种行为与通常而言的内容服务提供者所提供的在线播放服务并无本质区别，被告提供涉案作品回看服务的行为已经落入信息网络传播权的控制范畴。被告未经许可通过"中国蓝 tv"手机软件提供涉案作品部分剧集的在线播放服务，使公众可以在其个人选定的时间和地点获得涉案作品，被告侵犯了原告的信息网络传播权，应对其侵权行为承担相应的法律责任。

（2）一审判决的赔偿数额是否恰当？

原告要求被告赔偿经济损失的诉讼请求，于法有据，但关于赔偿数额，原告未能提交证据证明其经济损失及被告的违法所得。法院综合考虑涉案作品取证时间为 7 天回放期间，本案证据显示并未提供涉案作品的全集播放，并综合涉案作品制作成本及知名度等各类因素，酌情确定赔偿数额为 3 万元。

【法律评价】

"回看"服务是指用户可以通过特定平台或应用程序重复观看存储在服务器中的视频内容，而无须等待电视节目的重播或下载视频文件。在本案中，被告提供的"回看"服务允许用户在特定时间段内观看涉案作品的部分剧集，但被告未经授权，使公众可以在其个人选定的时间和地点获得涉案作品。这种行为直接侵犯了原告的信息网络传播权。根据《著作权法》（2010）第 48 条第 1 项、第 49 条的规定，对于侵犯信息网络传播权的行为，侵权方应承担相应的法律责任，包括赔偿经济损失和支付合理费用。在本案中，原告未能提交足够证据证明其经济损失及被告的违法所得。因此，法院根据案件的具体情况，结合涉案作品的制作成本和知名度等因素，酌情确定了赔偿数额为3万元。

案例六：合作业务超过作品使用授权范围的侵权认定标准

【案件基本信息】

1. 一审：北京互联网法院（2021）京0491民初41295号
   二审：北京知识产权法院（2022）京73民终779号
2. 案由：侵害作品信息网络传播权纠纷
3. 当事人：
原告：捷成华视网聚（北京）文化传媒有限公司
被告：深圳市迅雷网络技术有限公司、上海聚力传媒技术有限公司
4. 侵权平台：迅雷App
5. 涉案作品：电影《你是凶手》

【案情简介】

捷成华视网聚（北京）文化传媒有限公司（以下简称"捷成华视公司"）经合法授权，享有电影《你是凶手》的独家信息网络传播权。捷成华视公司经查证发现，深圳市迅雷网络技术有限公司（以下简称"迅雷公司"）在其运营的安卓系统应用"迅雷"内未经许可向网友提供电影《你是凶手》供用户点播观看。捷成华视公司认为，迅雷公司未经许可，在其运营的应用中提供涉案作品，并从中获取利益，其行为构成侵权，给捷成华视公司造成了极大的经济损失。迅雷公司和上海聚力传媒技术有限公司（以下简称"聚力公司"）构成共同侵权，应当承担相应的侵权责任。

【裁判要旨】

一审法院依照《最高人民法院关于审理著作权民事纠纷案件适用法律若干问题的解释》（2020年修正）第7条第1款、第29条，《著作权法》第10条第1款第12项、第54条，《最高人民法院关于审理侵害信息网络传播权民事纠纷案件适用法律若干问题的规定》（2020年修正）第4条，《民法典》第1168条之规定判决如下：（1）迅雷公司、聚力公司于判决生效之日起立

即停止侵权；（2）迅雷公司、聚力公司自判决生效之日起 7 日内赔偿捷成华视公司经济损失 25 000 元；（3）驳回捷成华视公司其他诉讼请求。

二审法院：维持原判，驳回上诉。

【争议焦点】

一审法院认为，根据《最高人民法院关于审理著作权民事纠纷案件适用法律若干问题的解释》（2020 年修正）第 29 条的规定，涉及《著作权法》修改以后发生的民事行为的，适用修改后《著作权法》的规定。本案中，捷成华视公司的取证时间发生于《著作权法》修改后，故本案适用《著作权法》（2020）的规定。电影作品和以类似摄制电影的方法创作的作品的著作权由制作者享有，在无相反证明情况下在作品上署名的公民、法人或者其他组织为作者。本案中，捷成华视公司提供了涉案影视作品片首及片尾署名截图、版权证明授权书及授权链条完整的著作权授权文件等，在无相反证据的情况下，一审法院认定捷成华视公司在授权区域及授权期间内享有涉案影视作品的专有性信息网络传播权及维权权利。

《著作权法》第 10 条第 1 款第 12 项规定，信息网络传播权，即以有线或者无线方式向公众提供，使公众可以在其选定的时间和地点获得作品的权利。信息网络传播行为指将作品、表演、录音录像制品置于网络中，使公众能够在个人选定的时间和地点以下载、浏览或者其他方式获得的行为。有证据证明网络服务提供者与他人以分工合作等方式共同提供作品、表演、录音录像制品，构成共同侵权行为的，人民法院应当判令其承担连带责任。网络服务提供者能够证明其仅提供自动接入、自动传输、信息存储空间、搜索、链接、文件分享技术等网络服务，主张其不构成共同侵权行为的，人民法院应予支持。本案中，迅雷公司在其应用中提供涉案作品，用户可以在其选定的时间和地点获取涉案影视作品，该行为侵害了捷成华视公司对涉案影视作品享有的信息网络传播权。根据在案证据显示，涉案作品的播放行为发生在迅雷公司的应用中，且涉案作品标注为 vip 影片，需充值迅雷应用的会员后才能观看，由此可见迅雷公司的该种推广方式可以为其吸引用户并带来收益，在该种情况下，迅雷公司不能仅依据推广合作方式的主张免除侵权责任。聚力公司认可在迅雷应用中提供涉案作品内容，再结合涉案作品的播放网址确认为"pptv"的域名，一审法院认定，迅雷公司、聚力公司共同完成了提供涉案电影的侵权行为，应当承担连带责任。关于聚力公司主张其提供的涉案作品已经取得授权的问题，授权书为捷成华视网聚（常州）文化传媒有限公司出具，迅雷公司未能继续举证捷成华视网聚（常州）文化传媒有限公司享有涉案作品的信息网络传播权及转授权的权利，在捷成华视公司提供涉案作品完整授权证据证明以独占专有形式取得涉案作品信息网络传播权及转授权权利的情况下，一审法院认为，迅雷公司、聚力公司提交的证据不足以证明其取得涉案作品的信息网络传播权，对其主张一审法院不予支持，但该证据将在认定责任承担方式时，作为行为人主观过错的衡量因素予以考虑。关于侵权责任的具体承担方式，第一，关于捷成华视公司停止侵权的诉讼请求，迅雷公司、聚力公司未提交证据证明其已经停止相应的侵权行为，因此，该诉讼请求一审法院予以支持。第二，关于赔偿损失的诉讼请求，根据《著作权法》第54条的规定，侵犯著作权或者与著作权有关的权利的，侵权人应当按照权利人因此受到的实际损失或者侵权人的违法所得给予赔偿；权利人的实际损失或者侵权人的违法所得难以计算的，可以参照该权利使用费给予赔偿。对故意侵犯著作权或者与著作权有关的权利，情节严重的，可以在按照上述方法确定数额的1倍以上5倍以下给予赔偿。权利人的实际损失、侵权人的违法所得、权利使用费难以计算的，由人民法院根据侵权行为的情节，判决给予500元以上500万元以下的赔偿。本案中，因各方未能提供证据证明捷成华视公司的损失或者迅雷公司、聚力公司的获利，一审法院综合考虑涉案影视作品的类型、知名度、侵权情节、过错程度等酌情确定经济损失。同时，本案捷成华视公司虽主张律师费及公证费，但并未提供相应票据予以佐证，无法证明其就本案的具体支出，一审法院不予支持。

二审法院认为，根据双方当事人的诉辩意见，本案二审阶段的争议焦点为迅雷公司、聚力公司的涉案行为是否构成侵权。

一审法院根据涉案作品片尾署名及相关授权书，认定捷成华视公司在授权区域及授权期间内享有涉案影视作品的专有性信息网络传播权及维权权利正确，本院予以确认。《最高人民法院关于审理侵害信息网络传播权民事纠纷案件适用法律若干问题的规定》（2020年修正）第3条第1款规定："网络用户、网络服务提供者未经许可，通过信息网络提供权利人享有信息网络传播权的作品、表演、录音录像制品，除法律、行政法规另有规定外，人民法院应当认定其构成侵害信息网络传播权行为。"第4条规定："有证据证明网络服务提供者与他人以分工合作等方式共同提供作品、表演、录音录像制品，构成共同侵权行为的，人民法院应当判令其承担连带责任。网络服务提供者能够证明其仅提供自动接入、自动传输、信息存储空间、搜索、链接、文件分享技术等网络服务，主张其不构成共同侵权行为的，人民法院应予支持。"

本案中，根据涉案公证记载事实，用户可通过迅雷应用付费观看涉案作品，该作品播放网址显示域名为"www.pptv.com"。聚力公司认可该网站是聚力公司所有并运营的，迅雷应用中展示的"www.pptv.com"域名的播放链接是真实的pptv播放地址。同时，迅雷公司、聚力公司均认可双方对此存在合作推广的关系。在此情况下，一审法院认定迅雷公司、聚力公司以分工合作的方式提供了涉案作品，使用户可以在其选定的时间和地点获取涉案作品，该行为已落入信息网络传播权控制范围并无不当，法院予以确认。关于迅雷公司、聚力公司的上述行为是否构成侵权，法院认为，虽然捷成华视网聚（常州）文化传媒有限公司出具的《授权书》将涉案作品的非独家信息网络传播权授权给域名为"www.pptv.com"的网站及该网站其下级各子栏目、子域名等，但在案证据尚不足以证明捷成华视网聚（常州）文化传媒有限公司有权针对涉案作品作出上述授权许可行为，同时，根据该《授权书》记载内容，"被授权方或其关联公司不得将授权节目授权给第三方在第三方网站或平台直接播放授权节目；被授权方或其关联公司不得以深度链接、加框链接、客户端嵌套、共同设立合作频道、域名合作等方式，以使得授权节目被第三方直接或间接使用"。故，本案迅雷公司、聚力公司对涉案作品的使用方式已超出了该授权范围。因此，迅雷公司、聚力公司关于涉案行为已获得合法授权的抗辩意见不能成立。一审法院关于迅雷公司、聚力公司的涉案行为已侵害捷成华视公司对涉案作品享有的信息网络传播权，应当承担相应的侵权责任的认定正确，本院予以确认。迅雷公司、聚力公司关于其行为不构成侵权的相关上诉主张均不能成立，本院不予支持。

综上所述，一审判决认定事实清楚，适用法律正确，程序合法，依法予以维持。

【法律评价】

根据上述案情，笔者认为本案代理的难点主要包括以下三个方面。

（1）授权范围的解释。在本案中，涉及捷成华视公司授权给特定网站的信息网络传播权。律师需要准确理解和解释授权书中的授权范围，并确定被告的行为是否超出了该范围。

（2）共同侵权责任的认定。涉案行为涉及多个被告，律师需要证明这些被告之间存在分工合作等方式，构成共同侵权行为。同时，需要分析每个被告的具体行为，确定其在侵权行为中的具体责任。

（3）损失的计算和证明。捷成华视公司主张经济损失，律师需要提交足够的证据来支持这一主张。这可能涉及对市场价值、收益损失等方面的专业评估和计算。

通过本案的分析，笔者认为代理此类案件应做好以下三方面的工作。

（1）证据收集和准备。律师应该加强对相关证据的收集和准备工作，确保能够提供充分的证据支持捷成华视公司的主张，特别是经济损失方面的证据。

（2）法律理论和案例分析。律师需要深入研究相关的法律理论和案例，以便更好地理解法律规定并在诉讼中进行合理的论证和辩护。

（3）案件分析和策略制定。针对每个被告的不同情况，律师需要制定相应的策略，并在诉讼过程中灵活调整和应对对方的辩护意见。

案例七：视频实际提供者承担责任，仅提供链接、搜索服务者免责

【案件基本信息】

1. 一审：南京市雨花台区人民法院（2023）苏0114民初6580号
2. 案由：侵害作品信息网络传播权纠纷
3. 当事人：

原告：广州居升广告有限公司

被告：华为软件技术有限公司、深圳市腾讯计算机系统有限公司

4. 侵权平台：华为视频 App

5. 涉案影片：电影《德州杀场》（Texas Killing Fields）

【案情简介】

被告华为软件技术有限公司（以下简称"华为公司"）在其运营的华为手机端 App "华为视频"中播放原告享有独家信息网络传播权的电影《德州杀场》。该片具有较强的导演和演员阵容及较高的知名度，自上映以来一直受到广泛欢迎，具有较高的商业价值。原告广州居升广告有限公司（以下简称"居升公司"）主张，华为公司未经原告合法授权在其运营的"华为视频"上提供涉案影片的在线播放服务，其侵权行为具有明显的主观故意且给居升公司造成了巨大的经济损失，被告深圳市腾讯计算机系统有限公司（以下简称"腾讯公司"）作为被诉侵权作品的提供者，其应与华为公司承担连带责任。

【裁判要旨】

审理法院依照《著作权法》第10条第1款第12项、第53条、第54条，《最高人民法院关于审理著作权民事纠纷案件适用法律若干问题的解释》第7条，《最高人民法院关于审理侵害信息网络传播权民事纠纷案件适用法律若干问题的规定》第3条、第4条，《中华人民共和国民事诉讼法》（以下简称《民事诉讼法》）第67条第1款、第145条之规定，判决如下：（1）腾讯公司于本判决生效之日起10日内，赔偿居升公司经济损失及合理维权费用共计6000元；（2）驳回居升公司的其他诉讼请求。

【争议焦点】

法院认为，《最高人民法院关于审理著作权民事纠纷案件适用法律若干问题的解释》（2020年修正）第7条规定："当事人提供的涉及著作权的底稿、原件、合法出版物、著作权登记证书、认证机构出具的证明、取得权利的合同等，可以作为证据。在作品或者制品上署名的自然人、法人或者非法人组织视为著作权、与著作权有关权益的权利人，但有相反证明的除外。"

本案中，居升公司提交了涉案作品《德州杀场》权利归属相关的公证书、授权书及声明等证据，且该电影片尾中注明了"Gideen Production，LLC"保留所有版权，在无相反证据的情况下，根据本案查明的事实，可以认定居升公司经涉案电影著作权人许可的权利人佳华公司授权，获得了涉案电影的信息网络传播权的独占性许可，其有权以自己的名义提起本案诉讼。根据《最高人民法院关于审理侵害信息网络传播权民事纠纷案件适用法律若干问题的规定》第3条第1款规定："网络用户、网络服务提供者未经许可，通过信息网络提供权利人享有信息网络传播权的作品、表演、录音录像制品，除法律、行政法规另有规定外，人民法院应当认定其构成侵害信息网络传播权行为。"本案中，被诉侵权视频系在华为公司运营的"华为视频"App中的腾讯专区进行传播，该行为未经居升公司的许可，侵犯了居升公司对案涉作品《德州杀场》享有的信息网络传播权。但根据原告取证的视频内容来看，被诉侵权作品在腾讯专区播放，播放界面的左下角有广告来自腾讯的标识，影片播放过程中右上角有腾讯视频的标识。根据两被告的当庭陈述及华为公司提供的腾讯视频与华为视频合作模式后台截图等证据，结合华为公司技术人员现场演示结果，可以证明在华为公司与腾讯公司的合作模式下，华为公司就被诉侵权视频提供的仅是搜索、链接服务，被诉侵权视频实际系由腾讯公司提供并传播。因此，腾讯公司作为被诉侵权视频的实际提供者、来源方，应当依法承担停止侵权并赔偿损失的责任。

至于华为公司在本案中的责任，法院认为，《最高人民法院关于审理侵害信息网络传播权民事纠纷案件适用法律若干问题的规定》第4条规定："有证据证明网络服务提供者与他人以分工合作等方式共同提供作品、表演、录音录像制品，构成共同侵权行为的，人民法院应当判令其承担连带责任。网络服务提供者能够证明其仅提供自动接入、自动传输、信息存储空间、搜索、链接、文件分享技术等网络服务，主张其不构成共同侵权行为的，人民法院应予支持。"《信息网络传播权保护条例》第23条规定："网络服务提供者为服务对象提供搜索或者链接服务，在接到权利人的通知书后，根据本条例规定断开与侵权的作品、表演、录音录像制品的链接的，不承担赔偿责任；但是，明知或者应知所链接的作品、表演、录音录像制品侵权的，应当承担共同侵权责任。"根据上述规定，网络链接服务提供者对网络用户直接实施的侵权行为承担共同侵权责任，应以其具有主观过错为前提。本案中，华为公司作为"华为视频"App的运营者主观上并无过错，不应承担相应责任，具体理由如下：其一，在华为公司与腾讯公司的合作模式下，华为公司对于腾讯专区中所传播的内容，并不具有修改、编辑的权限，也未有证据表明华为公司有推荐被诉侵权视频的行为，用户只有通过定向搜索的方式才能找到涉案视频。被诉侵权视频的上传时间是2020年11月，距《德州杀场》电影在美国的上映时间2011年10月已有9年之久，早已过该电影的热播期，华为公司对被诉侵权作品的传播并无更高的注意义务。因此，华为公司不存在明知或者应知的主观过错。其二，华为公司于2023年2月11日签收居升公司发送的律师函，于2023年2月27日即通过屏蔽链接的方式停止被诉侵权视频在"华为视频"App上的传播，应认定其及时采取了必要措施。综上，华为公司作为提供链接的网络服务提供者，对涉案视频是否侵权不存在明知或者应知的主观过错，且在获知视频侵权后及时采取了必要措施，不应承担侵权责任，居升公司要求华为公司承担赔偿责任的主张，法院不予支持。

关于赔偿数额的问题，居升公司并未提供证据证明其实际损失，亦未提供证据证明腾讯公司的侵权获利情况，法院综合考虑以下因素酌定赔偿数额：（1）涉案作品《德州杀场》于2011年在美国上映，海外累计票房5万美元，未在中国大陆地区上映，故该电影在大陆地区的知名度有限，其市场价值亦随着时间的推移有所降低；（2）被诉侵权行为的持续时间，根据华为公司提供的后台数据显示，该电影在"华为视频"App入库时间为2020年11月14日，下线时间为2023年2月27日；（3）被诉侵权作品的传播范围及点播量，根据居升公司取证画面中显示，被诉侵权作品15的评分为6.1分，1.1万次播放；（4）居升公司为本案实际聘请律师出庭参与诉讼等支出的合理维权费用。综上，法院酌定腾讯公司赔偿居升公司经济损失及合理维权费用合计6000元。

【法律评价】

针对腾讯公司和华为公司的不同角色，本案需要清晰地证明两者之间的合作模式和责任分工，以确定二者是否构成共同侵权行为。华为公司作为提供链接的网络服务提供者，在获知视频侵权后及时采取了必要措施，不承担侵权责任，如若其存在明知或应知的主观过错，案件也许会出现与现有裁判书不一样的结果。这可能需要通过华为公司的行为记录、通讯记录，与腾讯公司内部协议等证据来证明其是否存在过错。另外本案需要提供充分的证据来支持其经济损失的主张，包括涉案作品的市场价值、侵权行为的持续时间、传播范围和影响等方面的证据。

法律实践

如何判断网络平台构成间接侵权

在判断网络平台是否构成间接侵权时，通常要围绕"避风港原则"进行。侵权行为发生时，作为提供链接、储存和搜索服务的网络平台，被权利人告知其平台经营范围内有侵犯信息网络传播权的行为发生，其应当采取断开链接、删除视频、屏蔽相关话题讨论的方式来阻止侵权行为，避免扩大侵权范围，给权利人造成不必要的损失，此时网络平台可以根据"避风港原则"来主张自己不构成共同侵权。认定网络平台构成间接侵权需要其在主观上是"明知"或者"应知"，在客观上"提供了实质帮助"，按照国家版权局《关于进一步加强互联网传播作品版权监管工作的意见》及版权重点监管工作计划，根据相关权利人上报的作品授权情况，每年都会公布重点作品版权保护预警名单，对于一些热门影片平台构成"应知"，在著作权人给平台发送预警函告知其侵权情况并标注出侵权视频和侵权用户的信息后，网络平台此时构成"明知"，此时仍未按照著作权人提供的信息采取删除、屏蔽、断开链接等必要措施，或者在日常的监督和维护中根据正常理性人按照一般的认知标准合理注意就可以判断侵权，对其不管不顾导致用户上传的侵权视频长时间未下架而扩大了著作权人的损失，可以认为网络平台实施了间接侵权行为，应当承担侵权责任。

如何找到背后的实际侵权人

有很多视频类的 App 在百度手机助手等类似于应用商店的平台上架，该 App 运营者在上架时提交了虚假的营业执照，其显示的内容与在国家企业信用信息公示系统中的营业执照有显而易见的差别，甚至将其他主体的营业执照进行伪造，嫁祸他人。而平台对上传的资料信息具有审核义务，起码要对材料的真实性进行严格审查，在其展示的内容与在国家企业信用信息公示系统中不同时也应有所察觉。虽然百度手机助手审查不严导致该 App 上架与该 App 侵犯原告信息网络传播权是两个不同的法律关系，App 的上架与侵权视频的上传并不是一个持续性的行为，很难认定百度手机助手帮助侵权，但在多次起诉通知后，百度手机助手就有了更高的注意义务，此时便可将百度手机助手追加为被告，根据有利于原告的原则选择有管辖权的法院起诉。由于冒用者在注册 App 时除了上传营业执照还会有申请人以及申请人的身份证照片供百度手机助手留存，冒用者的信息原告无法查询，可以争取刑事立案，提供百度手机助手申请人的照片以及身份证信息，借助公安机关的力量找出此人，然后揪出其背后的实际侵权人。

App 的开发者深知其 App 侵犯信息网络传播权会有极大的概率被起诉，因此会对其 App 进行各种伪装，最普遍的就是在隐私协议和用户协议中不显示主体信息，直接以"本平台"来代替，更有甚者用户协议和隐私协议都没有，使原告找不到诉讼的主体，进而规避侵权责任。此类 App 都有一个共同的特点——各种 App 的名称不同，但是点开之后会发现里面的界面完全一样，属于侵权者批量注册的马甲软件，其背后很有可能就是一个侵权主体。还有更隐蔽的方式就是上架一个空壳软件，该软件与视频没有任何关系，也没有任何作用，但是下方会显示有一个交流 QQ 群，加入后每天会更新口令，在该空壳软件的反馈渠道输入口令后在后台将该 App 关闭，然后重新打开，此时显示的就是我们常见的一些侵权 App 的画面。

在查询不到盗版 App 的主体信息时，一个可以执行的思路是，在视频中或视频后插入的广告就成为突破点，原告可以通过一些平台提供的广告商入驻信息，查看广告主或广告商信息，找到广告的主体与其取得联系。该 App 在其视频中插入广告推广产品，那么其主体一定会与广告主直接有着某种合作关系，原告可告知广告主该 App 的侵权行为，要求其披露 App 主体的相关信息，以达到诉讼目的。

理论研究

在当今数字化和全球化的时代，著作权法面临着诸多挑战和变革。通过下文作出的研究与分析，我们可以更好地理解广播电台、电视台如何变革传统广播权以适应互联网的崛起。

广播电台、电视台播放作品中涉及的广播权与信息网络传播权

一、著作权中的公开传播权概述

公开传播权是理论上对若干种具备公开传播功能的权利的一个总括性称谓，是作品从私有向公众的扩散和传播行为权利的总括，在我国及世界大多数国家的法律中，并没有公开传播权这一权利，而是在立法实践中通常以若干具有公开传播权能的分项权利的方式表现出来，即通过若干项法定权利表现出来。比如《美国版权法》中的表演权和展示权可看作公开传播权，《德国著作权法》中的公开传播权有表演权、朗诵权、放映权、广播权、网络传播权、对广播与网络传播的再现权和展览权。在我国著作权法中的公开传播权有复制权、发行权、出租权、展览权、表演权、放映权、广播权、信息网络传播权。主流观点大多认为，公开传播权的含义是指，以不转移作品有形载体所有权或占有的方式，将作者的思想或表达向公众传播作品，使公众得以欣赏或者使用作品内容的行为。

二、著作权法中公开传播权的历史发展

著作权法中的公开传播权是伴随着传播技术的发展渐次进入著作权的控制范围的，以历史发展的脉络考察著作权法中公开传播行为的演进，可以管窥各个传播行为在客观特征上的共性，以为归纳著作权法中传播行为的概念打下基础。

（一）传播的初阶（原作品的直接参与传播）——现场表演

现场表演是最早被纳入作者可控行为范围内的传播行为，1791 年颁布的

《法国表演法令》第 3 条首次规定：在没有经过作者正式的书面许可的情况下，不得在法国境内的任何公共剧场演出尚在世作者的作品，否则演出收入将被全部没收，用以补偿作者的收益。《英国版权法案》（1842）中将版权规定为以印刷或者其他方式复制图书的独立的专有性权利，图书也包括乐谱、地图、图纸。在《英国版权法》（1911）之前的版权法案中将版权的范围扩展到向公众表演。1886 年的《伯尔尼公约》要求缔约各方在戏剧作品、音乐戏剧作品的公开表演问题上给予国民待遇，1925 年之后即赋予作者对于戏剧作品的表演权。美国国会于 1897 年亦授予音乐作品的公开表演权。德国分别于 1901 年和 1907 年通过了《关于保护文学作品与声音作品著作权法的法律》（LUG，1901）和《保护美术作品和摄影作品的法律》（KUG，1907），前者规定了表演权。至此，大多欧美国家开始普遍认可现场表演权。与此同时，这一国内立法上的发展也逐渐得到国际层面的认同。1948 年的"布鲁塞尔文本"正式确立著作权人享有的公开表演权，并将其客体从戏剧作品扩张到音乐作品；同时规定了"公开朗诵权"，亦即文字作品的作者享有授权公开朗诵其作品的专有权。表演是基于作品的二次演绎，一方面于作者而言是作品从表达走向公众传播的一种行为，另一方面于表演者而言也是通过作品的传达而获益的一种手段，表演者或表演组织者因作品而获益，也就有作者通过表演权获益的权能基础。表演权在诞生之初仅针对现场表演。现场表演是最为原始的信息传递方式，其可完全不受有形载体的制约，作品创作完成后，即便没有固定至有形载体上，亦可表演，或者可以边创作边表演。无有形载体的口口相传也可实现异人异地表演，表演者向公众传递作品信息也不依靠载体。依此而言，表演从一开始就是与复制并列的人类信息活动，与以复制为基础的一类行为共同构成信息流动的两大体系。

（二）传播的进阶（作品复制件的直接传播）——机械表演和放映

现场表演是基于表演者的二次演绎。而演绎的作品通过载体的固化能够进行机械的重复传达就构成了表演的机械化再现。这种再现由于脱离了表演者，使作品有了获得更低的成本和更广的传播范围的传播机会。在传播过程中的获益也同样就构成了机械表演权和放映权的权能基础。

机械表演被纳入著作权控制范围内最早缘于音乐盒或手摇风琴等类似装

置的流行。19 世纪中叶以后，以留声机为代表的可拆卸和可互换设备的机械乐器的诞生使音乐作者的利益受到极大损害，这些设备不仅可以优美地演奏音乐，而且几乎可以无限度地演奏所有的音乐作品。机械表演是所有跨空间传播的最终目的，也是整个跨空间信息传递的必备组成部分，只有可以在远端通过机械设备再现作品，跨空间传播才能最终得以实现。

放映是利用机械设备转换连续影像信息的物理载体形态以再现连续影像的行为，连续影像信息先以磁或胶片的方式被固定下来，再通过放映设备胶片连续播放或者将磁转换为电信号，并进一步转化为光信号，进而为受众感知。放映的这种转换信息表征物理形态的方式为视听作品的远程传播打下了技术基础。放映权的产生依赖于电影技术及电影产业的发展和壮大，电影在出现后被视为一种独立的作品类型，有的国家将放映电影的行为确定为是对电影作品的机械表演。放映权是一种特殊形式的（机械）表演权，从行为特征来看，放映与机械表演完全相同，二者均是利用机械设备向公众再现作品的行为，放映的特别之处在于作品的介质存储、介质转换设备、介质传播设备和介质复现设备构成一个体系，实现对特定范围群体的表演。

（三）传播的高阶（作品的远程传播）——广播和信息网络传播

广播是传播发展进程中出现的第一个跨空间传播行为，较以往的传播行为，广播所牵涉的行为和主体都要复杂得多，因而从广播开始，在传播权有关法律问题上，开始出现较多且颇激烈的争论。广播最重要的特征是传播的对象从特定变更为不特定。从获得信息的传播流向上看，信息网络传播可以看作升级版的广播，它通过增加一个上行的受众的选择信息指令，将信息更具个性化和精准地向受众实现点对点的传播，使受众从被动接收转变为主动选择，信息网络传播牵涉的行为和主体更为复杂，因而有关其的争议也更多更激烈。

1. 广播——传播行为复杂化的开端

广播从广义上是机械表演的一种拓展，其与机械表演有着共同的特点，即都是利用机械设备再现对作品的表演，所不同的是，广播行为下，传播者与受众并不处于同一特定空间，广播的对象为不特定的对象。广播的传播范围更为广泛，是传统机械表演权的再次拓展，传播的受众范围也再次扩大，广播对机械传播实现了更为廉价的替代效应。远距离传输尤其是电波、电缆、卫星等出现以后，便有了创造新权利以覆盖这些新传播行为、实现作品权益保护的需要。从广播行为被纳入著作权控制范围的历史可以看出，著作权人对新技术带来的新的作品分享方式是极为敏感的，而且他们非常盼望将新出现的作品分享行为纳入其专有权利的控制范围，这种愿望的实现一是靠对现有权利的扩张解释，二是靠督促新设权利，但无论是对现有权利作扩张解释，还是新设权利，相应基础均是新出现的作品分享行为本质上与已有专有权利控制的行为一脉相承。事实上，广播行为仍然是通过利用机械设备转换作品信息的表征形式，实现对作品表演的再现，不同的只是这种转换的次数更多，效果上实现了跨空间。广播的本质是具备将作品通过无线或有线技术体系通过特定的终端接收的方式对不特定客户群体的更为广泛的传播能力的一种传播方式。

到了20世纪50年代，有线电视技术成熟，为解决无线电节目信号被地形或建筑隔挡造成盲区致使用户无法较好接收的问题，有线电视台开始利用有线电视系统对广播电视台的无线信号进行转播。有线电视对无线电传输的节目信号再传送，这一行为能否被纳入表演权的控制范围引发了激烈的争议。20世纪60年代卫星技术的兴起，同样将卫星对电视节目信号的再传输是否应为表演权控制这一问题带给有线电视公司与地方电视台。1976年《美国版权法》第101条对公开表演作了新的界定：借助任何装置或方法在对公众开放的场所表演或展出作品，或在超出一个家庭范围及家庭的社交关系正常范围的较多数量的人的任何聚集场所表演或展出作品，或向公众传送或者以其他方式传播作品的表演或演出，都是公开表演或展出行为。

广播行为主要涵盖三种形式：首先是无线广播作品；其次是通过无线或有线方式向公众转播这些广播的作品；最后是使用扩音器等设备向公众公开播放广播的作品。广播较以往的传播行为复杂得多，不仅有初始的传播，还有对初始传播的再传播，涉及的主体也多种多样。目前的通说认为，只有被授权广播作品之外的他方主体传播广播的作品始构成新的向公众传播。

2. 信息网络传播——最复杂的传播行为

计算机网络是计算机技术与通信技术高度发展、密切结合的产物。网络最大的特点和优势是去中心化，即便链路中的若干节点受到破坏，仍不影响整个网络的数据交换和信息传递。这一特点为互联网的全球化构建奠定了基础。

信息网络传播的特点在于，针对同一信息提供者在同一时间可以提供的所有信息的可分割信息单元，不同的受众个体可以在同一时间进行不同选择并获得个性化的相应信息单元。换言之，从信息提供者角度而言，同一信息提供者可以在同一时间向不同受众提供不同的可分割信息单元；从受众角度而言，不同受众可以在同一时间从同一信息提供者（或称传播源、信宿）获得不同信息单元。因此互联网便成为一个可以随时取用的资源库，可供用户获取自己需要的信息，互联网也因此极大地减少了人们对有形载体的需求度，通过个性化的点对点传播，作品的传播具有个性化和精准化的特点，也更能满足信息受众的信息获取需求，作品对受众的信息价值也进一步得到提升。简单说，受众得到的就是他想得到的，也就表明他得到的作品对于他更具有信息价值。信息的个性化、精准化、价值扩大化以及由此带来的作品信息价值跃升是信息网络传播权的权能基础。

传播技术的飞速发展，尤其是信息网络的出现使条约起草者意识到，以往用技术特点描述传播行为，进而作为列入权利人可控行为的方式永远跟不上传播技术发展的速度。WCT第8条首先将以有线或无线方式向公众传播作品的行为均纳入作者的可控行为范围内，然后强调了新出现的信息网络传播行为的客观特征。这种客观特征的描述具有中立性，即不以技术特征和法律特征对该行为进行框定，只要是能使公众在选择的时间和地点获得作品的行为，都是WCT第8条规定的提供行为（the making available to the public）。中立的意思是：传播技术特征不作为发行或者向公众传播的要件。

三、广播电台、电视台播放作品的法定授权制度

（一）我国广播电台、电视台播放作品的法定制度的法律规定

在我国，著作权法的演进历程中，一项具有深远意义的制度首次在1990年的《著作权法》中得以体现。该法第40条详细规定了广播电台和电视台在尊重作者意愿的前提下，可以合法使用已发表的作品来制作广播或电视节

目。这一制度明确排除了作者明确禁止使用的情形，并规定除法律规定可以不支付报酬的情况外，其他情况下都应按规定向作者支付相应的报酬。

随着时间的推移，《著作权法》于2001年进行了修正，第42条沿用了上述制度，并对相关措辞进行了更为精炼的调整。这一条款明确指出，广播电台、电视台在播放他人已发表的作品时，虽然可以无须事先征得著作权人的许可，但应当履行支付报酬的义务。

与此同时，第43条的修订将原先关于广播电台、电视台免费播放录音制品的规定，改变为法定许可使用制度。这一改动明确了广播电台、电视台在播放已出版的录音制品时，虽然可以不用事先征得著作权人的同意，但仍然需要按照规定支付报酬，除非双方另有约定。这一具体实施办法由国务院进行规定和细则的制定。

到了2010年，《著作权法》再次进行修正，第43条和第44条继承并发展了前述的规定。这些条款进一步巩固了广播电台电视台播放作品时的法定许可制度，并对其中的细节进行了补充和完善。

2020年《著作权法》的修正依然保留了广播电台、电视台播放作品的法定许可制度，并在第46条第2款中再次重申了这一原则。这一条款不仅强调了广播电台、电视台在播放他人已发表的作品时，可以不用征得著作权人的许可，但必须按照规定支付相应的报酬，而且还为这一制度的实施提供了更为明确和具体的法律依据。这样的规定不仅保障了作品的合理使用，也维护了著作权人的合法权益，为文化创意产业的发展提供了坚实的法律保障。

（二）广播电台、电视台播放作品的法定许可制度的完善

法定许可制度在著作权法中扮演着举足轻重的角色，它像一道平衡木，旨在调和创作者与广播传播者之间的权益。这并非对创意自由的桎梏，它的初衷是维护作者的创作动力和保证信息的流通。

在现实的法律实践中，我们不得不承认，现行的法定许可制度在保障著作权人应得利益方面存在一些短板，尤其是在报酬支付和法律援助的环节上，这成为许多著作权人心中的痛处。他们并非反对自己的作品被广泛传播，而是担忧自己的辛勤创作得不到应有的回报。

对于作品的著作权人，作品被广播电台频繁播放，但法定许可制度下的报酬支付机制让他难以获得应有的报酬。著作权人只能眼睁睁地看着自己的作品被他人无偿使用，这无疑是对著作权人创作热情的严重打击。这也正是众多著作权人对于现行法定许可制度的担忧所在。

如何让这一制度更加完善呢？答案在于构建一个更加公正、透明、有效的付酬和法律救济机制。

首先，我们需要对法定许可制度的范围和条件进行明确的界定。这就像为广播电台和电视台设立一套"操作指南"，让他们明白在何种情况下可以使用哪些作品，如何使用才符合法律规定。其次，要求广播机构建立健全的作品播放记录保存制度。这不仅是为著作权人提供了一种查阅自己作品播放情况的方式，也是为了确保在出现争议时，有据可查、有迹可循。再者，我们要确保著作权人拥有查阅播放记录的权利，并要求播放者在作品使用前履行通知义务。这样做不仅是对著作权人权益的尊重，也是为了让双方在作品使用上更加透明、公正。另外，我们需要制定一套合理的付酬标准。这需要根据作品的使用情况、传播范围、受众数量等多方面因素来综合考量，确保著作权人能够根据作品的实际价值获得应有的报酬。最后，建立付酬协商机制和争议解决机制也是不可或缺的。当双方在报酬支付上出现分歧时，可以通过协商、调解、仲裁等方式来解决问题，确保问题的及时、公正解决。

总之，完善法定许可制度并非一蹴而就的事情，它需要我们不断地探索、实践、调整。只有这样，我们才能让这一制度真正地服务于创作者和传播者，让他们的权益得到充分的保障

四、IPTV新业态的出现带来的网络信息传播权界定问题

（一）网络时代的到来带来了电视业务经营者的业态变更

网络时代，只有广播权和信息网络传播权作为远程传播权分别可以实现"点对多""点对点"向远程传播作品，与传统著作权时代以复制权为中心不同，以远程传播权为中心的著作权时代来临。随着三网融合政策的推动，媒体技术融合的趋势不可阻挡，打破了以传播媒介构建的著作财产权体系，原

先清晰的传统版权产业界因为传播渠道多元化而逐渐模糊。以 IPTV 产业为例，其不再是通过广播电视单一渠道传播节目，在保持自身产业的特点的前提下借助互联网传播的便捷性、交互性播放电台节目，IPTV 回看业务实现了广播电视和互联网两大传媒产业的融合发展。正因为广播业务不再受到广播电台、电视台传播的限制，甚至说和互联网传播作品采取同一传播媒介，广播权和信息网络传播权作为远程传播权控制的产业市场已经逐渐融合，难以区分，同时二权适用的产业市场逐渐趋同，二权界限也越来越模糊。

（二）IPTV 回看在广播权和信息网络传播权中的定性问题

1. IPTV 回看应定性为信息网络传播权侵权

目前司法裁判支持的主流观点是，IPTV 回看业务符合用户（公众）在"选定的时间和地点"获取作品的条件，同时具备"交互式"传播的特征，因此落入信息网络传播权的控制范围。

2. 著作权法修改后对 IPTV 回看行为采用合同事前约定

通常的观点认为对回看市场的利益划分是无法影响 IPTV 回看的法律定性的，其只是对具体案件的赔偿有一定的参考价值，然而，在具体行为符合信息网络传播权要件的情形下，即在法律条文尚未对 IPTV 回看的性质作出明确界定之时，我们应审慎地认定相关行为是否侵犯了特定的专有权利。不能草率地将未明文规定的操作一概视为侵权，更不能让产业政策等外部因素左右法律判决的公正性，致使判决结果与法律规定相悖。在面对这一法律灰色地带时，市场的自我调节机制显得尤为重要。它像一位精明的协调者，在初期的权利界定模糊中，虽然可能会出现权责交织、难以分割的情况，但正是市场的不断试错与磨合，给予了相关利益方一个宝贵的机遇——通过沟通与协商，完善和补充合同中的条款。这不仅能明确权利的授予，还能合理分配各方的利益，从而有效地减少未来可能出现的纠纷。虽然法律的空白为 IPTV 回看带来了法律上的不确定性，但通过市场机制的调节和利益方的共同努力，我们需要逐渐明晰权利的边界，为行业健康、有序地发展提供坚实的法律和制度保障。

随着国际合作的加深和版权跨境流动的增加，国外电影版权转递引发了广泛关注。下文主要探讨国外电影的权利主体及版权转递制度。

国外电影权利主体与版权流转机制研究

一、电影作品创作者身份的界定

在全球范围内，各国对于电影作品创作者身份的确认都遵循着各自的规范与标准，展现出各自独特的方式。

首先，德国以个案分析的方式为主，采取反向排除原则。他们深知电影创作的复杂性，因此，在确定创作者身份时，不仅注重每一个独立的个案分析，也细致地排除了已经确立的其他创作者如小说作者、剧本的编写者及音乐的创造者等。这是根据《德国著作权法》第 7 条"创作人原则"的指引，只有那些对电影作品进行独特创作的个人，才被视为真正的创作者。

在大陆法系国家中，如法国、意大利和西班牙等国，则采取了明确列举与一般条件相结合的方法。如在《意大利著作权法》中，电影创作者被严格限定为原著作者、编剧、作曲家和艺术导演这四类。《西班牙知识产权法》则将电影作品视为一个合作性的创作，其中包含着明确的创作者名单，例如导演或制作者、剧本和改编的作者，以及专门为作品创作的音乐创作者。在《法国知识产权法典》中，列举了包括剧本作者、改编作者、对白作者、专门电影音乐作者、导演等在内的创作者身份，并保持着开放的态度，若没有相反的证据，其他参与的个体也可被视为创作者并享有作品权利。

与此同时，英美法系的国家尤其是美国有着独特的制度安排。在美国，电影作品的创作者通常被认定为雇主（通常是制片方），而其他创作者则作为雇员，根据合同获得相应的报酬。

从上述的规范中不难看出，虽然各个国家的规定不尽相同，但背后所共同秉持的理念是对电影创作本质的理解与尊重。除去美国的特殊体系，其他的大陆法系国家尽管在最终认定的创作者名单上存在细微的差异，但均共同认为电影作品是由多方合作创作而成，因此都致力于寻找一个能够准确反映这一特性的创作者认定机制。

我国在著作权法体系中与这些大陆法系国家有着更为接近的立法理念。我国在著作权立法中始终坚持"创作人为创作者"原则，因此，以合作创作的标准来明确我国电影作品创作者的身份是最为恰当的选择。这样的制度设计不仅符合电影创作的本质特征，也体现了对每一位参与者的尊重与肯定。

以一部典型的中国电影为例，其创作者身份的确认将涵盖导演、编剧、演员、摄影师、作曲家等众多参与者。他们共同合作、共同努力，为观众呈现出一部完美的作品。因此，我国应继续完善相关立法，确保每一位参与者的权益得到充分保障和尊重。

二、电影作品初始著作权的认定

根据《伯尔尼公约》第15条第2款，我们不得不强调，在无相反证据的情况下，电影作品上署名的个人或组织，被庄重地默认为该作品的制作者。此项规定经过精心考虑，具有深远意义。电影作品的署名，犹如一块庄重的纪念碑，成为确认制片者身份的重要基石。

在电影产业的广阔天地中，这就像是一块不容忽视的标识。它所蕴含的信息，不仅是对制作者辛勤劳动的肯定，更是对艺术创作的一种尊重和保护。当我们在欣赏一部电影时，或许会忽略那些在片头或片尾的署名，它们在法律上却扮演着不可或缺的角色。

当我们提到"相反证据"这一概念时，指的就是那些具有法律效力，能颠覆这一身份认证的证据。这样的证据可以是各种各样的文件和信息。例如，一部电影的版权归属可能在合同文件中有着不同的约定，或者版权登记中记录的著作权人信息与片上的署名并不一致。这些情况都可能成为推翻原署名身份的"相反证据"。

让我们以一部具体的电影为例。假设某部电影的片头和片尾都署名了A公司为制片方，随后在版权登记中却记录了B公司为该电影的著作权人。在这种情况下，B公司所持有的版权登记信息就成为"相反证据"，可以推翻原先的署名身份。这便需要相关部门和权利方进行深入的调查和确认，以保障每个创作者的权益不受侵犯。

（一）作者权法国家电影作品著作权归属模式

电影创作背后的法理交织繁复且庄重。创作者与投资者的互动塑造了电影作品，同时也影响着著作权法的复杂性。在多数国家的法律体系中，虽然传统上将著作权视为创作者的独有权，但为了鼓励投资和推动作品的广泛传播，法律为此设定了特殊的条款。

以德国为例，《德国著作权法》在无明确约定的情况下，默认制片者通过推定许可获得电影作品的独占性使用权。这体现了法律对制片者投资的一种保护和认可。而在《法国知识产权法典》中，同样采取了这样的逻辑，即在缺少其他协议的情况下，制片者自然而然地获得了作品的独占使用权。

《韩国著作权法》同样采用了"推定许可"机制，只是在这个机制下，为制片者提供了对电影作品进行必要使用的权利。而日本的电影著作权法有着与众不同的立法模式。《日本著作权法》第16条清晰界定了哪些人参与了电影的创作，这既是对创作者身份的确认，也是对著作权归属的一种明确。

特别值得一提的是，日本的法律体系在处理电影作品时，将著作财产权与著作人身权作了明确的区分。比如在《日本著作权法》第29条中，一旦创作者同意参与电影制作，其著作财产权便会自动移交给制片者，但创作者的姓名权和保护作品完整权仍然保留。这既体现了对创作者身份的尊重，也体现了对作品传播和利用的重视。这种立法模式不仅吸收了版权法的实用主义思想，还保留了作者权法体系中财产权与人身权并重的传统。

反观我国的著作权法，虽然在某些方面受到了日本立法的影响，但在创作者身份的确认及著作人身权的归属方面仍需进一步明确。学术界普遍认为，除了署名权，我国的电影作品在著作权上采取了与日本相似的自动转移模式，即将著作人身权和财产权按照法律规定自动赋予制片者。这种模式与传统的作者权法体系相比，有了较大的偏离和变革。

从这些不同国家和地区的法律体系中可以看出，电影作品的创作不仅是一个艺术过程，也是一个法律过程。各国的法律都在寻求一个平衡点，既要保护创作者的权益，又要鼓励作品的传播和投资。这种平衡的背后，正是各国法律智慧和人文关怀的体现。

（二）版权法国家电影作品权利归属模式

版权法体系国家在电影作品的著作权归属方面，通常展现出明显的实用主义倾向，更注重保护制片者的投资利益和促进作品的广泛传播。

《美国版权法》第 201 条规定了版权的归属：（1）作品的初始版权归属于创作者；（2）若作品是雇佣关系下创作的，除非有其他约定，否则雇主被视为创作者，并享有版权的所有权利。考虑到美国电影产业的特点和其产业化运作的需求，电影作品通常被视为雇佣作品，除非有特别约定，制片者（雇主）不仅是版权的持有者，而且在法律上也被视为创作者。

《英国版权法》则规定：（1）电影作品的创作者包括制片者和总导演；（2）如果电影作品是雇员在雇佣过程中创作的，其雇主则拥有该作品的版权。

由此可见，英美两国在电影作品的版权归属上采取了相似的立法模式，均承认版权最初归属于创作者，并通过"视为创作者原则"的应用，将制片者视为电影作品法律意义上的创作者，从而享有版权，实现了逻辑上的一致性。

三、基于合作抑或演绎：已有作品创作者的权利

所谓"已有作品"，指的是在视听作品创作之前就已经完成的作品。在视听作品的制作过程中，由于其涉及的元素众多，这类作品对已有作品的依赖程度非常高，涵盖了从文字、音乐、舞蹈、美术到戏剧作品，甚至其他视听作品片段等多种类型。

为了确保视听作品著作权的顺利行使，需要明确界定已有作品著作权人与视听作品著作权人之间的利益关系。对此，学术界主要有以下三种不同的观点。

（1）合作关系观点。尽管已有作品和视听作品在时间上有先后之分，但一些国家的立法认为，当已有作品被用于视听作品的制作后，它就成为视听作品的一部分，其创作者也被视为视听作品的共同创作者。

（2）演绎关系观点。以德国和日本为代表的国家则认为，已有作品是视听作品进行改编的基础，两者之间构成演绎关系。值得注意的是，在德国，并非所有已有作品在被拍摄成电影后都能形成演绎关系，例如，音乐作品通常只构成结合关系。

（3）复制关系观点。《日本著作权法》第 16 条明确指出，已有作品的创

作者并不属于视听作品的合作创作者，两者之间并非合作关系。日本将视听作品中使用的已有作品分为原著作品和素材作品。如果将他人的著作（如小说或剧本）作为原著来拍摄电影，那么原著与视听作品之间就形成了一种改编关系。然而，如果视听作品仅仅是将某些已有作品作为素材使用，而不是作为原著，那么这些素材作品与视听作品之间的关系则是一种复制关系，即视听作品对素材作品的使用方式是复制而非改编。

（一）合作关系下已有作品创作者的权利

在众多国家中，尽管创作者被视为视听作品的共同创作者，享有相应的权益，但这并不意味着他们可以无节制地掌握视听作品的著作权。为了确保著作权的高效行使，相关国家的著作权法往往会设定一些限制措施。经常采用的方案是推定转让或法定转让的方式，将原本属于作品原始创作者的一部分权利移交给制片方。这一过程不仅是法律的规范，也是保障产业运转流畅的必需之举。这种转让方式不仅能够减少纠纷的发生，还能够帮助简化权利管理的复杂性。

尽管创作者们将基于共同创作身份所享有的著作权转让给了制片方，但他们依然保留着一些不可剥夺的权利。以法国为例，音乐作品的创作者在视听作品中仍享有其作品的使用权，这保证了他们的创作成果得到适当的尊重和利用。而在意大利，原始的创作者们不仅保留了改编权和翻译权，对于音乐作品的创作者来说，他们还保留了额外报酬的权利。这意味着，无论作品如何被改编、翻译或利用，创作者们都能从中获得应有的回报。

这样的规定和制度在平衡了著作权人和制片方之间的权益关系的同时，也为作品的传播和产业的发展提供了保障。这样的处理方式在许多国家的实践中已经证明是有效和合理的，能够鼓励更多的人才投身于创作领域，同时确保作品的合法权利得到妥善保护。因此，这种正式得体的著作权处理方式是值得我们借鉴和推崇的。

（二）演绎关系下已有作品创作者的权利

在艺术创作的世界中，已有作品被视为构建视听作品的基石，它们独立存在，却与视听作品紧密相连。这种关系在法律上有着明确的界定，特别是在德国和日本的著作权法中，对已有作品创作者的权利有着各自独特的规定。

《德国著作权法》第 88 条第 1 款明确指出了已有作品与视听作品之间的特殊联系。当一位创作者允许他人将自己的作品转化为视听形式时，除非双方另有特别约定，否则法律会推定该创作者已经授予对方制作视听作品的独占权。这种独占权不仅涵盖了视听作品的多种利用方式，还包括了译本以及视听作品的改作物的权利。

实际上，德国的已有作品创作者通常会通过一系列许可合同，将其对视听作品可能享有的所有权利，全部推定转让给制片者。这种转让仅限于视听作品所享有的权利范围内，创作者对其原始作品的著作权则完全不受影响。这就像一位建筑师将自己的建筑设计方案授权给建筑公司，建筑公司有权按照设计方案建造大楼，但建筑师仍然保留着设计方案的原创权。

然而，值得注意的是，如果已有作品的创作者已经将其权利授权给了著作权集体管理组织，那么上述的推定就不再适用。这意味着，即便是在德国，集体管理组织的介入也会给权利的归属和转让带来特殊的影响。这种情况下的处理方式将更为复杂，需要详细分析合同条款以及集体管理组织的运作机制。

《日本著作权法》则有着另一番规定和解释。在日本，已有作品的创作者享有的权利受到更为严格的保护，而在视听作品的制作过程中所涉及的权限转让问题也有着独特的处理方式。通过这些差异性的法律规定，可以看出不同国家对于知识产权保护和艺术创作之间的平衡有着各自的侧重点和考虑。而这些细致而严谨的规定，也正是艺术创作自由和权益的重要保障。

四、电影作品创作者二次获酬权

在处理电影作品中创作者群体的利益分配问题时，各法系国家采取的策略和侧重方向呈现出不同的特点和模式。

在以作者权为核心的国家体系内，这些国家尤为注重维护创作者的权益，他们的法律和制度设计都是以保护创作者的核心利益为出发点。在法国、德国、意大利等国家，这样的特点表现得尤为明显。他们不仅在法律上为电影作品的创作者赋予了"二次获酬权"或称"公平获酬权"，更是在实际操作中，通过这种权利来确保创作者能够从他们作品被使用的过程中获得合理且公正的经济回报。这一制度的存在，实质上是对创作者们智力成果的尊重与保护，极大地保障了他们参与作品后期经济利益分配的权利。

相较之下，版权法国家如美国，其电影版权制度的设计则更加注重市场经济的效率和灵活性。在美国的法律体系中，虽然并没有明确规定电影作品著作权收益的分配细节，但他们深知自由市场机制的力量。因此，美国的相关立法更多的是将这个问题交给各个行业工会去处理。这些工会通过自由协商的方式，来确定一个基本的报酬标准以及可能的剩余收益分配机制。这样的做法不仅为创作者们提供了一个公平的竞争环境，也鼓励了市场经济的自由发展，让电影作品的创作与分配更加符合市场规律。

（一）作者权法国家创作者的法定二次获酬权规定

1. 德国

德国电影作品的著作权归属采用被称作合理报酬制基础上的"推定许可"的独特模式。在德国推定许可模式下，制片者享有独占使用权，同时，《德国著作权法》却为创作者们筑起了一道坚实的保障之墙。该法强调，每一位电影作品的创作者都应得到其劳动成果的合理与公平的回报。为了实现这一目标，法律设置了一系列精细且富有创意的机制。例如，合理报酬请求权，它赋予了创作者在电影作品上映后向制片方提出获得相应报酬的权利，这不仅是对创作者智慧的尊重，也是对其辛勤工作的肯定。

继续分享规则是另一种保障措施。这一规则意味着，无论电影作品在时间的长河中经历多少次放映、多少次传播，创作者都有权利继续分享由此带来的经济利益。这样的规定不仅让创作者有了长期的经济保障，也为电影行业的可持续发展注入了活力。

此外，针对出租和出借的法定报酬请求权也是一大亮点。当电影作品被出租或出借时，创作者有权依据法律规定获得一定的报酬。这一机制的设立，不仅保障了创作者在作品传播过程中的利益，也促进了电影作品的广泛传播和普及。

2. 法国

法国电影作品的著作权归属采用保留"利益分享权"的"推定转让"模式，这在《法国知识产权法典》中得到了详尽而周全的体现。这部法典不仅为电影作品的创作者们提供了坚实的法律保障,确保了他们能够以公平合理的条件获得应有的报酬,而且还为电影产业的健康发展注入了强大的动力。

我国的著作权法借鉴了法国的"利益分享权"这一概念。然而,与法国相比,我国在权利行使的具体机制上尚待进一步完善。在法国,电影创作者们拥有对部分权利进行转让的自由。当这些权利被转让给集体管理组织时,这些组织便肩负起代表创作者与制片方进行谈判的重任,确保在报酬、版权收益等方面达成公平合理的协议。

这样的模式不仅在法律上为创作者提供了坚实的保障,也在实际操作中促进了文化产业的发展。法国电影业的成功,离不开这样一套既保障创作者权益又促进产业发展的法律机制。而我国在借鉴这一模式的同时,也在积极探索适合本国国情的著作权管理机制,以期为我国的文化产业发展提供更为坚实的法律支撑。

3. 意大利

意大利的电影作品制片方独享的著作权归属模式独具特色,与法国和德国的体系有所区别。在《意大利著作权法》中,有一项专门针对电影作品的独特规定:电影作品的放映权被法律明确地转让给了制片者。这并非泛指所有著作权,而是特指电影作品的放映环节,其中蕴含了国家对电影产业的一种特殊保护和扶持。

导演执导、演员出演的意大利影片,一旦影片制作完成,其放映权便自动转移至制片方。这样的制度设计确保了制片方在电影推广和放映过程中享有独占性的权利,从而为电影的商业价值和影响力提供了有力的保障。

与此同时,对于其他著作权如剧本、音乐、摄影等创作元素的权利则依然归属于各自的创作者。这种细致的划分不仅保护了创作者的权益,也促进了创意产业的繁荣发展。

(二)版权法国家创作者的约定获酬模式

美国作为版权法国家的典型代表,其独特的处理方式与以著作权法确保电影作品创作者经济利益的许多其他国家存在明显差异。与其他国家不同的是,《美国版权法》在具体条文上并没有规定一个详细的或原则性的框架来保障创作者在电影作品上的报酬权。

美国采取了一种更加灵活而具有行业特色的做法。他们坚信,在电影产业中,行业工会的力量是巨大的。因此,美国更多地依赖于这些工会,通过工会与制片方进行集体协商,从而确定电影创作者的报酬结构。这样的模式结合了基本的报酬安排与可能的剩余收益分配机制,既能确保创作者的基本权益得到保障,同时也为他们在电影的商业成功中可能获得的额外收益提供了可能。

五、追续权制度

(一) 国际条约中的追续权制度

《伯尔尼公约》第14条的精髓在于保护艺术原创与文学创作者的根本权益。当作品以画作、手稿等形式诞生后,创作者及手艺人就其原件和初版享有了无可争议的追续权。这一权利不仅在创作者在世时得以保障,即便其离世后,也由法定的代理人或机构继续维护。例如,当一幅名画首次被售出后,创作者将直接从作品获得的利润中获益。这种权利的具体执行和范围由各成员方的法律制度决定,且每一国的保护标准都不尽相同。

以发展中国家为例,《发展中国家著作权保护突尼斯示范法》明确赋予了美术作品和三维艺术作品的创作者一个独特的权益——在作品通过公开拍卖或通过经销商再次转售时,有权获取一定比例的不可转让的收益。然而,对于建筑和实用艺术品,此项权利并不适用。为了确保这一权益的公正行使,相关管理部门必须制定一套明确的规范和准则。尽管该法为追续权提供了一幅宏大的蓝图,但细节之处仍有待完善。例如,追续权的费用支付方式、具体行使条件、涵盖的范围以及收益的提取比例等细节并未得到详尽的阐述。这给后续的立法工作留下了不小的挑战。

然而,2001年9月,欧盟的《追续权指令》以及欧洲议会和欧洲理事会通过的《关于艺术品原作的创作者的追续权的2001/84/EC指令》为追续权立法树立了重要的里程碑。这不仅为创作者提供了更为坚实的法律保障,也标志着追续权得到了更为广泛的国际认可。这些法规的实施,无疑为全球的文学和艺术创作者树立了坚实的法律屏障,使他们的劳动成果能够得到更为充分的尊重和回报。

通过上述事例和数据不难看出,《伯尔尼公约》及其后续的相关法规,都在以不同的方式和角度保护着艺术和文学创作者的权益,为他们提供了更为全面和坚实的法律保障。这也无疑激发了更多创作者的创作热情,促进了文化和艺术的发展与进步。

(二) 大陆法系主要国家(地区)追续权制度

法国的追续权制度被精心地编织在《法国知识产权法典》的条文之中。对于那些倾注心血于创作的人而言,他们的作品在每次被转售时,他们将享有追续权,这无疑是对他们劳动成果的一种认可与尊重。然而,如果作品的首次转售价格低于一万欧元,且交易发生在作品问世后的三年内,那么这一权利则不被启用,体现出法律的人性化关怀。

法国的这一制度并不是孤立的,它融合了欧盟的《追续权指令》,展现了法国法律制度的成熟性和与国际接轨的决心。相比之下,德国的追续权立法则显得更为内敛和严谨。他们借鉴了其他国家的成功经验,将追续权主要适用于美术和摄影作品的原件交易。在这里,权利主体通常是作品的创作者本人。特别值得一提的是,这一权利并不适用于私人之间的交易,而是由如 VGBild - Kunst 这样的专业机构来负责管理和征收权利金。

在意大利,追续权的范围似乎更为广泛。除了包括绘画和雕塑等传统艺术作品,它还涵盖了创作者临摹的复制品以及有签名的版画等。这意味着在意大利的艺术市场中,只要涉及专业者参与的艺术品交易,如公开拍卖或法院命令的出售等,创作者都有权享有追续权。而根据交易价格的不同,意大利还设定了不同比例的提成方式,这既是对创作者的一种激励,也是对艺术市场的一种调节。

澳门的追续权制度也体现了对艺术创作者权益的尊重。当艺术作品原件或手稿在市场上转售时,创作者可以分享到作品增值的价值。当这一增值达到一万葡元时,创作者便可以提取 10% 的转让费。然而,这一比例的设置也引发了是否会对艺术市场产生负面影响的讨论和思考。

不同国家或地区的追续权制度在适用范围、权利主体、交易方式、权利金计量和行使方式等方面都存在差异。这些差异不仅反映了各国和各地区在保护艺术家权益上的不同做法，更是在促进艺术市场发展之间寻求平衡的体现。每个制度都在以各自的方式，为艺术家们创造一个更加公正、合理的创作环境。在各类艺术交易市场中，追续权这一概念被广泛地应用。无论是在热闹的公开拍卖场合，还是在根据法院命令进行的出售活动中，追续权都发挥着其独特的作用。在追续权的实施中，权利金的计算方式极为精细，它依据具体的交易价格进行分级提取，这样的设计旨在确保创作者的权益得到合理且公正的保障。

在澳门的追续权制度中，我们看到了对创作者权益的极大尊重。这项制度明确规定，创作者有权分享其艺术作品在转售过程中所产生的增值价值。这一举措，为艺术家们提供了一个可持续创作的动力源泉。例如，当一幅画作经过时间的沉淀和市场的洗礼，其价值得到显著提升后，按照制度规定，创作者可以提取一部分转让费作为其劳动成果的回馈。

正如一枚硬币的两面，追续权的高提成比例也不可避免地会带来一定的影响。它有可能在一定程度上制约艺术作品的自由交易，对于那些正在积极寻求交易的艺术家而言，高额的提成费用或许会成为一种无形的障碍。同时，这也可能对艺术市场整体的繁荣造成一定程度的负面影响。这就像一个微妙的平衡：在保障创作者权益的同时，也需要考虑市场机制的灵活性和多样性。

我们应该看到追续权所带来的积极影响和深远意义。这一制度为艺术家们提供了一种持续获得收入的可能，并激励他们在创作上更加努力和用心。它也使得市场更加注重原创作品的价值和创作者的权益，为艺术市场注入了新的活力和动力。因此，在未来的发展中，我们需要继续探讨和完善追续权制度，使其在保障创作者权益的同时，也能更好地促进艺术市场的繁荣和健康发展。

六、版权许可使用制度

在当今全球化的世界里，各国普遍认同并尊重版权转让与许可使用作为版权人权利转移的常见方式。版权，这一法律概念，不仅涵盖了复制、出租等具体权利，还结合了时间和地域的限制，为各类作品提供了灵活多变的使用选择。

随着数字技术的飞速发展,版权保护面临着前所未有的挑战。在数字化时代,作品传播的速度更快,范围更广,侵权行为层出不穷,且取证难度大。这无疑给版权授权和保护带来了诸多问题。例如,一首流行歌曲可能在未经授权的情况下就被大量复制和传播,而侵权者却难以被追查和定罪。

面对这些挑战,版权集体管理制度应运而生并展现出其独特的优势。这一制度通过集中管理、统一授权的方式,为版权人提供了更加便捷和高效的保护途径。同时,它还能有效地打击侵权行为,维护市场的公平竞争。

(一)美国

在美国的著作权法律体系中,版权人拥有其作品独有的专有权利,他们可以选择自行或委托他人来行使这些权利。以一部合作创作的作品为例,不论有多少个版权人,他们每个人都有权独立决定如何发放许可证或授权他人使用其贡献的部分。

为了更有效地管理这些权利,美国设立了多个集体管理组织,如备受信赖的美国版权结算中心(CCC)。这个机构在全球范围内负责处理复制许可和支付使用费等事宜。它不仅是一个制度化的平台,更是连接版权人和使用者之间的桥梁。CCC成功运作的关键在于深入理解并积极响应客户的需求。从创作者到内容生产者、从技术平台到教育机构、从零售商到普通消费者,每一位参与者都有其独特的利益和需求。集体管理组织的任务就是将这些需求精准对接,确保在尊重原创精神的同时,也能满足社会对知识的需求和传播。对于一位独立音乐家而言,他可以通过CCC的许可服务,将其音乐作品授权给全球的广播电台或流媒体平台。而对于一家大型出版公司来说,CCC则能协助其管理成千上万的作品权利,确保每一次复制或传播都能得到合理的回报。

正是由于这样的灵活性和专业性,美国的著作权法及其集体管理组织如CCC等,为创作者们提供了一个既安全又充满机遇的环境。它不仅保障了原创作品的权益,也促进了文化、艺术和知识的交流与传播。

(二)英国

在英国,著作权法对于版权人的权利有着严谨且周详的规定。按照这一法典,版权人被赋予了独一无二的专有权利,任何未经其许可的行为都是不被允许的。这种规定确保了创作者们的权益得到充分的保护。

英国在版权管理上采取了灵活且自愿的许可模式。其中，出版商授权协会（PLS）在其中扮演了重要角色。这个协会依据版权许可协会（CLA）所提供的数据信息，负责合理分配许可使用费，使版权的使用得以规范且公正。

面对数字化时代的挑战，英国进一步采取了创新的措施。为了更好地保障权利人的权益以及简化授权流程，英国成立了版权集成中心。这个中心不仅为版权人提供了一个集中化的管理平台，而且通过高效的科技手段，确保了授权过程的便捷性和高效性。

以一位作家为例，他的作品在英国享有著作权。在没有获得他本人许可的情况下，任何出版商或数字平台都不得擅自使用其作品。而通过PLS和版权集成中心的协助，这位作家的作品得到了合理的授权和费用分配。当他的作品被数字化平台采用时，版权集成中心会迅速与平台进行沟通，确保了授权的及时性和准确性。这不仅保障了作家的权益，也使得数字化平台能够合法、便捷地使用作品，实现了双赢的局面。

（三）北欧

北欧国家因其文化传统和历史因素的相似在著作权管理制度方面采用了基本一致的许可制度。在北欧这片广阔的天地里，延伸性集体许可制度如同一颗璀璨的明珠，自20世纪60年代初的智慧火花中诞生，便以其独特的魅力在知识产权管理的历史长河中绽。这套制度坚持按照权利人与使用人的具体需求进行细致入微的协调与谈判，确保每一起许可协议都能符合双方的期待和要求。

这种许可制度设计得十分公平合理，巧妙地融入了数字化的注册系统。这样的系统仿佛一把精确的尺子，既能丈量知识的广度，又能计算使用的频度。对于权利人而言，他们可以随时通过这个系统查看作品的复制数量，如同掌握了一把透明的钥匙，能够清晰地了解自己知识产权的流转与利用情况。

北欧的这种模式，就像是一幅灵活多变的画卷，其灵活性和适应性在全球范围内都受到了广泛的赞誉和青睐。以瑞典的音乐产业为例，延伸性集体许可制度使得音乐创作者、唱片公司以及广播电台等各方能够在一个公平、透明的框架下进行合作。这样一来，不仅保障了创作者的权益，也使音乐作品能够更广泛地传播,为公众带来丰富的文化享受。

再如丹麦的图书出版业,通过该制度的实施,出版社与作家之间能够根据市场需求和作品的特点,签订更为合理的许可协议。这不仅激发了作家的创作热情,也为出版社带来了更多的商业机会。这样的成功案例在北欧各地层出不穷,也为全球其他地区提供了宝贵的经验和借鉴。

北欧的延伸性集体许可制度如同一座桥梁,连接了权利人与使用者,搭建了一个公平、透明、灵活的知识产权交易平台。这样的制度不仅为北欧的文化产业注入了活力,也在全球范围内赢得了广泛的赞誉和尊重。

上文深入分析国外在版权许可使用和集体管理方面的成功经验,通过借鉴这些成功的经验,希望优化我国的相关制度,确保版权许可使用流程的顺畅。我们将更加注重保护原创精神,为创作者提供更加公平和广阔的创作空间。同时,也要加强执法力度,严厉打击侵权行为,维护市场的公平竞争。只有这样,才能更好地推动文化事业的繁荣发展。

近年来,随着影视作品产业的快速发展,影视作品权利人权利被侵害案件不断增多,尤其是在署名多样性与授权关系复杂性的背景下。通过实践案例和相关法律法规的演变可以看到,在影视作品部分权利人授权的情况下,权利人或其被委托人在作品被侵权时主张经济损害赔偿的权利日益受到重视。这一现象引发了人们对于维护影视作品权利的关注,并促使人们对相关法律问题进行深入研究和探讨。

影视作品部分权利人的权利救济
——兼评我国《著作权法送审稿》(2014)第17条之规定[*]

近年来,影视作品权利人权利被侵害案件不断增多,因为影视作品署名

---

[*] 该文于2015年9月发表于《成都理工大学学报(社会科学版)》,虽然2020年《著作权法》已完成修正,但评价《著作权法送审稿》其中的条款依然有借鉴价值。该文提供了一种解决影视作品权利人被侵权后获得司法救治的路径,对司法裁判机关提高审判效率更是有借鉴意义。

的多样性与授权关系的复杂性致使部分权利人的权利救济遇到很多的困惑，由此不断涌现新的法律适用问题。通过实践案例以及有关法律法规规定的演变，在影视作品部分权利人授权的情况下，在遇到作品被侵害时，权利人之一或被委托人可以就侵权行为主张经济损害赔偿。

一、影视作品部分权利人授权语境下司法裁判之困惑

近年来，法院审理的知识产权案件呈飞速上升趋势，其中著作权案件增幅最大[①]，甚至已经占到法院审理的知识产权案件的60%以上[②]。伴随着互联网技术的飞速发展，在侵害著作权案件中，涉及侵害影视作品的案件尤多。笔者遇到的多个侵害影视作品案件中，对于如何认定影视作品权利人问题以及如何处理由此带来的侵权案件，各地法院甚至同一个地方的不同法院作出的裁判也不一样。甚至同一个涉案作品，因为不同的审理单位掌握的认定标准不同，造成了不同裁判的出现，比如2009年曾经在央视一套首播的军旅题材影视剧《我的兄弟叫顺溜》，北京市海淀区人民法院以原告并没有获得涉案作品的所有权利人的授权而驳回了原告关于对《我的兄弟叫顺溜》的权利主张[③]，而广州市中级人民法院、上海市浦东新区人民法院、深圳市南山区人民法院等多家法院则在此涉案作品的诉讼中，支持了原告享有涉案作品的权利主张[④]。更让代理律师困惑的是，在上海市徐汇区人民法院对《我的兄弟叫顺溜》的版权合同纠纷中，法院以被告没有提供全部的版权材料而解除了原告与被告之间的合同[⑤]。"这不仅影响到权利人的维权效果，而且造成影视市场秩序混乱，增加了市场交易和行政、司法执法成本，带来的负面影响是显而易见的。"[⑥] 这也间接影响了司法裁决的稳定性与裁判标准的一致性。

---

① 陈锦川. 今年网络版权案件的数量增长幅度较大 [EB/OL]. (2009-12-21) [2014-10-01]. http://ip.people.com.cn/GB/141383/177175/10620601.
② 李东华. 2011年上海法院知识产权审判白皮书发布 [EB/OL]. (2012-04-26) [2014-10-03]. http://newspaper.jfdaily.com/xwcb/html/2012-04/26/content_792898.htm.
③ (2012) 海民初字第11399号民事裁定书。
④ (2013) 穗中法知民终字第318号民事判决书，(2010) 浦民三（知）初字第357号民事判决书，(2011) 深法知民初字第11号民事判决书，(2009) 镇民三初字第111号民事判决书。
⑤ (2011) 闵民三（知）初字第82号民事判决书。
⑥ 陈锦川. 著作权审判原理解读与实务指导 [M]. 北京：法律出版社，2013：358.

二、影视作品权利归属认定中的司法实践与评价

在具体案件中，权利人主张权利，首先要成为适格主体，法院对此的查明会用《著作权法》中的规定进行判断。在实践中，影视作品的合作作者不可能都作为原告参加，一般都是授予一人进行。经常遇到的情况是，原告继受取得影视作品的某项权利，但是向其授权的不是全部原始著作权人，或者权利主张人并不认可法院所理解的权利人。例如，在原告宁波成功多媒体公司主张其享有电影《大祠堂》的信息网络传播权案[1]中，该剧的联合摄制、联合出品的单位有近十家，因为原告没有获得全部原始权利人的授权，最终法院没有支持原告关于权利的主张。这与海淀区人民法院的审理思路是一致的，即"不可分割的合作作品须全体作者协商一致后方可行使权利"[2]，其他法院却有不同的认定标准。武汉市中级人民法院认为，广电行政部门审批确定的"制作单位"与影片中署名的"摄制单位"不是同一概念，"摄制单位"从事摄影、摄像及图像处理技术工作，不是作者；并且认为经行政审查，发行许可证且合法有效，可以成为对抗片中署名的相反证据[3]。而深圳市南山区人民法院认为，影视剧的权利人应该是出品人[4]。

在影视制作与播放上，我国实行严格的审核制度，通过颁发制作许可证与发行许可证（电视）、公映许可证（电影）的方式对影视作品制作发行进行管理。有管理就有登记，在以上的许可证上会有相应的权利署名。但是在实践中，影响影视作品的制作、发行的因素很多，比如制作周期、资金投入情况、院线档期以及电视台的档期，等等。由于影视作品的形成是高投资的行为，加之市场参与主体的多元化与复杂性，仅仅根据署名来确定作品的权属也未必反映作品的真实归属。即便对成片后的作品进行登记，但因为著作权登记证书是在影视作品首映后根据当事人的申请来制作，国家版权局对此不进行实质性审查。由此，法院一般认为影视作品原有署名的证明力大于著

---

[1] （2008）海民初字第16376号民事判决书。
[2] 傅剑清. 音乐、影视作品署名权与权利人身份的判定 [J]. 中国版权，2010（2）：30.
[3] 林子英. 论出版社在著作权诉讼案件中民事赔偿责任的承担 [J]. 中国版权，2014（1）：34.
[4] （2011）深南法知民初字第11号。

作权登记证书的证明力,这就对传统的以署名者为作者的认定观点提出了挑战。

实践中,大部分影视作品有多个署名,在权利承接上,部分权利人一般经过一次或多次授权。司法实践中,在没有提交其他可以证明权利人与作品的署名不同的情况下,根据作品的署名判断作品作者的原则是并无法律原则性错误的,但这并不能真正反映案件的真实情况。在有些情况下,用一般人的常识就可以发现简单地适用署名来判断权利归属的认定并不适用,此类案件在实践中非常多,在电视剧中这种情况尤为明显,特别是重大历史题材、政策性导向明显的电视剧的署名更是多家,并且多有地方政府和宣传部门的署名。例如笔者在办案中,曾经遇到的一部涉案电视剧《东方红1949》,该剧片尾有摄制与出品表述意义上的署名,包括协助摄制单位1家、联合摄制单位8家、联合出品单位7家、领衔出品单位3家、出品单位2家、承制单位2家。在领衔出品单位中,有两家分别是中共黑龙江省委宣传部、中共浙江省委宣传部,党委机构显然不应该是影视剧的权利人之一,因为党委机构不应该投资有利益存在的商业行为。那么所署名的其他单位就都是权利人之一吗?显然不是。

如前所述,在遇到这类案件时,法院一般会用三种方式进行处理:第一,动员原告撤诉;第二,直接用裁定驳回原告的起诉;第三,发函给相关其他权利人,在其他权利人不提出权利主张或放弃主张的情况下,支持原告的主张。第一种做法没有解决案件本身,原告因为各种原因可以撤诉,但是对法院的做法未必认同。第二种做法没有定分止争,纵容了侵权行为,在现实中,被侵权者的合法权益没有得到有效保护。第三种做法使法官能站在更高的高度来思考这个问题,定分止争效果明显,但是在司法效率上会有所降低,特别是在有些当事人并不存在或者已经不存在的情况下,无法进行适当通知。

既然著作权是私法,私有财产的所有者对待自己的财产有两种天然的本性:第一,自己的私有财产不能被侵犯;第二,自己的私有财产应获得更大的价值认可。一般意义上,就被侵害人追求补偿的诉求讲,侵害主体应该承担侵权的民事责任。如果权利不能获得救济，则是对私有财产以上两点的摧残。"在大陆法系，侵权行为作为债的发生根据，与损害赔偿紧密联系在一起。""侵权行为请求权一般要求对方当事人给付赔偿，而只有在对方当事人给付赔偿的情况下，权利人的权利才能得到实现，在这里侵权行为请求权即损害赔偿请求权。"①

"随着著作权所有人数量的增加，著作权所有人达成作品利用的一致意见的困难将呈指数增加，随之利用作品的交易成本也呈指数上升。尤其是当作品不是为了著作权人自己所利用而是为他人所利用时，复杂的著作权关系往往导致高昂的交易成本，严重阻碍着作品的利用。"②"如果要求所有的权利人（所谓的权利人）必须作为共同原告或者必须在诉讼中做出意思表示，否则原告的诉讼主张得不到程序的保障，其结果只能是权利人的权利根本得不到救济。"③设定过于复杂的确权程序并依此阻碍权利人的维权，不符合市场发展的便捷化与高效率，也不符合当今世界对权利保护的趋势。

另外，很多体现在影视作品中的署名单位并不是真实的出资方或参与创作方，所以在实践中，这些单位并不会实际行使"权利"，或者因为其本不具有权利，或者有些单位宁愿使权利处在睡眠状态，但是一旦要求其出具授权或者转让文件时，其不仅左右为难，甚至借此主张一些非分的权利。而真正的权利人在被侵害时，因为相关文件的缺失，又使权利不能得到有效救济，致使权利人对司法裁判失望与对法院失信，更重要的是助长了侵权人的侵权行为。

三、法律法规关于影视作品的性质与权利归属表述的演变

在具有法律意义的权利表述上，影视作品属于多个创作者与表演者以及组织者知识实现的结合，是众多人合作的结果，所以"可以在某种程度上把影视看作合作作品"④。

---

① 宋鱼水.著作权纠纷诉讼指引与实务解答[M].北京：法律出版社，2014：123.
② 陈锦川.著作权审判原理解读与实务指导[M].北京：法律出版社，2013：358.
③ 宋鱼水.著作权纠纷诉讼指引与实务解答[M].北京：法律出版社，2014：123.
④ 王太平.云计算环境下的著作权制度：挑战、机遇与未来展望[J].知识产权，2013（12）：21.

《著作权法》没有为合作作品作定义性规定，但是根据影视作品的形成过程，该合作作品是编剧、导演、摄影、作词、作曲、光电、特技等各合作人共同制作的作品。但是严格意义上讲，以上众多合作人，法律给予他们的只是署名权，他们并不享有著作权中的财产权，他们获得的财务来源于与投资人所签订的协议。

《著作权法》第17条对影视作品作出专门规定："视听作品中的电影作品、电视剧作品的著作权由制作者享有，但编剧、导演、摄影、作词、作曲等作者享有署名权，并有权按照与制作者签订的合同获得报酬。"该合作作品在存在多个制片者的情况下，应属于多个制片者共同享有。

《著作权法》第14条规定："两人以上合作人创作的作品，著作权由合作作者共同享有。没有参加创作的人，不能成为合作作者。"影视作品只有在不可能分割的情况下才能成为作品，所以该条的规定并不能涵盖影视作品的这种不可分割性，也并未对合作作品的处分作出明确的约定。《中华人民共和国著作权法实施条例》（以下简称《著作权法实施条例》）第9条规定："合作作品不可以分割使用的，其著作权由各合作作者共同享有，通过协商一致行使；不能协商一致，又无正当理由的，任何一方不得阻止他方行使除转让以外的其他权利，但是所得收益应当合理分配给所有合作作者。"这是对《著作权法》关于合作作品不足部分的一个补充，但它只是行政法规，其法律位阶明显低于《著作权法》。

《中华人民共和国著作权法（修订草案送审稿）》（以下简称《送审稿》）第17条规定："两人以上合作创作的作品，其著作权由合作作者共同享有。没有参加创作的人，不能成为合作作者。合作作品可以分割使用的，作者对各自创作的部分单独享有著作权，但行使著作权时不得妨碍合作作品的正常使用。合作作品不可以分割使用的，其著作权由各合作作者共同享有，通过协商一致行使；不能协商一致，又无正当理由的，任何一方不得阻止他方使用或者许可他人使用，但是所得收益应当合理分配给所有合作作者。他人侵犯合作作品著作权的，任何合作作者可以以自己的名义提起诉讼，但其所获得的赔偿应当合理分配给所有合作作者。"从以上的立法演变可以看出，法律法规随着时间的推移也在变化，《送审稿》吸收了之前《著作权法实施条例》部分，去除了对权利转让部分的限制，增加了对合作作品遇到侵害的单方救济权。在对影视作品权属的处理上，《送审稿》第 19 条第 3 款规定："电影、电视剧等视听作品的著作权中的财产权和利益分享由制片者和作者约定。没有约定或者约定不明的，著作权中的财产权由制片者享有，但作者享有署名权和分享收益的权利。"可见，《送审稿》对影视作品的制作者享有的权利的规定更为严谨。在作品权属的形式判断上，《著作权法》与《送审稿》分别在第 11 条与第 15 条的第 1 款和第 4 款并无变化地表述为："著作权属于作者，本法另有规定的除外。""如无相反证明，在作品上署名的自然人、法人或者其他组织推定为作者。"变化的内容表现在第 2 款与第 3 款上，《著作权法》第 11 条第 2 款、第 3 款分别规定："创作作品的公民是作者。""由法人或者其他组织主持，代表法人或者其他组织意志创作，并由法人或者其他组织承担责任的作品，法人或者其他组织视为作者。"《送审稿》第 15 条第 2 款、第 3 款分别规定为："创作作品的自然人是作者。""由法人或者其他组织主持或者投资，代表法人或者其他组织意志创作，以法人、其他组织或者其代表人名义发表，并由法人或者其他组织承担责任的作品，法人或者其他组织视为作者。"与这里的论述有关系的是《送审稿》第 15 条的第 3 款，该款加入了投资的概念，使投资人成为作品的著作权人，符合目前市场上表现的作品真实状态，该修改无疑是科学进步的。

四、解决路径

如果说没有明确的法律规定，法官可以直接支持合作作品中的一方当事人提起诉讼请求，法官就无所适从、无所作为，这显然是曲解法的本意。如在典型的商事活动中，作为夫妻共同财产的股权的转让，如果未经夫妻一方的同意，该转让是不是必然无效？同样，在夫妻共同财产中的知识产权的转让是否必须经过夫妻双方的同意，才能具有转让效力？答案当然是否定的。那么，为何在侵害影视作品财产权利时需要全部权利人的同意？

法谚有云：任何人不能通过违法行为获利。"基于维护法律公平正义精神的意旨，著作权法应剥夺侵权人因违法行为获得的利益。"[1] 无救济即无权

---

[1] 李明德，许超. 著作权法 [M]. 北京：法律出版社，2003：151-152.

利。根据连带责任理论，受害人有权请求加害人中的任何一人或者数人承担全部赔偿责任，任何加害人都有义务向被加害人负全部赔偿责任。连带责任的特征之一在于为充分保护被害人，给予被害人更多的选择权。《民法通则》（已废止）第 87 条规定：享有连带权利的每个债权人，都有权要求债务人履行义务。[1]

《著作权法》只是规定了对作品权利归属认定的基本精神，由于实际情况的复杂性，为定分止争，对法自由裁量提出现实要求，虽然法官自由裁量权的应用一般针对的是法律没有明确规定可以引用的案件，而该类案件的处理结果，容易给所谓的利益受损方带来上访冲动的风险。因此，法官极少使用本应具有的自由裁量权，在涉及法律法规援引模糊的情况下自动放弃本应属于自己的自由裁量权。由此就少了像著名的"王蒙诉世纪互联通讯技术有限公司侵犯案例"[2]。该案发生在 1999 年，当时还没有现行《著作权法》上的"信息网络传播权"，对于在网络上传播他人作品的行为，还属于法律空白。从历史上看，法官自由裁量广泛存在于各个领域，以存在于知识产权法领域最为突出，这不仅是因为知识产权法学研究的薄弱导致法学知识输出的低质量，还因为新技术的挑战等因素使知识产权领域的法律漏洞更为明显[3]。

在成文法的国家司法案件审理中，笔者认为最有可能出现有智慧的判决应该是在知识产权案件审判领域。正如我国民事诉讼法律规定了只有中级人民法院以上才能设立知识产权审判庭，这不仅因为对知识产权案件的审理需要慎重，也不仅因为知识产权领域案件的类型新颖与技术复杂，还因为知识产权案件的发生更多的是伴随市场化与技术的飞速发展，由于法律的属性是惰性与滞后的，所以需要更加慎重地理解法律，甚至创造性地适用法律。"如果法官在审理知识产权疑难案件时，不通过自由裁量的方式判案，而坚持一种知识产权法定主义，反而会带来非常荒谬的结果。"[4]

---

[1] 《民法典》第 518~521 条可供参考。
[2] 北京市海淀区人民法院民事判决书（1999）海知初字第 57 号。
[3] 祝建军. 数字时代著作权裁判逻辑 [M]. 北京：法律出版社，2014：108.
[4] 同上。

《著作权法》（2010）没有规定其他权利人包含共同权利人在其权利遇到侵害时，作为权利人之一可以就被侵害事实主张索赔的权利。虽然《著作权法实施条例》中有相关的规定，但是几乎没有被法院适用，或者说法院并不重视这条规定的适用价值。虽然如此，在法理上，在特殊规定无法满足司法审判实际的时候，应该遵循使用法律的一般规定。

关于部分权利人转让权利，该转让的合法性存在已经在法院的判决中出现。比如，北京市东城区法院审理的李某喜诉人民出版社、黄某元侵害其相关著作权权利的案件中，法院认定人民出版社已经取得了除李某喜之外的其他作者的许可，并判定在合作作品中"经不可分割使用合作作品部分作者授权，出版合作作品，并为所有作者署名的，不侵犯其他作者著作权"[①]。在这里，署名权与其他权利是各自独立的，法院认可在合作作品中，取得部分权利人的授权，并不能构成对授权人的其他经济权利的侵害，同时认可授权人可以单独主张经济索赔的权利。

五、结语

法律的作用和任务在于承认、确定、实现和保障利益，或者说以最小限度的阻碍和浪费来尽可能实现各种相互冲突的利益的解决。[②] 权利得不到救济甚至助长侵权的肆意行为，都不是法律制定者与司法者的本意。现行《著作权法》没有明确影视作品部分权利人授权情况下主张侵权可以成立，但是司法实践已经从正反两个方面证明对该主张权利保护的必要性与合法性。从《送审稿》第17条的规定也能明显感觉到对合作作品部分权利人保护的重视，所以，在影视作品部分权利人单方授权的情况下，权利的主张得到支持有理论依据和实践必要。

[①] 北京市高级人民法院知识产权庭. 知识产权经典判例7：著作权卷 [M]. 北京：知识出版社出版，2013；参见（2009）东民初字第05238号民事判决书，（2009）二中民终字第22011号民事判决书.

[②] 李雨峰. 知识产权民事审判中的法官自由裁量权 [J]. 知识产权，2013 (2)：4.

通过对美术作品、视听作品的相关案例进行深入剖析，引发我们对信息网络传播权中实质性替代原则的研究。

信息网络传播权中的实质性替代

一、实质性替代与合理使用

缩略图、视频剪辑等对视听作品的二次使用中产生的信息网络传播权的纠纷越来越多。合理使用是知识再加工产生的过程，但是对原有著作权也存在如何保护、实现利益平衡的问题。实践中二次使用的数量与种类繁多，水平也参差不齐，显然并非所有二次使用行为都能构成合理使用，其对作品的二次使用行为能否构成合理使用，首先应当通过著作权合理使用制度的规范性要求的检验。以"三步检验法"的法定标准和司法实践中援用较多的"四要素判断"标准对二次使用对先前作品的使用行为性质进行判定，以明确何种类型的二次使用对作品的使用可以被认定为合理使用。二次使用行为超越合理使用的界限，对原有作品构成一定程度的替代或者构成权益的减损则构成实质性替代。

二、实质性替代的三步法判定及四要素标准

（一）"三步检验法"标准

"三步检验法"是指"在特定、特殊情形下，未经许可使用已发表作品的，不得影响该作品的正常使用，也不得不合理地损害著作权人的合法权益"。该标准源于《伯尔尼公约》第9条第2款的规定，此时其是针对复制权的规定，使用行为仅指复制行为，而后《与贸易有关的知识产权协定》则在延续该判断标准的基础上，将权利的限制范围拓展至作者各项专有权，《世界知识产权组织版权条约》和《世界知识产权组织表演和录音制品条约》则进一步扩大了"三步检验法"的适用范围，将其延伸至邻接权，并考虑到了互联网时代下对交互式传播权的限制与例外。

（二）"四要素判断"标准

"四要素判断"标准是美国的合理使用行为的认定标准，指认定某一行为是否属于合理使用所要具体考虑的四大因素：一是为使用的目的与性质，

包括该行为是否具有商业性质或为非营利的教育目的；二是被使用版权作品的性质；三是被使用部分占原作品的比重和内容的实质性；四是使用行为对作品潜在市场或价值的影响。随着司法实践的发展，对于作品使用行为的目的与性质不再仅仅以其是否具有商业性来判断能否将其认定为合理使用，而是引申出转换性使用理论。

三、实质性替代标准的司法实践

在当前的司法实践中，"实质性替代"，是指观众在观看了再创作的作品后，能够对原作品的核心内容有一个全面的理解，以至于他们可能失去观看原作品的兴趣，则评估短视频中使用长视频的图片和片段进行再创作是否构成合理使用，关键在于判断这种再创作是否构成了对原作品的"实质性替代"。然而，对于"实质性替代"的界定并非一成不变，它在不同的案件中可能会有不同的解释，并且这种解释很大程度上取决于各方当事人提供的证据以及他们对法律的不同理解。这种灵活性是著作权争议中不可避免的一部分，也是法律实践中必须面对的挑战。

进一步地，这种灵活性也意味着法官在审理案件时需要综合考虑多种因素。例如，再创作的作品是否对原作品的市场产生了负面影响，是否损害了原作品的潜在商业价值，以及再创作作品是否具有独立的艺术价值和社会意义。这些因素都可能影响法官对"实质性替代"的判断。

我国加入《伯尔尼公约》、《与贸易有关的知识产权协议》和《世界知识产权组织版权条约》之后，我们意识到，"三步检验法"是国际著作权法中用于评估合理使用行为的一项重要标准。根据《伯尔尼公约》第9条第2款的规定，这一检验法为各国提供了一个统一的框架，以确保著作权的保护与公共利益之间的平衡。其所含三个核心要素：第一，特殊情况限制，合理使用仅适用于某些特殊情况，如个人学习、研究、欣赏、介绍、评论或说明问题，报道新闻，教育和科研翻译，以及图书馆保存等非营利性使用；第二，正常利用不冲突，合理使用不得干扰作品的正常市场利用；第三，合法利益不受损，合理使用不得无故损害著作权人的合法权益，包括署名权和作品名称权等。在我司法实践中，适用"三步检验法"时会综合考虑以下因素：（1）评估使用行为是否出于非商业性质，如教育或科研；（2）考虑作品的类型和原创性及其对公共利益的重要性；（3）评估使用的部分是否对作品的整体构成实质性影响；（4）考虑使用行为是否对作品的市场或潜在价值产生负面影响。

在探讨著作权法中的"三步检验法"如何应用于实际案例时，我们可以参考2020年的一起典型案件。该案件中，某长视频平台对某电影App提起诉讼，认为App中的再创作作品实际上减少了原作品的观众数量，从而损害了原作品著作权人的合法权益。对此案，法院正是依据"三步检验法"来评估被告的再创作行为是否属于合理使用。根据"三步检验法"的三个核心要素分析：首先，就特殊情况限制，被告的作品虽然可能在某些方面符合特殊情况下使用的条件，但其广泛的传播和影响超出了合理使用的范围；其次，就正常利用不冲突，被告的作品与原作品的正常利用发生了冲突，即它们吸引了原本可能观看原作品的观众；最后，就合法利益不受损，被告的行为损害了原作品著作权人的合法权益，包括经济利益和署名权等，法院认定被告的电影App中的二创作品构成了对原作品的"实质性替代"。另外，法院认为，《著作权法》（2010）第10条第12项规定的"以有线或者无线方式向公众提供作品"的行为，不应狭隘地理解为向公众提供的是完整的作品，因为著作权法保护的是独创性的表达，只要使用了作品具有独创性表达的部分，均在作品信息网络传播权的控制范围。

（1）司法实践中实质性替代标准的适用随经济技术发展，实质性替代标准被一部分学者认识并提出。实质性替代标准是指设链网站完全替代了被链网站，将作品提供给用户使用、播放，损害了被链网站的传播利益。

（2）适用实质性替代标准的局限性。该标准同样不能对盗链行为作出充分合理的本质判断，它以"利益"要素定义对作品的传播，从这点来说，适用该标准确实有一定的价值，但存在的问题也不容忽视：第一，若设链行为只是作为新的作品传播的方式，想要开拓新的市场，没有与被设链网站或平台有直接竞争关系，该标准可能不适用。第二，适用"实质性替代标准"是为了认定设链行为是否为信息网络传播行为，但其自身的定义中又包含了"传播利益"，它以损害及获益作为认定信息网络传播行为的依据。依该标准，虽然其他类似案件中被诉行为本身不发生任何变化，但是若损害及获益因素发生变化时,对被诉行为的认定就可能在其他案件中不被认定为信息网络传播行为。因此,该标准实际上并没有直接、明确解决什么是"信息网络传播行为"的问题,该标准存在不稳定因素。

四、实质性替代的现行立法思考

相比其他国家和地区在 TDM 合理使用方面所进行的立法改革,我国在法律层面尚未制定相关的合理使用规则,而仅在快照和缩略图方面出台了相关的司法解释。

《最高人民法院关于审理侵害信息网络传播权民事纠纷案件适用法律若干问题的规定》第 5 条规定,快照和缩略图合理使用的具体规范为:网络服务提供者以提供网页快照、缩略图等方式实质替代其他网络服务提供者向公众提供相关作品的,人民法院应当认定其构成提供行为。

前款规定的提供行为不影响相关作品的正常使用,且未不合理损害权利人对该作品的合法权益,网络服务提供者主张其未侵害信息网络传播权的,人民法院应予支持。

从上述两款内容已经可以模糊看到类似"转换性使用"的判断模式。首先是第一款中的"实质替代"的理解,有观点认为其是快照提供行为的构成条件。实则不然。依据快照技术的原理,其本身已经构成了网络内容的提供行为,并不需要"实质替代"这一评判要件。因为"实质替代"涉及的并非内容提供本身,而是针对快照的内容是否会实质取代原始作品的内容问题,亦即从用户的角度,是否会选择前者而非后者,这已经属于功能衡量的范畴。

不过,"实质替代"必须引入转换性使用的概念,唯有如此,才能解决"实质替代"所涉及的两个层面的问题:一个是功能层面,另一个是利益层面。关于功能层面,即是否"影响相关作品的正常使用"问题,当二次使用不具有原作的功能或目的,反而具有新的功能时,比如快照的搜索指引功能,则构成转换性使用。在此基础上,才进行第二层面即利益层面的判断,即这种转换性使用是否会"不合理损害权利人对该作品的合法权益"。这里要考虑的是快照页面的设置本身是否包含了权利人页面的一些功能,比如是否进行了广告的移植等抢夺用户访问流量的行为等。不过在"转换性使用"已不会影响作品的正常使用基础上，这一阶段的认定通常会偏向对新功能的维护，也可以说，在认定构成转换性使用的基础上，第一层面与第二层面的认定往往是连带认定、一并认定的。二者的评判标准往往是趋同的。

司法实践及司法解释对"实质替代"的理解和适用，以及其对于作品的正常使用的影响，乃至是否会不合理损害权利人对作品的合法权益的判断表明，司法实践已经能够在侵权判定中根据使用的行为是否停留在对原作已有功能的发挥抑或赋予其新的使用功能方面作出利益的衡量。这已经属于转换性使用的评判标准。但是不足之处在于，由于这种认识是自发的，而非基于对转换性使用的已有认识而作出的判断，因此，在如何处理"实质替代"与"作品的正常利用"关系，"实质替代"与"是否不合理影响权利人对作品的合法利益"关系方面，缺乏清晰的、体系性的指引。这也是为何会出现司法解释将"实质替代"作为认定快照提供行为的要件，以及法院在个案中借鉴"通知－删除"规则来判断快照是否会给权利人带来不合理影响的原因。

在当今社交属性App蓬勃发展的背景下，虚拟房间共同观影成为一种流行方式。然而，未经当事人许可，在此环境下观看电影可能构成侵权行为。

社交属性网络服务平台责任认定

一、社交网络服务提供平台的业务特征

社交网络服务提供商是用户分享观点、经验、见解和资源的渠道。它们允许用户在封闭系统中创建公共或半公共的个人资源分享平台，与其他用户建立连接，并在个人主页上展示联系人列表和个人资源列表，浏览自己和他人建立的连接。知名的社交网络服务提供商包括微信、抖音、QQ、微博、快手、哔哩哔哩、小红书、知乎、豆瓣和百度贴吧等。

社交网络服务提供商本质上是网络服务提供商，它们提供平台和工具供用户使用，从而获得直接或间接的利益。在侵权责任纠纷中，涉及被侵权方、

网络用户和网络服务提供商三个角色。网络用户是直接侵权方，而网络服务提供商的平台和工具客观上帮助了侵权行为的发生。从利益驱动的角度来看，网络服务提供商可能本能地放任用户的侵权行为。

二、社交网络服务提供平台侵权案件中的侵权主体

侵犯信息网络传播权的主体包括三类参与者：网络内容提供者、网络服务提供者和网络信息获取者。网络内容提供者是选择信息并通过网络向公众提供信息的主体。网络服务提供者是为网络信息传输提供设施、途径和技术支持的中介主体。网络信息获取者是从网络上获取信息的所有主体，包括为个人信息消费目的上网浏览的用户。

在视频分享网站侵犯信息网络传播权的过程中，网络内容提供者特指将侵权视频文件上传至视频分享网站的注册用户，属于直接侵权行为人。

网络服务提供者特指视频分享网站，在服务对象提供的视频文件涉嫌侵犯他人作品著作权的情况下，视频分享网站常成为著作权人的矛头所指。

网络信息获取者特指社会公众，他们在个人信息消费目的下浏览侵权视频文件，即使因技术原因在其电脑缓存内临时复制了侵权视频文件，也应构成对作品的合理使用，在中国不属于侵权行为。

三、社交网络服务提供平台的侵权责任形态

侵权责任形态是侵权法律关系人承担侵权责任的不同表现形式，即侵权责任由侵权法律关系中的不同当事人按照侵权责任承担的基本规则承担责任的不同表现形式。它与侵权行为类型的不同在于，侵权行为类型研究的是行为本身，而侵权责任形态研究的则是侵权行为的后果。

（一）直接侵权责任与间接侵权责任

直接侵权责任人须承担直接侵权责任，必须符合侵权责任的构成要件。

间接侵权责任人须承担间接侵权责任，属于附属于直接侵权责任的补充责任，往往不具备完整的侵权责任构成要件，而需要具备一些特殊的间接侵权责任构成要件。间接侵权责任包括帮助侵权责任和替代侵权责任。

（二）严格侵权责任

严格侵权责任是针对直接侵权行为而言的，侵权人无须有侵权的故意或

者明知，亦无须考虑侵权人的主观意图或者思想状态，侵权人是否须承担侵权责任完全由其客观行为来决定，权利人亦无须证明侵权人存在主观过错，侵权人也不能以其主观无过错来进行抗辩。

四、社交网络服务提供平台的信息网络传播权归责原则

（一）网络服务平台的信息网络传播权侵权认定

1. 著作权侵权归责原则

我国《民法典》规定了两类侵权责任归则原则：一般侵权的过错责任原则和特殊侵权的无过错责任原则。在特殊侵权范畴内，我国法律明确规定了适用严格责任的几种类型，主要基于危险性和控制力两种因素设置具体情形。而这些特殊情况中并不包含网络著作权侵权这一情形。所以包括网络著作权在内的知识产权侵权，虽然与普通侵权行为相比，具有更复杂的技术特点，但是无论在侵权构成还是归责原则上，与一般的侵权责任并无太大差异。换言之，网络著作权侵权仍然适用的是过错责任原则。

2. 直接侵权认定

对侵害著作权法所控制的专有权利而承担的侵权责任与一般民事侵权的构成要件有所差异。我国著作权法所说的直接侵权无须考虑行为人是否具有主观过错。

3. 间接侵权认定

著作权间接侵权是指行为人虽然没有直接实施受某项专有权利控制下的行为，但如果他的行为与第三人的"直接侵权行为"有某种特定的关系，也可以出于公共政策的考虑被界定为侵权行为。

（二）是否适用法定许可

我国《著作权法》规定，使用人可不经著作权人许可而在一定条件下使用享有著作权的作品，但需向著作权人支付报酬的制度属于法定许可制度。法定许可和合理使用制度共同点都是需要使用者标明作品真实来源。

（三）是否适用"避风港规则"

为了规范我国迅速崛起的互联网产业，营造一个相对宽松又能维系著作权人合法权利的发展环境，《信息网络传播权保护条例》对信息网络传播的保护设置了一系列规范。其中第 23 条规定了网络服务提供商的免责条件，在业界被俗称为"避风港原则"。

五、社交网络服务提供平台侵犯信息网络传播权中的帮助侵权认定

（一）帮助侵权

帮助侵权是指教唆、帮助他人实施侵权行为。其特点是侵权人并没有实施直接侵权，而是教唆、引导他人侵权，或提供一些方法帮助他人侵权。

我国《民法典》第 1169 条第 1 款规定："教唆、帮助他人实施侵权行为的，应当与行为人承担连带责任。"

（二）主观过错的判断标准

我国的著作权法中帮助侵权行为的构成要件中的"明知"，显然属于故意的范畴。但对于"应知"，有观点认为，其与"明知"就是过错中两种主观意志状态，即过失与故意的表现形式。

我国侵权相关法律、法规及司法解释等对网络侵权行为进行了规范。在司法实践中，面对海量网络著作权侵权行为，如何界定间接侵权和共同侵权，业界持有不同意见。以下在侵权责任法基础上，分析如何准确认定网络著作权间接侵权行为，以期对化解此类纠纷提供思考和启示。

如何准确认定网络著作权的"间接侵权责任"

在界定著作权侵权行为时，业界有直接侵权和间接侵权两种说法。但是，在我国现有的知识产权法律体系中，并没有明确规定间接侵权，更多的是学理上的表述。

笔者认为，在处理网络著作权领域中的侵权行为时，应从侵权责任法角度对侵权行为的责任进行准确认定。

一、分析侵权类型

在法律规范的设计上，民事权利受到侵犯，通常表现为针对权利客体即民事权益实施的某种侵犯行为，或者根据相关法律规定，针对权利客体实施的某些侵权行为。

我国著名知识产权专家郑成思教授曾将著作权侵权分为直接侵权和间接侵权，并认为间接侵权的含义有两种：一是指某人的行为系他人侵权行为的继续，从而构成间接侵权；二是指某人需对他人的侵权行为负一定责任，而他自己并没有直接从事任何侵权活动。第一种含义中的间接侵权也称为共同侵权。

中国社会科学院知识产权中心主任李明德教授则用了第三人责任来指代间接侵权的责任。所谓第三人责任，是指第三人虽然没有直接侵犯他人的著作权，但由于其协助他人实施了侵权行为，或者由于其与他人之间存在某种特殊的关系，应当由其承担一定的责任。第三人责任主要有帮助侵权和替代责任两种。

笔者认为，李明德教授的观点实际上与郑成思教授所说的关于间接侵权的第一种含义一致，即帮助侵权；而替代责任跟郑成思教授对于间接侵权的第二种定义也是一致的。这说明，在著作权侵权中，间接侵权指的是帮助侵权和替代责任。

还有一些在传统民法上被视为共同侵权的行为，即郑成思教授定义的关于间接侵权的第一种情形，最典型的是教唆或授意他人实施侵权的行为。当被教唆或被授意的人的行为被界定为侵权行为时，教唆或授意者就构成了共同侵权，与被教唆或被授意者构成共同侵权，一起承担连带责任。很显然，这种教唆或授意行为从表面上看并没有针对权利客体本身，或者说其行为指向的对象并不是权利客体本身，但行为的结果会给相关的权利人造成损害，这种协助侵权的情形属于典型的间接侵权。

此外，针对间接侵权的第二种情形，结合上述知识产权领域中两位著名教授的定义，即与他人存在一定的关系，需要对他人的侵权行为承担一定的责任，这就是常说的替代责任的基本内涵。替代责任的情形常常发生在一定的社会关系中，如驾驶员在执行职务过程中对他人造成的损害；被监护人侵权，监护人依法也要承担替代责任等。可见，替代责任本身并不是因为承担责任者直接实施了针对或指向权利客体的行为，而是因为其基于一定的社会关系的存在，且法律明文规定的必须承担由非己方造成的侵权行为责任。

二、梳理法律关系

从间接侵权的视角出发，帮助侵权和替代责任的责任承担者都不是直接的施害者，即没有直接侵犯到权利客体。《民法典》第1169条规定，教唆、帮助他人实施侵权行为的，应当与行为人承担连带责任。在涉及网络用户、网络服务提供者利用网络侵犯他人民事权益时，《民法典》第1194条至第1197条明确规定了两种承担连带责任的情况。

虽然《民法典》中的侵权责任法编中对著作权网络侵权行为的规定并不多，但从现有条款来看，共涉及四个方面的法律关系。

（1）一旦网络用户、网络服务提供者利用网络实施侵犯著作权的行为成立，其必须承担侵权责任。这里并没有明确区分侵权的具体情形。也就是说，网络用户、网络服务提供者，不论是直接侵权还是间接侵权，必然会存在承担侵权责任的情况。

（2）在网络用户已经实施侵权行为的前提下，如若被侵权人通知了相应的网络服务提供者采取必要措施而未果时，网络服务提供者对损害的扩大部分与该网络用户共同承担连带责任。

（3）当网络服务提供者知道用户在利用其网络进行侵犯著作权的行为，没有采取必要措施的，与该用户承担连带责任。根据司法解释的观点，知道包括确知和应知。在笔者看来，确知是基于一般人的常识可以预见的情形，应知则是基于网络服务提供者从业的基本判断，这并没有加重网络服务提供者的责任。

（4）就法律规定来说，间接侵权的第一种情形中的帮助侵权，即在网络用户利用网络实施侵犯著作权的行为时，相应的网络服务提供者，在接到被侵权人的通知时，必须采取必要措施防止损失扩大，否则与该用户一起对扩大的损失部分承担连带责任；当发生用户利用网络侵犯著作权的情况时，网络服务提供者除了要具备一般人的常识，还要从具备专业从业者知识的角度去解决其网络上的用户侵权行为。

三、警惕认定误区

上文对间接侵权的分析，笔者认为，其最重要的意义在于让读者注意到

数字时代网络侵权认定与法律实践

另一种对间接侵权行为的学理界定,即某种行为虽未直接触及权利人的权利客体,但仍然被认定为侵权的情形。一方面,从间接侵权的两种情形出发,帮助侵权与替代责任都并未直接触及权利人的权利客体,但依然是侵权行为;另一方面,间接侵权似乎并没有明确考虑到主观状态,但是从第一种情形的帮助侵权来看,这种帮助应当具有主观上的故意才具备可惩罚性,特别是其单独行为不构成侵犯著作权的情况下,主观要素需要考察。

业界不少人在面对知识产权网络侵权时,常常将思维固定在先界定直接侵权成立且应承担相应的法律责任上,才考虑间接侵权的其他人的法律责任,这其实是一个误区。

首先,间接侵权来自法律规定,无论是否发生了直接侵权都会存在。其次,基于网络用户与网络服务提供者利益共同体的社会关系,当我们无法追究到一个个散落状态的未知用户时,只有通过让网络服务提供者来承担网络用户利用网络实施侵犯作品的行为之替代责任,才是对著作权人最好的保护,才能更好地平衡互联网发展所带来的社会关系。再次,间接侵权作为一种独立的侵权形态,完全符合侵权行为四要件构成要素,即行为人有恶意、实施了法律规定的行为、权利人的利益受到了损害、行为人的行为与权利人的损害之间存在因果关系。最后,间接侵权是以违法作为侵权成立的条件,基于互联网环境下的网络用户与网络服务提供者之间具有天然的共生性。一旦某网络平台出现侵犯作品网络传播权益时,网络服务提供者在法律规定的范围内,承担相应的侵权责任,也是法律调整社会关系的需要。

在笔者看来,对间接侵权的考察更应基于网络用户与网络服务提供者之间的特定关系。这种特定关系反映在著作权网络侵权行为上,主要表现为:网络服务提供者与用户之间具有利益共同体的一致性与共生性。这种提供服务与同意使用之间反映的是市场经济条件下供需双方利益诉求达成一致的结果。任何一种利益诉求都是与一定的社会关系相对应的,而法律正是一定的社会关系的调整者。网络用户通过互联网实现交流信息,分享资源,而网络服务提供者正是满足这样的用户需求,从而实现自己的经济利益。不容忽视的是,互联网健康环境的维护与秩序保持也是经济发展与法制健全不可分割的一部分。

由于互联网是集资源共享与信息传播于一体的虚拟世界，绝大部分用户都分散在世界各地，用户可以不限次数地利用网络向其他用户发送数字化的作品，也可以将作品上传至服务器供其他用户浏览或下载使用。如果法律不对网络环境中的复制和传播行为作出适当的规制，著作权人的经济利益可能会因为其作品无限次地在网络中被复制和传播而受到巨大的损失，从而打击其创作的积极性。因此，利用法律来规制发生在网络上的侵犯著作权的行为，保护著作权人的合法权益，才是包括侵权责任法在内的相关法律法规的重要职责。

因而，从侵权责任法出发，基于间接侵权的相关理论分析，笔者认为，第一，间接侵权不以已经发生所谓的直接侵权为前提条件，只要实施了法律规定的行为，即构成侵权；第二，间接侵权也不以其他人的待续行为构成直接侵权为前提，属于独立的侵权行为；第三，间接侵权更不以找到了直接侵权人为承担责任的前提，更不需要与另一个侵权人一起承担责任。

在法律制度中，惩罚性赔偿作为一种特殊赔偿形式，旨在惩戒侵权行为并保护权利人的合法权益。下文将深入探讨惩罚性赔偿制度的建立、法律规定以及对法律实践的影响，以及法官、律师和学者在其理解和应用中所面临的挑战和解决方案。

关于侵害知识产权民事案件适用惩罚性赔偿的研究

随着互联网的普及和数字技术的发展，著作权侵权行为呈现出多样化、跨境化和隐蔽化的特点，传统的法律手段难以应对侵权行为的挑战，在著作权侵权成本低廉、风险较小的情况下，侵权行为愈发猖獗。随着著作权侵权问题的日益凸显，对保护著作权的需求也愈发迫切。因此，需要采取更加有效的法律手段来应对这一挑战，其中包括建设和完善惩罚性赔偿制度，以加强对侵权行为的打击和防范。

一、惩罚性赔偿制度的法律基础

我国《商标法》在2013年修改时引入惩罚性赔偿制度，标志着我国知识产权领域侵权惩罚性赔偿制度的起步。《商标法》（2013）第63条第1款规定了侵犯商标权的赔偿数额的认定方式，即实际损失、侵权获利、许可使用费倍数等；第2款规定："对恶意侵犯商标专用权，情节严重的，可以在按照上述方法确定数额的一倍以上三倍以下确定数额赔偿。"2019年《商标法》第四次修正时进一步将惩罚性赔偿的倍比提高到1~5倍。2015年修订的《种子法》第73条第3款规定，侵犯植物新品种权，情节严重的可以按照确定赔偿数额的1倍以上3倍以下给予惩罚性赔偿。2017年，《反不正当竞争法》进行第1次修订，该法第17条第3款规定，经营者恶意实施侵犯商业秘密行为，情节严重的，可以按照确定赔偿数额的1倍以上5倍以下给予惩罚性赔偿。2019年10月，国务院颁布《优化营商环境条例》，明确提出建立知识产权侵权惩罚性赔偿制度的要求。2020年《专利法》第72条第1款在列举赔偿数额认定方式之后，明确规定："对于故意侵犯专利权，情节严重的，可以按照上述方法确定数额一倍以上五倍以下确定赔偿数额。"《著作权法》第三次修正后的第53条第1款规定，对故意侵犯著作权或者与著作权有关的权利，情节严重的，可以按照确定赔偿数额的1倍以上5倍以下给予惩罚性赔偿。从上述规定可以看出，惩罚性赔偿制度已在我国知识产权法律领域基本覆盖，并在《民法典》基本条款的指引下形成了一种特殊的赔偿责任体系。2020年11月，习近平总书记在主持十九届中央政治局第二十五次集体学习时强调，"抓紧落实知识产权惩罚性赔偿制度"。2021年9月，《知识产权强国建设纲要（2021—2035）》进一步提出，要构建门类齐全、结构严密、内外协调的知识产权保护法律体系，将惩罚性赔偿制度作为严格保护知识产权的重要制度措施之一。2022年10月，习近平总书记在党的二十大报告中指出："加强知识产权法治保障，形成支持全面创新的基础制度。"《民法典》第1185条对知识产权侵权惩罚性赔偿作出专门规定，明确和统一惩罚性赔偿适用的要件，既为知识产权专门法的相关规定提供了上位法依据，也为司法适用惩罚性赔偿、提高司法裁判威慑力提供了高位阶法律依据。2021年3月,《最高人民法院关于审理侵害知识产权民事案件适用惩罚性赔偿的解释》(法释〔2021〕4号)(以下简称《惩罚性赔偿司法解释》)发布,对侵害知识产权民事案件中惩罚性赔偿的适用条件、赔偿数额计算等作出相关规定。

二、我国知识产权侵权惩罚性赔偿适用现状*

我国知识产权侵权惩罚性赔偿制度的适用现状复杂而多变。首先,知识产权侵权惩罚性赔偿案件的地域分布呈现出一定的集中趋势。重点城市群如珠三角、长三角和京津冀地区,占比达67%,成为侵权案件的主要来源地,这与这些地区的经济活动和知识产权密集程度密切相关。其次,在知识产权侵权案件中,惩罚性赔偿的实际适用率相对较低。案件数量自2019年开始有所增加,但惩罚性赔偿的适用率仍然非常低,仅占千分之一,其中,仅有17%的案件最终支持惩罚性赔偿请求,只有5.48%的案件明确规定了惩罚金的基数及倍数。尽管近年来相关法律法规的完善和司法实践的推动,使惩罚性赔偿案件数量有所增加,但与整体知识产权侵权案件数量相比,惩罚性赔偿案件仍然较为稀少。这一现象可能与证据难以收集、惩罚性赔偿条件严格等因素有关。另外,对于适用惩罚性赔偿的案件,法院的态度和判决结果也存在一定的差异。一些法院对于惩罚性赔偿的判决持谨慎态度,更倾向于采用法定赔偿方式确定赔偿金额。另一些法院则更加积极地支持惩罚性赔偿的主张,体现了对侵权行为的制裁和威慑。此外,当事人在案件处理过程中的举证和证据提供也是影响案件结果的重要因素。一些原告在证据提供方面存在欠缺,未能充分证明损失金额,导致法院难以确定损失事实,进而影响了惩罚性赔偿的适用。

三、知识产权侵权惩罚性赔偿的概念和性质

惩罚性赔偿是一种特殊的赔偿机制,旨在通过对侵权者施加额外的经济制裁,弥补传统赔偿制度的不足,从而实现对侵权行为的惩戒和防止。惩罚性赔偿的赔偿数额超过了受害方的实际损失,具体计算方法和标准一般由法

---

* 罗曼. 知识产权侵权惩罚性赔偿制度的实践检视与体系完善[J]. 法律适用, 2023 (2).

律规定或法院依据案件具体情况进行裁量。

在公法层面，惩罚性赔偿是国家对违法行为进行制裁和惩罚的一种方式。国家通过立法设立惩罚性赔偿制度，明确了侵权行为的违法性质，并规定了相应的惩罚性赔偿金额或倍数，具有明显的公法属性，其设立和实施都是国家权力的表现，旨在维护社会公共利益和秩序。在私法层面，惩罚性赔偿则是对侵权行为的一种民事责任形式。侵犯知识产权的行为首先是对个体权益的侵害，因此受到侵权行为损害的个体有权主张相应的赔偿。惩罚性赔偿则是在补偿性赔偿之外的一种额外赔偿，着重于保护个体权益和私人利益。因此知识产权惩罚性赔偿实际上是公法与私法交织的产物，其性质涵盖了公法功能介入私法领域的特点，以及公私法制度混合的特征，体现了法律的制裁和威慑功能，是对侵权行为的一种法律后果上的制裁性赔偿机制。

知识产权侵权惩罚性赔偿制度在我国法律体系中具有以下独特的法律特征。

（1）制度适用的独立性。知识产权侵权惩罚性赔偿制度是一种特殊的民事责任形式，与补偿性赔偿并存但具有独立的请求权。其适用范围独立于补偿性赔偿，以制裁加害人的不法行为为目的，具有行为规制性。

（2）法定性的适用范围。知识产权侵权惩罚性赔偿制度的适用范围在法律上有明确的规定，涵盖了侵犯知识产权等民事权益的侵权行为。其适用要件和前提在《民法典》和知识产权法律法规中有明确规定，具有法定性。

（3）社会规制性。知识产权侵权惩罚性赔偿制度不仅具有司法制裁效果，还通过激励权利人私人维权，间接实现社会规制。通过对侵权行为的制裁和惩罚，实现对侵权行为的威慑，有助于维护知识产权秩序，提高社会治理效率。

（4）惩罚与威慑功能。该制度的核心功能在于惩罚与威慑。惩罚性赔偿旨在通过对侵权人施加赔偿数额的加倍或倍数的惩罚，对侵权行为进行制裁，从而实现对侵权行为的惩罚功能。同时，该制度也具有威慑功能，通过对侵权人的严厉制裁，对其他潜在侵权行为人起到警示和遏制作用，促使其自觉遵守知识产权法律法规。

四、知识产权惩罚性赔偿与一般惩罚性赔偿的区别

知识产权领域的惩罚性赔偿制度与一般惩罚性赔偿存在明显的差异。

首先，在适用范围上，惩罚性赔偿主要适用于法律明确规定的侵权类型，其中包括侵犯知识产权等民事权益的侵权行为。与一般的侵权责任不同，知识产权领域的惩罚性赔偿并不限于特定的侵权行为类型，而是适用于恶意侵权且情节严重的情况。这与其他私法领域的惩罚性赔偿有所不同，除环境私益诉讼外，例如产品责任、食品安全责任、旅游事故责任等，侵权人与被侵权人之间事先存在基于合同产生的法律关系，违反义务的侵权人多是"应为而不为之"。因为知识产权的侵权行为往往并不涉及预先存在的合同关系，侵权人的侵权行为通常表现为"不应为而为之"。

其次，关于主观要件，侵权人的主观过错是构成惩罚性赔偿责任的重要要件。在知识产权领域，侵权人的主观过错通常表现为故意侵权，即侵权人明知或应知其行为会侵犯他人的权益，但仍然故意进行侵权行为，即"恶意"侵权。相比之下，其他私法领域的惩罚性赔偿可能涉及特定的注意义务，而不仅限于故意侵权。

最后，关于客观要件，知识产权领域的惩罚性赔偿往往以"情节严重"作为客观要件，例如《商标法》《专利法》《著作权法》《种子法》《反不正当竞争法》，均规定以"情节严重"作为惩罚性赔偿责任承担的客观要件。虽然法律对"情节严重"的具体定义并不明确，但通常情况下，涉及严重后果的侵权行为会被认定为"情节严重"，从而适用惩罚性赔偿制度。这与其他私法领域的惩罚性赔偿在客观要件上存在一定差异，产品责任强调"造成他人死亡或者健康严重损害"；旅游事故责任须为"造成旅游人身损害、导致其严重后果"；环境责任则是"污染环境、破坏生态造成严重后果"。

五、适用惩罚性赔偿的具体考量

（一）法律适用

1. 申请条件

根据《惩罚性赔偿司法解释》第1条规定，原告主张被告故意侵害其依法享有的知识产权且情节严重，请求判令被告承担惩罚性赔偿责任的，人民

法院应当依法审查处理。因此，惩罚性赔偿被视为一种额外赔偿方式，依司法解释规定应当依申请而适用。虽不能依职权适用惩罚性赔偿，也可能主要考量惩罚性赔偿最终确定的赔偿额和惩罚幅度太大，按照倍数进行惩罚最终可能导致对侵权企业的苛责太重。《民法典》第179条规定了多种承担民事责任的方式，而惩罚性赔偿则被认定为依法规定的一种特殊赔偿方式。因此，惩罚性赔偿和法定赔偿可以同时适用。例如原告腾讯科技公司、腾讯计算机公司与被告任我行电子游戏机商店侵害商标权及不正当竞争纠纷一案①的惩罚性赔偿部分，对于已查明侵权获利部分，符合适用惩罚性赔偿的条件，法院亦依据原告的申请适用惩罚性赔偿计算方法，确定部分侵权损害赔偿金额，并以4倍作为该案惩罚性赔偿数额的倍数，即惩罚性赔偿数额为11 210元（2802.5×4=11 210）；对于法定赔偿，被告未举证证明侵权商品销售量及进货价，而其网络店铺显示的库存数量为38件。由此可以推定，被告并非仅销售5件侵权商品。未能查明的侵权商品销售量部分，被告的侵权获利不能确定，原告的损失亦因此难以查实。对于不能认定部分的损失，法院适用法定赔偿计算侵权损害赔偿金额。被告主观上具有明显侵权故意，且在原告起诉后，并未停止侵权行为，侵权情节较严重。基于这些因素考虑，法院酌情判定被告对该部分损失赔偿10万元。

2. 适用的主要构成要件

惩罚性赔偿的主要构成要件有两个：一是主观上为故意；二是客观上侵权情节严重。

（1）故意。《商标法》第63条第1款规定："对恶意侵犯商标专用权，情节严重的，可以在按照上述方法确定数额的一倍以上五倍以下确定赔偿数额。"

2019年《反不正当竞争法》修正时，也增加了相应内容："经营者恶意实施侵犯商业秘密行为，情节严重的，可以在按照上述方法确定数额的一倍以上五倍以下确定赔偿数额。"

《惩罚性赔偿司法解释》第1条对知识产权民事案件中惩罚性赔偿的适

---

① （2020）粤0104民初46217号。

用范围，对故意、情节严重的认定等作出了具体规定，明确规定了"故意，包括商标法第六十三条第一款和反不正当竞争法第十七条第三款规定的恶意"①。此三处的恶意与故意表达主观要件是一致的。

但是，《惩罚性赔偿司法解释》第3条规定，对于侵害知识产权的故意的认定，应当综合考虑被侵害知识产权客体类型、权利状态和相关产品知名度、被告与原告或者利害关系人之间的关系等因素。并且列举以下几种情形，可以初步认定被告具有侵害知识产权的故意：①被告经原告或者利害关系人通知、警告后，仍继续实施侵权行为的；②被告或其法定代表人、管理人是原告或者利害关系人的法定代表人、管理人、实际控制人的；③被告与原告或者利害关系人之间存在劳动、劳务、合作、许可、经销、代理、代表等关系，且接触过被侵害的知识产权的；④被告与原告或者利害关系人之间有业务往来或者为达成合同等进行过磋商，且接触过被侵害的知识产权的；⑤被告实施盗版、假冒注册商标行为的；⑥其他可以认定为故意的情形。

司法实践更多是视具体情况综合认定。视听作品侵权纠纷中涉诉视听作品可考虑作品知名度、热度、播放量、侵权范围和权利人预警函、侵权平台推荐作品状况等因素，可以综合认定侵权人的"恶意"；在商标侵权纠纷中，涉诉的商标知名度较高，且被诉侵权标识与商标相同或近似程度很高，侵权的恶意相对明显，则可认定侵权人的"故意"。例如华为诉尚派侵害商标权纠纷一案②，首先，法官认为，华为公司第16844938号"华为"与第14203957号"HUAWEI"商标在智能手机及其配套设备领域享有非常高的知名度和显著性，尚派公司作为销售数码产品的专业销售商，其销售的耳机、云台、手机膜、数据线等商品与手机关系密切，其应当知道该商标。其次，尚派公司通过设置"华为"为搜索关键词，使用"华为云台"的表述，该表述中的"华为"系指华为公司的"华为"商标，故该事实证明尚派公司知道涉案注册商标。再次，尚派公司所谓的"授权书"落款的授权方为"华为科技有限公司"，加盖的却是"华为技术有限公司"的公章，两者不一致，且

---

① 此处所指《商标法》为2013年《商标法》，现行《商标法》规定为1倍以上5倍以下。
② （2021）浙01民初886号。

"华为科技有限公司"为不存在的公司名称。上述授权书属于显而易见的假授权。尚派公司作为从事网络销售的商业主体对授权书的真伪有更好的辨识能力和更高的注意义务,其在知晓授权书属于虚假授权的情况下,仍然将其展示在销售页面,其公司客服在与消费者的沟通中出示该虚假授权,以"华为官方授权"作为产品主要卖点,意在攀附华为公司商誉。最后,尚派公司网络店铺销售的蓝牙耳机产品宣传图片中印有"HUAMEI"标志,该标志对华为"HUAWEI"商标花瓣数量及英文字符作了部分改动,恰恰证明尚派公司在明知其产品并非华为公司正品或授权产品的情况下,以变造商标的方式意图营造产品与华为公司相关的假象,其行为不属善意。综上,尚派公司的行为属于明知侵犯他人商标权但仍然实施的情形,具有主观恶性。

(2)情节严重。《惩罚性赔偿司法解释》第4条规定,对于侵害知识产权情节严重的认定,人民法院应当综合考虑侵权手段、次数,侵权行为的持续时间、地域范围、规模、后果,侵权人在诉讼中的行为等因素。

被告有下列情形的,人民法院可以认定为情节严重:①因侵权被行政处罚或者法院裁判承担责任后,再次实施相同或者类似侵权行为;②以侵害知识产权为业;③伪造、毁坏或者隐匿侵权证据;④拒不履行保全裁定;⑤侵权获利或者权利人受损巨大;⑥侵权行为可能危害国家安全、公共利益或者人身健康;⑦其他可以认定为情节严重的情形。

司法实践中,通常会考虑侵权规模、侵权类型、侵权利润等来认定是否构成情节严重。金某诉百佳经营部侵害专利发明权纠纷一案[①]中,在该案之前,金某曾因百佳经营部销售被诉侵权产品向原审法院提起专利侵权诉讼,后双方达成和解协议,百佳经营部承诺停止侵权并赔偿经济损失及合理费用共计3万元。百佳经营部在经历前案诉讼后,已明知金某系涉案专利权人,也明知其销售被诉侵权产品侵害涉案专利权,但在前案中作出停止侵权承诺并支付赔偿款后,仍然再次销售被诉侵权产品,具有侵权的故意,构成重复侵权,属于《惩罚性赔偿司法解释》第4条规定的"其他可以认定为情节严重的情形"。

---

① (2022)最高法知民终871号。

(二) 以案例探究适用惩罚性赔偿的具体计算方法

1. 关于惩罚性赔偿数额的计算基数及倍数问题

确定惩罚性赔偿数额时,《惩罚性赔偿司法解释》规定:(1)以原告实际损失数额、被告违法所得数额或者因侵权所获得的利益作为计算基数。该基数不包括原告为制止侵权所支付的合理开支。(2)实际损失数额、违法所得数额、因侵权所获得的利益均难以计算的,人民法院依法参照该权利许可使用费的倍数合理确定,并以此作为惩罚性赔偿数额的计算基数。(3)确定惩罚性赔偿的倍数时,人民法院应当综合考虑被告主观过错程度、侵权行为的情节严重程度等因素,因同一侵权行为已经被处以行政罚款或者刑事罚金且执行完毕,被告主张减免惩罚性赔偿责任的,人民法院不予支持,但在确定前款所称倍数时可以综合考虑。

人民法院依法责令被告提供其掌握的与侵权行为相关的账簿、资料,被告无正当理由拒不提供或者提供虚假账簿、资料的,人民法院可以参考原告的主张和证据确定惩罚性赔偿数额的计算基数。

对于原告实际损失的计算,例如市场中流通的商品,实际损失可以等于涉诉产品销量减少的数量×涉诉产品单价×每件涉诉产品的利润率确定损失。原告的证据主要包含涉诉产品销售总数因侵权行为而减少的情况、产品单价因侵权行为而导致的价格下降情况、未来利润率减少的情况、商誉损害后为恢复商誉支付的合理费用等情况。但由于商业经营的利润受到多种因素的影响,证明权利人损失与侵权行为之间的直接因果关系具有一定的挑战性,因此,在实际案件中很少采用基于权利人实际损失的计算方法。

对于被告违法所得数的计算,被告违法所得数可等于涉诉产品销售量×涉诉产品单价×涉诉产品的利润率。原告的证据包括:(1)被告在销售平台公开披露的涉诉产品销售数量,被告多种销售渠道及其加盟商、分店销售情况等以证明涉诉产品销售量;(2)原告购买涉诉产品的价格,被告销售渠道中的标价可证明涉诉产品的单价;(3)原告可以举证销售利润或者营业利润以供法官参考适用,另外还有被告公开披露或自认的利润情况、相同或类似商品行业报告、被告的财务记录、年度审计报告及纳税记录情况。

对于权利使用费及许可费倍数的计算,是相对于正常获得许可的情况而言，对侵权者未经许可从侵权行为中获取更高利润的侵权事实参考权利使用费及许可费倍数予以惩罚。原告的证据包括相同产品的实际履行的合同书、履行款的银行转账记录等付款凭证、洽商过程中的往来证据和发票、同行业的平均许可费标准等。

在知识产权侵权案件中，惩罚性赔偿的确定受到计算方法的限制，但法官在行使自由裁量权时并未受到明确的限制。实际上，涉及财产类损害赔偿金额的确定几乎都依赖于法官的自由裁量。在考量诸如侵权行为的严重程度、受害方的损失程度、侵权者的利润率等因素时，法官享有广泛的裁量权。法官可以依据行业惯例和日常生活经验进行有限推理，合理酌情确定惩罚性赔偿的基数。在这一过程中，证据的重要性不可忽视。法官会综合考虑双方当事人提供的证据，包括侵权行为的性质、严重程度，以及受害方的损失情况等。同时，法官也会考虑到公平与正义，确保惩罚性赔偿的确定不会对任何一方造成不合理的损失。

2. 具体案例

上诉人鑫蓬汇公司、顾阳门厂、周某某与被上诉人盼盼公司、一审被告方某某侵害商标权及不正当竞争纠纷一案[①]，终审判决在赔偿数额的方面的观点是：一审全额支持盼盼公司9500万元侵害商标权的诉讼请求和500万元不正当竞争诉讼请求，最高人民法院认为该结论并无不当，依法予以维持。其中，侵害商标权部分，应按照被告获利适用惩罚性赔偿。第一，关于基数的确定：（1）盼盼公司已经尽力举证，而与被诉侵权行为相关的账簿、资料主要由鑫盼盼公司、顾阳门厂、周某某掌握。鑫盼盼公司、顾阳门厂、周某某一审庭审中明确表示其财务管理很混乱，无规范的财务年报，没有办法准确提供，应当承担举证不能的法律后果。二审期间，鑫盼盼公司虽然提交了2017—2019年的银行流水、对账单等证据，但上述证据仍不足以证明鑫盼盼公司、顾阳门厂、周某某生产销售被诉侵权产品的全部数量及销售金额。在此情形下，可以参考盼盼公司主张的侵权获利和提供的证据确定赔偿数额的计算基数。（2）综合盼盼公司举证，确定该案侵害商标权赔偿数额中的计算

---

① （2022）最高法民终209号。

基数为（0.76＋0.76×1.5＋0.76×1.5×1.5）亿元×7.5％＝2707.5万元。第二，关于倍数的确定：（1）关于侵权故意，周某某与盼盼公司早在2007年产生业务往来，明知盼盼公司"盼盼"字号及涉案系列商标的知名度和影响力，仍然于2016年9月成立鑫盼盼公司，积极寻求受让"鑫盼盼"商标，并将其受让来的"鑫盼盼"商标授权鑫盼盼公司使用，然后由鑫盼盼公司委托顾阳门厂生产防盗门等金属门窗系列产品，开展与盼盼公司相同的业务。（2）"鑫盼盼"谐音为"新盼盼"，具有攀附盼盼公司及其涉案系列商标知名度的故意。（3）周某某在"鑫盼盼"商标无效宣告后仍然指令鑫盼盼公司继续使用被诉侵权标识。（4）公众号短暂更名后又变更回"四川鑫盼盼有限公司"，明显具有侵害盼盼公司涉案系列商标权的故意。关于情节严重的认定，从该案事实看，鑫盼盼公司、顾阳门厂、周某某侵权规模大、涉及区域广、侵权获利巨大，应认定其侵权行为情节严重。综合考虑鑫盼盼公司、顾阳门厂、周某某的主观过错程度、侵权行为的情节严重程度等因素，原审法院依法确定4倍的惩罚性赔偿倍数，并无不当。即按照计算基数2707.5万元的5倍计算，确定最终侵害商标权的赔偿数额：2707.5×5＝13 537.5万元。盼盼公司主张的人民币9500万元，未超出原审法院最终确定的赔偿数额13 537.5万元，应予全额支持。不正当竞争部分，原审法院根据鑫盼盼公司、顾阳门厂、周某某的主观故意程度以及侵权情节严重程度，对盼盼公司要求鑫盼盼公司、顾阳门厂、周某某共同赔偿其因不正当竞争行为造成的损失人民币500万元的请求予以支持，并无不当，亦应予以维持。

在此案中，法院主要考虑以下几点因素：（1）被告的侵权行为。被告在全国范围内开设加盟店、直营店，并通过线上线下宣传和经营，经营规模相当大，这是确定惩罚性赔偿金额的重要考虑因素之一。（2）经营获利情况。被告在侵权行为中获得了巨大的经营利润，计划3年内开设1000家企业馆，销售额达数十亿元，这也是确定赔偿金额的重要依据。（3）侵权行为的严重性和故意程度。被告在侵权行为中存在明显的故意，且侵权情节相当严重，复制、模仿盼盼公司的驰名商标等行为严重损害了原告的商标权益。（4）利润率和市场混淆度。考虑到被告高价定位产品、提高产品价格以获取高额利润，以及侵权行为造成的市场混淆，法院根据行业平均利润率和市场调查结果确定了合理的利润率和混淆度。（5）销售利润额的考量。在确定惩罚性赔偿数额时，法院也考虑到被告销售利润额比例较高，采用销售利润额作为计算基数。

如若原告无法提供实际损失数额、被告违法所得数额或者因侵权所获得的利益及权利许可使用费倍数的相关证据以供法官参考适用，即使在满足适用惩罚性赔偿的条件下，人民法院也不会适用惩罚性赔偿。例如，腾讯公司、腾讯西安公司诉微播公司、闪游公司侵害信息网络传播权及不正当竞争纠纷一案[1]，关于惩罚性赔偿的适用问题，就因实际损失数额、被告违法所得数或者因侵权所获得的利益及权利许可使用费均无法确定，故而人民法院判决不予适用惩罚性赔偿。关于赔偿经济损失的认定问题，法院综合考虑涉案作品类型、自身性质、制作成本、知名程度、权利人权利种类、可能承受损失、预期收益、维权行为、被告侵权行为性质、实施规模、持续时间、主观恶意、可能获益等因素，法院酌情认定网络剧《云南虫谷》著作权人因微播公司实施的侵害信息网络传播权行为，遭受经济利益损失平均每集网络剧为200万元，故经济损失总计3200万元。

六、知识产权惩罚性赔偿制度的重要性、实施情况及影响因素

惩罚性赔偿制度在知识产权保护中具有重要的意义。首先，它能够有效地遏制侵权行为，强化知识产权的保护力度。通过对侵权行为进行严厉的经济制裁，惩罚性赔偿可以使侵权者付出高昂的代价，从而减少侵权行为的发生，维护知识产权的合法权益。其次，惩罚性赔偿能够提高知识产权的价值和市场地位。侵权行为带来的损失越大，赔偿金额就越高，这就为知识产权的合法权益提供了更有力的保障，促进了创新和技术进步。最后，惩罚性赔偿制度有助于营造公平竞争的市场环境。对侵权者进行惩罚性赔偿可以有效地打击不正当竞争行为，维护市场秩序，促进企业间的公平竞争。

然而，实施惩罚性赔偿制度面临一些挑战和影响因素。首先，确定惩罚性赔偿的金额是一个复杂的问题。在实践中，往往难以准确计算出被侵权者的实际损失和侵权者的违法所得，这就给法院裁量带来了困难。其次，法院

---

[1] （2021）陕01知民初3078号。

在适用惩罚性赔偿制度时，需要综合考虑多种因素，包括侵权行为的严重程度、侵权者的过错程度以及市场情况等，这需要法官具备一定的专业知识和裁量能力。最后，惩罚性赔偿制度的适用范围和标准需要进一步明确，以保证其公正、合理和可操作性。

对于法官、律师和学者而言，在实践中理解和应用惩罚性赔偿制度至关重要。他们需要深入研究相关法律法规和判例，掌握惩罚性赔偿制度的适用原则和标准，以便在实际案件中正确运用。同时，法官在裁量时应当充分考虑案件的具体情况，确保赔偿金额的公正和合理。律师则需要为当事人提供专业的法律咨询和辩护服务，帮助他们维护自己的合法权益。学者应当加强理论研究，深入分析惩罚性赔偿制度的理论基础和实践问题，为完善和发展惩罚性赔偿制度提供理论支持和政策建议。通过法官、律师和学者的共同努力，可以推动惩罚性赔偿制度的健康发展，更好地维护知识产权的合法权益。

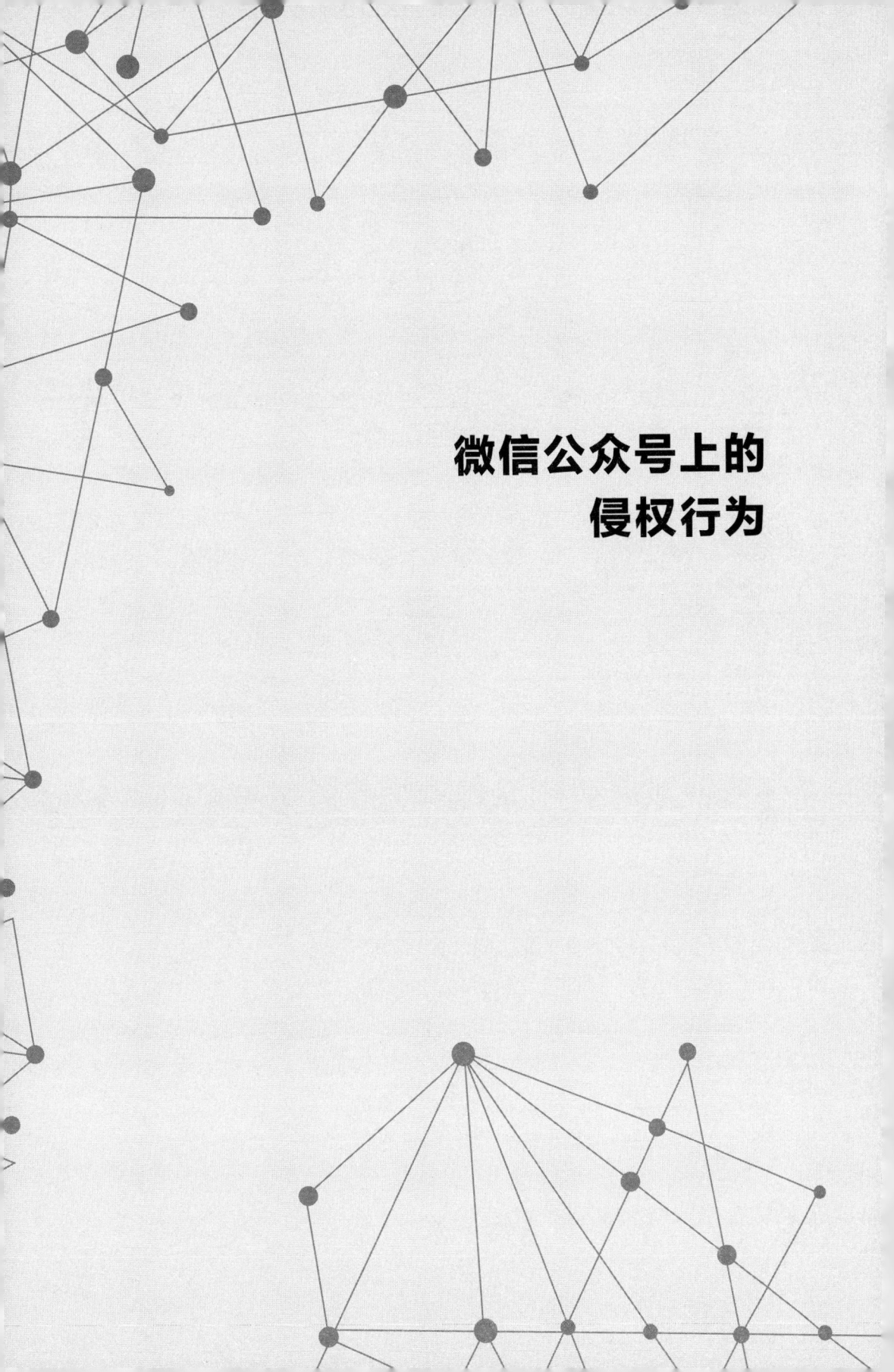

微信公众号上的
侵权行为

背 景

微信公众号的侵权模式

  公众号与小程序都是同一个平台所提供，二者在展示上有相似性。影视作品的权利在公众号或者小程序上被侵害，是公众号出现后的一种新的侵权表现场景。一般表现为，公众号上呈现出涉案影视作品名称、素材、简介等媒资信息，用户通过这些信息了解该公众号或者小程序，然后通过公众号或者小程序提供的路径观看涉案影视作品。公众号一般是影视类别的公众号，吸引属性明显。还有的不如前一种影视标签属性这么强，而是在公众号中的一部分呈现影视作品的播放。通常表现为，公众关注公众号后，在公众号的下方点击链接或者在公众号的文章里点击相关链接进入被直接搭建的网页，在网页上可以直接观看影视作品。此外，还有一些公众号是让粉丝点击相关公众号中提供的链接后进入第三方网页，以实现影视作品的播放。以上两种场景都是公众号的引流方式。很多公众号利用影视资源作为福利，让公众关注，从而达到引流的目的。这样的引流方式可以让这些公众号获得大批量的粉丝，但往往这些公众号对于相关的影视资源是没有取得授权的，由于粉丝基数大，并且现在人手一台智能手机，公众号上播放影视作品给手机用户提供了便利。因为用户在公众号上看免费的影视作品，而造成通过正规渠道观看的影片播放量不会有显著提高，会严重影响影视作品权利人的著作财产权的行使。

> 案 例

以下案例从案件基本信息、案情简介、裁判要旨、争议焦点等方面对微信公众号侵权的判决书进行评析，将司法实践中的焦点问题进行梳理，以期为知识产权的司法保护提供一些思路。

案例一：网络服务提供者对被链网站有"应知"过错，构成帮助侵权

【案件基本信息】

1. 一审：北京互联网法院（2020）京0491民初29183号
   二审：北京知识产权法院（2021）京73民终520号
   再审：北京市高级人民法院（2021）京民申3863号
2. 案由：侵害作品信息网络传播权纠纷
3. 当事人：
原告：北京华视聚合文化传媒有限公司
被告：河南大牛软件科技有限公司
4. 侵权平台：微信公众号平台"大牛优惠购"
5. 涉案作品：电影《攀登者》

【案情简介】

被告在其经营的微信公众号平台"大牛优惠购"上在线播放原告享有信息网络传播权的《攀登者》，该片具有良好的市场反响，以及广泛受众和较高的知名度，拥有较高的商业价值。被告未经原告合法授权在其经营的微信公众号上对涉案作品进行播放，其侵权行为具有明显的主观故意且给原告造成了巨大经济损失。

【裁判要旨】

本案涉及如下焦点问题：（1）原告是否享有涉案作品的信息网络传播

权？（2）被告是否构成侵权？

一审法院认定河南大牛软件科技有限公司（以下简称"大牛公司"）侵害了北京华视聚合文化传媒有限公司（以下简称"北京华视公司"）对涉案作品的信息网络传播权依据充分，判决大牛公司赔偿北京华视公司经济损失20 000元。

二审法院判决驳回上诉，维持原判。

再审维持了一审、二审判决。

【争议焦点】

（1）原告是否享有涉案作品的信息网络传播权？

涉案电影《攀登者》片尾署名显示出品：上海电影（集团）有限公司，联合出品：北京登峰国际文化传播有限公司、上影寰亚文化发展（上海）有限公司、高晟财富控股集团有限公司、北京京西文化旅游股份有限公司、华夏电影发行有限责任公司、大地时代文化传播（北京）有限公司、麦特文化发展（宜恩）有限公司、北京安瑞影视文化传媒有限公司、华谊兄弟电影有限公司、华文映像（北京）影业有限公司、天津猫眼微影文化传媒有限公司、万达影视传媒有限公司、上海阿里巴巴影业有限公司、文投控股股份有限公司、峨眉电影集团有限公司、上海鸣涧影业有限公司、北京二十一世纪威克传媒股份有限公司、上海电影（集团）电视剧制作有限公司、北京酱油熊动漫文化有限公司、奕齐文化传播有限公司、上海邦汇影业有限公司、珠江电影集团有限公司、北京广电影视传媒有限公司、苏州市吴中金融控股集团有限公司、上海天幕星映文化传媒有限公司、华翊影视文化传媒（北京）有限公司、上海柏乐文化发展有限公司。

联合出品方中，除文投控股股份有限公司、华夏电影发行有限责任公司之外，其余25家公司分别出具《授权书》，确认上海电影（集团）有限公司拥有独占专有的除投资协议中约定的投资收益权、署名权以外的与该电影有关的著作权及其他任何权益，授权期限为永久。文投控股股份有限公司、华夏电影发行有限责任公司出具《声明书》，声明仅享有联合出品方署名权。

2019年8月30日，上海电影（集团）有限公司出具《授权书》，将涉案影视作品的独占专有信息网络传播权授予上海电影股份有限公司，授权期限自 2019 年 8 月 30 日起，直至授权作品在中国大陆地区院线首个公映日期满 10 年止。

2019 年 8 月 30 日，上海电影股份有限公司出具《授权书》，将涉案影视作品的独占专有信息网络传播权授予霍尔果斯捷成华视网聚文化传媒有限公司，授权期限自授权作品在中国大陆地区院线首个公映日后第 46 天起，直至授权作品在中国大陆地区院线首个公映日期满 10 年止。

2019 年 8 月 30 日，霍尔果斯捷成华视网聚文化传媒有限公司出具《授权书》，将涉案影视作品独占专有的信息网络传播权授予北京华视公司，授权期限自授权作品在中国大陆地区院线首个公映日后第 46 天起，直至授权作品在中国大陆地区院线首个公映日期满 10 年止，授权区域为中国大陆区域（不含港、澳、台地区）。

除相反证据外，可以根据影视作品上明确标明的权属信息确定著作权人。本案中，原告提供了涉案作品片尾署名截图、授权书等授权链条完整的著作权授权文件，在无相反证据的情况下，原告享有涉案作品的独占性信息网络传播权及维权权利，有权提起本案诉讼。

（2）被告是否构成侵权？

根据涉案影片片尾署名截图、授权文件、有效的公证书等证据查明的事实，大牛公司运营的公众号定向链接特定网站，应对所链接的网站负有较高的注意义务，其未能尽到合理的注意义务，且对外宣传"免费送全网影视会员""会员影视免费看"等，应认定其具有主观过错，且导致了被链接网站上涉案作品被侵权传播和扩散的客观后果，一审法院据此认定大牛公司侵害了北京华视公司对涉案作品的信息网络传播权依据充分，认定正确。大牛公司虽称其尽到合理注意义务，不构成帮助侵权，应适用"避风港原则"等，但未能提供充分有效的证据证明其主张，应承担举证不能的不利后果。

【法律评价】

本案需要调取相关的公众号内容记录、播放记录、主体资格等证据，以证明被告主体资格及侵权事实。律师需要证明被告的侵权行为具有明显的主观过错，即被告在播放涉案作品时存在明知或应知的情况下仍然进行了侵权行为。这可能需要调取被告的宣传材料、行为记录等证据，以证明被告对侵权行为的主观认识和态度。对此，被告可能会提出各种辩护理由，如不知情、合理使用、"避风港原则"等，律师需要针对这些辩护进行有效的反驳和辩驳，以确保案件胜诉。

案例二：网络服务平台不能提供合法的链接网站，构成帮助侵权

【案件基本信息】

1. 一审：北京互联网法院（2021）京0491民初333号
2. 案由：侵害作品信息网络传播权纠纷
3. 当事人：

原告：捷成华视网聚（北京）文化传媒有限公司

被告：光阴故事（大连）文化传播有限公司

4. 侵权平台：微信公众号平台"电影分享会"
5. 涉案作品：电影《新喜剧之王》

【案情简介】

被告在其经营的微信公众号平台"电影分享会"上在线播放原告享有独家信息网络传播权的电影《新喜剧之王》。该片于2019年2月上映，具有比较庞大且知名的制作和演员阵容，并于2019年获得第39届香港金像奖·最佳电影提名奖。据互联网电影资料库（Internet Movie Database，IMDb）统计，其全球票房累计超过6.5亿元人民币，腾讯、爱奇艺等各大平台播放量超过3.1亿次，"猫眼口碑"评分高达8.0分。该影片具有良好的市场反响、广泛受众和较高的知名度，拥有较高的商业价值。被告未经原告合法授权在其经营的微信公众号上对涉案影片进行了介绍和专栏推荐，其侵权行为具有明显的主观故意且给原告造成巨大经济损失。

【裁判要旨】

本案涉及如下焦点问题：（1）原告是否享有涉案作品的信息网络传播权？（2）被告是否构成侵权？

一审法院认定被告未举证该链接目标网站系可以合法提供涉案作品的网站，即使其确实提供了链接服务，但是其存在过错，应承担帮助侵权的责任。

【争议焦点】

（1）原告是否享有涉案作品的信息网络传播权？

2019年1月16日，国家电影局出具电审故字〔2019〕第9号电影公映许可证，影片名称：新喜剧之王，出品单位：中国电影股份有限公司、星辉海外有限公司（中国香港）、上海新文化影业有限公司、阿里巴巴影业（北京）有限公司、浙江横店影业有限公司、安乐影片有限公司（中国香港）、蓝色星空影业有限公司、天津猫眼微影文化传媒有限公司、杭州全景时代文化发展有限公司、北京联瑞影视制作有限公司、大地时代文化传播（北京）有限公司、北京金逸嘉逸电影发行有限公司、上海电影（集团）有限公司、上海蒙查查影视投资有限公司、浙江影视（集团）有限公司、北京乐开花影业有限公司、联瑞（上海）影业有限公司，摄制单位：同上，倡明有限公司（中国香港）。

2019年1月1日，中国电影股份有限公司出具电影《新喜剧之王》电影著作权声明书，内容载明：中国电影股份有限公司（以下简称"中电公司"）是周星驰先生导演的电影《新喜剧之王》（以下简称"该电影"）的共同投资方之一，按投资比例共同拥有分享该电影于全世界的发行收益之所得权益，并已指定中国电影股份有限公司及喇某康分别作为该电影的出品单位及出品人。中电公司现确认星辉海外有限公司根据与该电影开发方之约定，全权负责管理该电影在全球地区的一切发行事宜。中电公司仅此声明："星辉作为该电影的发行方，自2019年1月1日起，至该电影于中国首次公映日起10年期满为止，享有全球地区行使该电影的所有发行权利，包括但不限于以下列出的各项：1. 影院发行权；2. 录影制品发行权……8项权利的转授权。本公司在此声明并认定，除星辉及其书面确认授权的公司、机构、团体或个人拥有该电影在全球范围内授权地区的授权期限内的相关授权外，其他公司、机构、团体或个人放映、发行、播映或传播该电影的行为皆为盗版，属非法行为。星辉有权授权他人对上述该电影的盗版行为追究一切相关法律责任并提起诉讼及享有赔偿权益。"上海新文化影业有限公司、阿里巴巴影业（北京）有限公司、浙江横店影业有限公司、安乐影片有限公司（中国香港）、蓝色星空影业有限公司、天津猫眼微影文化传媒有限公司、杭州全景时代文化发展有限公司、北京联瑞影视制作有限公司、大地时代文化传播（北京）有限公司、北京金逸嘉逸电影发行有限公司、上海电影（集团）有限公司、上海蒙查查影视投资有限公司、浙江影视（集团）有限公司、北京乐开花影业有限公司、联瑞（上海）影业有限公司出具电影《新喜剧之王》电影著作权声明书，内容载明："上海新文化影业有限公司（以下简称'本公司'）是周星驰先生导演的电影《新喜剧之王》（以下简称'该电影'）的共同投资方之一，按投资比例共同拥有分享该电影于全世界的发行收益之所得权益，并已指定上海新文化影业有限公司及杨某华分别作为该电影的出品单位及出品人。本公司现确认星辉海外有限公司（以下简称'星辉'）根据与该电影开发方之约定，全权负责管理该电影在全球地区的一切发行事宜。"

2019年3月9日，星辉海外有限公司向联瑞（上海）影业有限公司出具《授权书》，内容载明："授权方合法拥有授权作品的相关权利且获得周星驰导演就电影《新喜剧之王》的授权负责管理该授权作品在中国大陆地区（不包括香港、澳门及台湾地区）的一切发行事宜，现将授权作品的授权权利以独占专有的形式授予被授权方联瑞（上海）影业有限公司作为指定网络版权发行方，授权性质：独占专有授权；授权作品：新喜剧之王，电影片公映许可证号：电审故字［2019］第（9）号；授权权利：信息网络传播权、维权的权利、转授权的权利；授权期限：自2019年3月9日起，满10年之日（即至2029年3月8日）止。"

联瑞（上海）影业有限公司向霍尔果斯捷成华视网聚文化传媒有限公司出具《授权书》，内容载明："授权方合法拥有授权作品的相关权利，现将授权作品的授权权利以独占专有的形式授予被授权方霍尔果斯捷成华视网聚文化传媒有限公司，授权性质：独占专有授权；授权作品：新喜剧之王，电影片公映许可证号：电审故字［2019］第（9）号；授权权利：信息网络传播权、维权的权利、转授权的权利；授权期限：自2019年3月9日起，满10年之日（即至2029年3月8日）止。"

2020年4月1日，霍尔果斯捷成华视网聚文化传媒有限公司向捷成华视网聚（北京）文化传媒有限公司出具《授权书》，内容载明："授权方合法拥有影视作品《新喜剧之王》的信息网络传播权，现将该节目的信息网络传播权以独占专有的形式授予领权方捷成华视网聚（北京）文化传媒有限公司，授权性质：独占专有的信息网络传播权；授权范围：信息网络传播权以及网络定时播放的权利、录音制品发行权、维权的权利、转授权的权利；授权期限：自2020年4月1日起至2029年3月8日止。独占专有维权的权利期限与授权期限一致。"

除相反证据外，可以根据影视作品上明确标明的权属信息确定著作权人。本案中，原告提供了涉案作品片尾署名截图、授权书等授权链条完整的著作权授权文件，在无相反证据的情况下，原告享有涉案作品的独占性信息网络传播权及维权权利，有权提起本案诉讼。

（2）被告是否构成侵权？

根据原告取证的公证书显示，被告是涉案微信公众号"电影分享会"运营者。原告提供的证据显示，在其发布的文章中搜索涉案影片的名称，跳转至相关位置，并点击下方的链接，即跳转至播放界面，被告未举证该链接目标网站系可以合法提供涉案作品的网站，即使其确实提供了链接服务，但是其存在过错，应承担帮助侵权的责任。故其应依法承担停止侵权、赔偿损失等民事责任。

【法律评价】

本案审理要点主要集中在以下几个方面。

（1）链接的合法性。首先需要审查被告链接的目标网站是否具有播放涉案作品的合法权利。如果目标网站具有合法的播放权或者已经获得原告的授权，那么被告提供链接服务并不构成侵权行为。

（2）被告的过错。如果被告提供的链接指向未经授权的网站或者具有侵权行为的网站，那么被告可能存在过错。在这种情况下，被告未尽到合理的注意义务，未能审查目标网站的合法性，导致了侵权行为的发生。

（3）帮助侵权责任。如果被告提供的链接帮助了侵权行为的进行，即使被告本身并未直接实施侵权，也可能被认定为帮助侵权责任。在本案中，如果链接的目标网站存在侵权行为，而被告提供了链接服务，那么被告可能会被认定为帮助侵权，应承担相应的法律责任。

综上所述，审理要点主要围绕链接的合法性、被告的过错以及是否帮助侵权进行考量。如果被告未能证明链接的目标网站具有合法的播放权或者存在过错，那么被告可能会被认定为构成侵权，应承担相应的民事责任。

案例三：实际侵权人众筹课件分享课程涉及侵权

【案件基本信息】

1. 一审：北京互联网法院（2020）京 0491 民初 35439 号
2. 案由：侵害作品信息网络传播权纠纷
3. 当事人：

原告：北京球斗科技有限公司

被告：郭某

4. 侵权平台：微信群
5. 涉案作品：《球斗竞彩营销课》

【案情简介】

《球斗竞彩营销课》由李某讲授，简介为"一套专门针对线上客户的竞彩营销课，从零教你如何获取、维护、转化海量球迷型玩家"。课程安排显示共包含 23 节音频课程（第一节和最后一节是试听课，实际付费课程是 21 节），前五节课的时长分别为 16 分 07 秒、15 分 38 秒、12 分 36 秒、14 分 00 秒、14 分 20 秒。2019 年 7 月 28 日，李某出具《授权书》，将涉案课程的复制权、发行权、出租权、信息网络传播权等著作财产权以独家许可（专有使用权）的方式授予北京球斗科技有限公司（以下简称"球斗科技公司"）在中华人民共和国大陆地区行使，授权期限为 3 年（2019 年 7 月 29 日至 2022 年 7 月 28 日）。2019 年 7 月 31 日，《球斗竞彩营销课》在原告公众号上发表。

微信名为"红单竞彩￥爱你发彩吧"的用户于2019年8月6日前订购了涉案课程，之后想通过"让大家一起买一份"的方式进行"众筹"，建立微信群"众筹课件学习群"。该用户在该微信群中发布"众筹学习球斗课件，课件1200元已经订购好了，咱们按群里最终人数平摊吧，争取人均十元""我当时冲动订下来想的就是五个月算起一个月两百多元，好像可以""后面觉得其实大家一起买一份不是更好""我直接拿电脑录成视频，到时候大家拿手机直接听就行了"等内容。微信名为"红单竞彩￥爱你发彩吧"的用户委托被告就"众筹课件"事宜在其他群发群公告，并表示没有经验、不知道接下来如何处理，之后于2019年8月6日将群主转给被告，被告在群内发布名为"学费"的群收款（每人20元）。"红单竞彩￥爱你发彩吧"与被告之间的聊天记录显示，2019年8月6日，被告将收取的1200元众筹款项转账给"红单竞彩￥爱你发彩吧"，并于当天下午6点46分将"众筹课件学习群"的群主转给"红单竞彩￥爱你发彩吧"。"红单竞彩￥爱你发彩吧"将其购买的五节课程进行了翻录，并于8月7日将翻录课件发给被告，被告让其自己直接发群里。随后，"红单竞彩￥爱你发彩吧"将上述翻录课件发至"众筹课件学习群"。

【裁判要旨】

本案涉及如下焦点问题：（1）原告是否对涉案作品享有相关的著作权？（2）行为人是否承担侵权责任？

法院依照《著作权法》（2010）第10条第1款、《侵权责任法》（已废止）第6条第1款、《民事诉讼法》第64条之规定，判决如下：驳回原告球斗科技公司的全部诉讼请求。

【争议焦点】

（1）原告是否对涉案作品享有相关的著作权？

2019年7月28日，李某出具《授权书》，将涉案课程的复制权、发行权、出租权、信息网络传播权等著作财产权以独家许可（专有使用权）的方式授予球斗科技公司在中华人民共和国大陆地区行使，授权期限为3年（2019年7月29日至2022年7月28日）。如无相反证明，在作品上署名的公民、法人或者其他组织为作者。结合原告提交的相关证据，可以认定原告经合法授权，取得涉案作品的著作权，有权提起本案诉讼。

（2）行为人是否承担侵权责任？

行为人是否承担侵权责任应考量其是否存在违法行为以及行为人的主观过错。关于被告群内收款行为如何认定的问题，法院认为，本案中，原告所主张的是对涉案作品信息网络传播权、复制权、获得报酬权的侵权。《著作权法》（2010）第10条第1款第5项规定，复制权，即以印刷、复印、拓印、录音、录像、翻录、翻拍等方式将作品制作一份或者多份的权利；第12项规定，信息网络传播权，即以有线或者无线方式向公众提供作品，使公众可以在其个人选定的时间和地点获得作品的权利。《最高人民法院关于审理侵害信息网络传播权民事纠纷案件适用法律若干问题的规定》第3条规定，网络用户、网络服务提供者未经许可，通过信息网络提供权利人享有信息网络传播权的作品、表演、录音录像制品，除法律、行政法规另有规定外，人民法院应当认定其构成侵害信息网络传播权行为。通过上传到网络服务器、设置共享文件或者利用文件分享软件等方式，将作品、表演、录音录像制品置于信息网络中，使公众能够在个人选定的时间和地点以下载、浏览或者其他方式获得的，人民法院应当认定其实施了前款规定的提供行为。根据上述规定，认定行为人是否实施侵害行为的关键在于判断其是否实施了提供行为。案外人为分担购买课程的费用建群的行为及目的，产生于郭某进群之前，且郭某代为收款的行为并无不当。同时，被告并无主观过错。

【法律评价】

本案涉及李某授权《球斗竞彩营销课》给球斗科技公司，球斗科技公司发布该课程于其公众号。一用户在微信群发起了众筹活动购买课程，被告并未主动参与众筹活动，仅在该用户转让群主身份后收取了众筹款项，并向用户转发课程内容。法院认为原告有权提起诉讼，但被告并未实施侵权行为，其行为无不当，不存在主观过错。因此，驳回了原告的诉讼请求。在诉讼之前，律师需要积极与对方进行沟通和协商，尝试达成和解或者其他解决方案。

在诉讼前，律师有责任向委托人阐明可能涉及的诉讼风险。这不仅符合律师的职业道德要求，也是保护委托人利益、确保委托人充分知情的重要举措，是保护律师本人以及律所的重要防线。

（1）全面告知诉讼风险。律师应当在诉讼前向委托人清楚地阐述可能涉及的诉讼风险，包括可能面临的法律责任、诉讼费用、诉讼周期等方面的风险。这种全面的告知有助于委托人充分了解诉讼的后果，从而作出理性的决策。

（2）诚实沟通与建议。律师应当与委托人进行诚实、透明的沟通，向其提供专业的法律建议和意见。在诉讼前，律师可以就案件的强弱、胜诉的可能性、最终结果等方面给予客观的评估和建议，帮助委托人作出明智的选择。

（3）尊重委托人的意愿。尽管律师应当向委托人提供专业的法律建议，但最终的决定权仍然应当由委托人拥有。律师应当尊重委托人的意愿，遵循其指示和要求，不得擅自决定诉讼方向。

（4）保护委托人利益。律师应当始终把委托人的利益放在首位，积极为其争取最大的法律利益。在代理诉讼过程中，律师应当全力以赴、尽职尽责，力求达成委托人的合法诉求。

> **法律实践**

微信公众号和微信小程序的主体确认

作为权利人,如何确定侵权主体是主张侵权索赔的一项重要法律工作。通常情况下,微信公众号的主体信息会展示企业全称、认证时间、统一社会信用代码、经营范围、企业类型、企业成立日期等信息。律师查询主体信息后与该公众号展示的主体信息一一对应,以进一步确认侵权主体,以向该主体主张权利或者确定要诉讼的主体。公众号主体认证意味着已经经过了微信审查,该主体是公众号的运营主体,具有一定的公示效力。在实践中,有的公众号主体会抗辩所涉案公众号并不是自己在运营,而是将自己认证的公众号出借给他人,或者出借营业执照供他人注册公众号,即便如此,一旦发生了侵权行为,在微信公众号认证平台上的认证主体不能证明自己没有过错的情况下,同样需要承担法律上的侵权责任。

服务器标准和用户感知标准的抉择

在公众号上有"真马甲"也有"假马甲",是服务器标准还是用户感知标准依然是摆在审理案件的法官面前的难题。在实践中,公众号播放视频可能会有多个播放按钮,以"载点1、2、3"或"播放源1、2、3"等形式展现,点击后会有多种情况出现,第一种类型是点开后会跳转链接,链接到腾讯、爱奇艺、优酷、搜狐等正版视频网站,并实现视听作品的播放。这种情况下,如何判断公众号平台是否构成对权利人权利的侵害,需要提前了解公众号平台是否与这些大平台有合作关系,我国司法实践统一接受服务器标准,根据服务器标准,提供链接服务存在过错的情况下可以构成间接侵权或帮助侵权,但要以第三方被链接的网站构成直接侵权为基础。如果被链接的网站是合法的传播作品，盗链行为就无法根据服务器标准而受到著作权法的规制。著作权的间接侵权或帮助侵权的认定都必须以直接侵权为前提。在被链接的网站的播放行为本身不构成侵犯著作权的前提下，链接服务自然也难以构成间接侵权或帮助侵权，因此在取证时要选择性点击，若链接的是三无网站进行视听作品的播放，那公众号主体构成侵权，当今视听作品的购买价格非常高，平台为了获得优质的广告投放，达到利益最大化，只会与一些大平台进行合作，不可能与这些"三无"网站合作。这种类型的典型表现为点开后会跳转到一个无效链接，不会播放任何内容，多个播放载点只有一个会成功跳转至第三方网站播放侵权影片，平台就是以腾讯视频、爱奇艺、优酷等正规网站的"死链"来掩盖实际侵权的第三方网站。第二种类型就是点开后未发生跳转，直接将影片储存在自己的服务器中，该种情况是直接侵权的行为，构成直接侵权，这里面也分两种情况：一是所有的播放载点播放的都是储存在该服务器里的同一部影片，二是该公众号在腾讯视频、优酷、爱奇艺等平台开通会员，对相关影片进行录屏，录屏结束后云上传至自己的服务器，虽然标注了播放源是腾讯视频、优酷、爱奇艺，播放时也会显示腾讯视频、优酷、爱奇艺的水印，但播放的还是自己平台服务器内的视频，这种情况下平台的主观恶性更大，侵权结果更为严重。普通观众不会注意到未跳转链接这一点，只会根据标注的播放源为腾讯视频、优酷、爱奇艺以及视频内标注的水印来认为这就是一个正规平台，并且免费观看一些付费影片，会对其产生依赖，不去一些真正正规的平台观看，进而损害权利人的权益。正常情况下一个专门播放影视作品的公众号也应该意识到自己播放的影片可能会存在侵权问题，在公众号下方标注："本站视频收集于网络，如有侵权请发送邮件到……或拨打电话……联系我们"，以此证明自己的平台仅是收集视频，本意不是侵权，减小自己的过错。权利人发现后也能及时与其联系，减小损失。

固定证据的操作方法

在具体的取证过程中，取证时横屏播放和竖屏播放的问题，这个是手机屏独有的，在电脑/电视屏中不存在这个场景。手机横屏时影片画面充斥整个屏幕，有良好的观感，竖屏时影片画面占屏幕的一部分。在取证的时候，存在是横屏取证还是竖屏取证哪个效果好的问题。笔者认为，在取证时没有必要一直横屏或者一直竖屏播放，应当在恰当的时机进行横屏与竖屏的切换，这种切换的取证与证明效果是最好的。因为笔者在取证实践中发现国内电影在影片开始都会有龙标，展示公映许可证，其中文字只占很小一部分，然后就会出现出品方和出品单位，出品方和出品单位可能会有多个，在画面中就会比较密集，字体可能较小，所以在影片刚开始时可以横屏播放，更清晰地展示画面中的文字信息，而片名字体一般都很大，会有一个专门的展示画面，这时就可以切换到竖屏进行播放。国外电影与国内电影不同，出品方会在电影的最后一两分钟内出现，字体都非常小并且只有短短的一两行，因此在影片最后应切换到全屏播放，因为国外的影片的片名都会有中文的译名，横屏还是竖屏可以根据影片的实际情况进行判断。在影片播放过程中可以竖屏播放，同时滑动影片下方的介绍，会有演职人员的信息，展示了主要演员的姓名以及照片，影片播放时主演的画面也能与下方演员的照片相匹配，截屏时也能截到同一张图片里，并且在播放的过程中也可以查看影片简介、讨论等更多信息。

值得注意的是，在对影片进行横屏竖屏的切换时，截屏也要尽可能截到更多信息，目前所有的平台播放影片模式基本相同，单击屏幕，下方会展示影片的进度条，左上角有返回按钮，旁边就是影片的名字，在一些比较正规的平台右上角还会有分享、投屏等按钮，双击屏幕，除了会展示上述信息，还会暂停播放，若双击暂停后画面中央有广告弹出，对此进行截屏用以证明其通过在影片中植入广告的方式来获利，以证明侵权主体对侵权责任的过错程度高。截屏时最好是双击暂停后再进行截屏，比如说对片名进行截屏，暂停后可以显示进度条，记录了该影片的片名位置，取证结束后可以对截取的片名截图进行归纳整理，制作表格标注每部影片片名出现的时间点，这样可以在后续的取证过程中借助该表格快速确定片名的位置，提高取证效率。暂停时左上角返回键旁边的影片名字还可以与影片画面和下方电影简介的电影名字一一对应，证明我们取的就是这部影片，并且在对出品方进行截屏时也能与其呼应，将影片名称和出品方截在一个图当中，相较于以前展示了更多信息，影片名称和进度条也只是占上方和下方很小一部分区域，对出品方信息也不会造成任何遮挡。暂停后再截屏还有一个好处就是截屏的时间更容易把握，有足够的时间进行操作，无论是下拉手机屏幕点击截屏按钮进行截屏还是滑动手机屏幕进行快捷截屏，时间上都难免会有误差，虽然对影片内容的截屏影响不大，但是片名这种持续时间短又非常关键的画面一旦错过就必须往回拉进度条重新截屏，影响取证效率。

视听作品的取证中，为了更好的观影效果以及服务器、CDN、屏幕等原因，视听作品的提供者会提供不同帧数的内容介质，所以在播放过程中影片的清晰度选择也可以在取证过程中进行展现，影片一般分为1080p、720p和480p，有多个清晰度可以选择的情况下其播放量会比只有一种清晰度的播放量更高，平台为了保证其影片的播放质量，使影片有更好的观感，一般都会选择默认的1080p的清晰度，清晰度越高，其消耗的流量就越多。但是并不是所有的人都是在有Wi-Fi的条件下进行观看，用移动运营商所提供的流量观看的人群在观影时也会考虑到自己流量消耗的问题，若平台做的工作足够多，有720p和480p的选项可供选择，那么观看的人群就不会因为1080p所要消耗的巨额流量而放弃此观看，进而选择720p或者480p的清晰度观看影视作品。取证过程中，在用流量播放时也会提示播放影片将消耗多少流量，而律师也是用流量进行取证，也能对所需要消耗的流量进行展现。清晰度的切换不同于播放源的切换，切换清晰度是在该影片当前的播放进度上切换为720p或者480p，不会破坏影片播放的连续性。

尽管多展示影视作品信息取证的速度相对较慢，但是取证的质量相比以前会有很大的提升，之前在展现片名和出品方后观看一段影视作品然后拖动进度条，时间一长会让取证人感到无聊，难免分心，而在播放过程中进行横竖屏播放和清晰度的切换，以及对下方与影片相关信息的不断查看，可以让取证人有事可做，更有利于集中注意力，在法庭上对证据进行展示时也可以让法官看到取证人取证的用心程度，从而在内心更偏向于取证人。

理论研究

互联网似乎就是连接与链接，"链接"看似微不足道，却在知识产权领域掀起了一场风暴。探讨链接在微信公众号侵权中的角色，或许能揭示法律界对这一新领域的认知与应对之道。

链接服务提供者行为的侵权认定

一、浅层链接和深层链接

浅层链接指的是对第三方网站首页或其他网页的链接，用户点击链接之后会跳转到被链接网页，脱离设链网站，浏览器地址栏显示的是被链接网页的地址。深层链接则是将被链接对象的网址隐藏在设链网站中，用户在访问被链接内容时不脱离设链网站，无法感知链接行为，浏览器地址栏不显示被链接网页的地址。在浅层链接中，用户明确知晓从设链网站跳转至被链接网站，而在深层链接中，用户可能并不知晓自己已进入被链接网站，因为页面初次下载时已自动获取了所链接信息。深层链接往往是直接链接到被链接网站的具体内容页，绕过了被链接网站的首页，用户可能无法感知链接的存在。

涉及深层链接的侵权行为的认定标准引发了一些争议，其中主要涉及服务器标准和用户感知标准两种不同的观点。

（1）服务器标准。根据服务器标准，侵权行为的认定应以作品实际存储地址为标准。换句话说，作品存储在哪个网站的服务器上，就认定哪个网站是作品的提供者，承担侵权责任。于是，服务器标准是在涉及侵权行为认定时常被法律界和司法实践所参考的一个标准。按照服务器标准，如果涉案侵权作品并未存储在设链网站的服务器上，设链网站通常不会被认定为直接侵权者。这一原则的适用主要基于以下几个方面的考虑。第一，物质实体的存放位置。服务器标准的核心在于依据侵权作品的实际存储位置来判断责任归属。如果侵权作品并不存储在设链网站的服务器上，而是存放在其他第三方服务器上，设链网站并没有直接控制侵权内容的存储和传播，因此通常不会被认定为直接侵权者。第二，控制能力的限制。设链网站通常无法直接控制第三方服务器上的内容存储和传播，因此其在侵权行为中的主观故意或直接行为受到限制。依据服务器标准，直接控制侵权内容存储的一方才会被认定为直接侵权者，而设链网站在这种情况下通常不具备直接控制能力。第三，技术实现的难度。在互联网环境中，深层链接技术的实现通常不需要将被链接的内容实际存储在设链网站的服务器上。深层链接主要通过技术手段实现，而不需要将被链接内容的实际资源存储在设链网站上。因此，即使设链网站提供了深层链接，但实际上并未存储侵权作品，其不应被认定为直接侵权者。

（2）用户感知标准：用户感知标准是以普通用户的主观感受为标准，用户认为是哪个网站提供了作品，就认定该网站是作品的提供者。按照这种标准，侵权行为的认定更多地考虑了用户的主观感受和行为，但也容易受到用户主观认知的局限性和不确定性的影响。因此，这种标准在实践中可能存在一定的主观性和模糊性，导致侵权行为的认定较为困难。

从浅层链接与深层链接在侵权认定上存在明显的区别角度来看，浅层链接通常指的是点击链接后会跳转至被链接网站的首页或其他特定页面，用户在跳转后能够清晰地知道自己正在访问的是被链接网站，因此通常不会被认定为直接侵权。相反，深层链接则将用户直接引导至被链接网站的特定页面，而不是首页，使得用户在访问过程中很难辨认出自己已经跳转至其他网站。深层链接的特点在于用户无法直接感知到链接的跳转，因此被认为是一种"隐藏"链接形式。正是深层链接这一特性，因此权利人通常会认为深层链接导致了其作品被未经授权地传播，进而引发侵权争议。综合来看，对于深层链接侵权行为的认定，需要在综合考虑作品存储情况、用户主观感受和实际情况的基础上进行判断。在实际司法实践中，对于深层链接侵权行为的认定标准之争仍在持续。一些法院倾向于采用服务器标准，因为它更具客观性和明确性，有利于维护知识产权的合法权益。但也有一些法院更倾向于用户感知标准，认为应更多地考虑用户的主观感受和行为。

二、司法实践观点总结与归纳

（1）通知处理及时性。设链网站收到权利人有效通知后未及时断开链接或采取其他合理措施的，可能因具有明知的过错而被认定构成间接侵权。

①法律义务与合理注意义务。设链网站作为互联网服务提供者，有义务及时处理侵权通知，并采取必要的措施以防止侵权行为继续进行。这一义务被视为其合理注意义务的一部分，即在知晓侵权行为后，设链网站应当采取合理的行动以制止侵权。

②通知的有效性与确认。为了被认定为有效通知，权利人发送的通知必须满足一定的法律要求，如包含特定的信息内容、以书面形式发送等。设链网站在接到通知后，有责任确认通知的有效性，并在确认有效后尽快采取相应的措施。如果设链网站未能及时确认通知的有效性，导致未能及时处理侵权行为，可能会被认定为构成明知的过错。

③及时断开链接或采取其他合理措施。设链网站收到有效通知后，通常应当立即采取必要的措施以防止侵权行为的继续发生。最常见的措施是断开涉案链接，以防止用户继续访问侵权内容。除了断开链接，还可以采取其他合理的措施，如封锁侵权内容的访问、删除侵权内容等。

④明知的过错认定。如果设链网站在收到有效通知后未能及时断开链接或采取其他合理措施，且其知晓侵权行为的存在，可能会被认定构成明知的过错。在侵权责任认定中，明知的过错通常被视为构成间接侵权的重要因素之一，设链网站因此可能会被追究相应的法律责任。

综上所述，通知处理及时性对于设链网站来说至关重要。及时确认通知的有效性，并采取必要的措施以防止侵权行为的继续发生，有助于设链网站避免因明知的过错而被认定构成间接侵权，从而保护其合法权益，同时也有助于维护权利人的权益和维持网络秩序。

（2）设链行为的审核义务。设链网站未尽到合理注意义务，如主动设链至明显设链网站作为提供链接服务的互联网平台，在进行设链行为时应当承担审核义务，以确保其行为符合法律规定，并不侵犯他人的合法权益。以下是关于设链行为审核义务的展开论述。

①合理注意义务。设链网站应当以合理注意的程度对其设链行为进行审核。这包括但不限于审查被链网站的内容是否涉嫌侵权、被链网站是否具有合法的备案情况等。合理注意义务要求设链网站在设链之前进行一定的尽职调查,以确保设链行为的合法性和正当性。

②主动设链至明显侵权网站。如果设链网站主动将链接设置至明显侵权的网站,即使未收到权利人的通知,也可能被认定构成间接侵权。这是因为设链网站在进行设链行为时应当对被链网站的内容进行审核,并避免与侵权行为相关的网站进行链接。如果设链网站选择主动链接至明显侵权的网站,其可能会被认定为具有过错行为。

③审核被链网站的备案情况。根据我国相关法律规定,网站在进行信息发布前应当进行备案登记,取得相应的许可证等。设链网站在进行设链行为时,应当审核被链网站是否具有合法的备案情况。如果被链网站未进行合法备案,可能存在违法行为,设链网站应当避免与其进行链接,以免涉嫌间接侵权。

④应知的过错认定。如果设链网站未尽到合理注意义务,例如未审核被链网站的备案情况或者主动将链接设置至明显侵权的网站,可能被认定构成应知的过错。在侵权责任认定中,应知的过错通常被视为构成间接侵权的重要因素之一,设链网站因此可能会被追究相应的法律责任。

综上所述,设链网站应当充分认识到自身在设链行为中的审核义务,并且按照合理注意的标准进行审核,避免将链接设置至侵权网站或未备案的网站,以避免涉嫌间接侵权,并保护自身的合法权益。

(3) 合作协议和合法授权。如果设链行为是基于与权利方的合作协议或合法授权,可能不构成侵权行为。合作协议是设链网站与权利方之间达成的书面协议,用于规范设链行为的合法性和合规性。通过签订合作协议,设链网站可以获得权利方的明确授权,以便进行设链行为。合作协议通常会约定设链的具体条件、范围、时限等,明确双方的权利义务,有效规范设链行为,降低侵权风险。

①合作协议和合法授权的证明。设链网站在进行设链行为时,应当妥善保存与权利方达成的合作协议或者合法授权文件,并且可以在必要时提供给

有关部门或者权利人进行核查。合作协议和合法授权的证明对于设链网站来说具有重要的法律意义，可以有效保护其合法权益，降低法律风险。

②责任分担和合作机制。合作协议通常会明确设链网站和权利方之间的责任分担和合作机制，包括侵权责任的承担、通知处理机制、争议解决方式等。通过合作协议，设链网站和权利方可以建立起良好的合作关系，共同维护版权利益，确保设链行为的合法性和合规性。

综上所述，合作协议和合法授权在设链行为中具有重要的法律意义，可以有效规范设链行为，降低侵权风险，保护设链网站的合法权益。设链网站应当重视与权利方的合作协议，确保设链行为的合法性和合规性，避免侵权责任的发生。

（4）不同裁判观点。裁判观点存在差异，有的法官认为设链至知名网站不构成侵权，有的认为知名平台免费播放影视作品属于侵权可能性较大，还有法官认为设链至正规视频网站并未构成侵权。

因此，对于深层链接侵权行为的认定，需要考虑多种因素，包括链接的性质、设链网站的审核义务、通知的处理及时性等，以及具体的裁判观点和司法实践情况。

以下列举两个相关案例。

相关案例1：宿州某网络科技有限公司、北京某文化传媒有限公司侵害作品放映权纠纷案[①]。在此案例中，宿州某网络科技有限公司被指控侵犯作品《羞羞的铁拳》的放映权。法院根据影片播放页面显示的 IP 地址及链接的服务器主机地址等相关信息进行分析，认定用户在微信公众号上搜索并点击播放影片时，实际上是通过技术手段获取了《羞羞的铁拳》在某 TV 网站的播放地址，并在微信公众号提供播放服务。然而，法院发现涉案影片并非存储于宿州某网络科技有限公司经营的微信公众号的服务器中，而是来源于某 TV 网站。宿州某网络科技有限公司仅提供搜索、转链接等服务，并未直接提供影片的播放源。因此，法院认定宿州某网络科技有限公司在此案中并未构成侵权行为，也无明知侵权并帮助侵权的情节，因此不承担侵权责任。

---

① （2021）皖民终87号。

相关案例2：北京某文化传媒有限公司、福州某智能技术有限公司侵害作品信息网络传播权纠纷案[①]。在福州某智能技术有限公司经营的公众号"太阳折扣网"上设置了小说电影模块，用户可以通过该模块点击链接至名称为《Furious 7》的页面进行电影播放。然而，在播放涉案电影的过程中，并未离开涉案公众号平台。北京某文化传媒有限公司未对福州某智能技术有限公司构成帮助侵权提出，且从时间戳取证保全的过程中显示，涉案影片的播放页面注明了播放源来自某TV。经过核查，涉案视频内容并非存储在福州某智能技术有限公司的服务器中，而是通过第三方解析程序设置深层链接获得，真正的播放源来自某TV平台。由于福州某智能技术有限公司仅提供深度链接网络服务，并未构成直接侵权行为，且未提供证据证明某TV平台存在侵权行为。因此，法院认定福州某智能技术有限公司已尽到合理的版权注意义务，其行为不构成帮助侵权。

三、相关法律及法律适用

《最高人民法院关于审理侵害信息网络传播权民事纠纷案件适用法律若干问题的规定》（法释〔2012〕20号）第3条第2款规定："通过上传到网络服务器、设置共享文件或者利用文件分享软件等方式，将作品、表演、录音录像制品置于信息网络中，使公众能够在个人选定的时间和地点以下载、浏览或者其他方式获得的，人民法院应当认定其实施了前款规定的提供行为。"结合举证责任，原告需要提供足够的证据来证明被告的侵权行为，而被告则有权提出相反的证据或进行辩护。在证明涉案作品被上传到网络服务器或置于信息网络中的过程中，原告可以提供相关的技术信息，如上传记录、服务器日志等证据，证明被告实施了提供行为。被告可以提出反驳证据，如证明其并未上传或设置共享文件，或者提供证据证明其并非直接进行了上传行为。根据法律规定和相关司法解释，法院会根据证据的充分性和可信度来判断被告是否实施了提供行为。

该规定第6条还规定，原告有初步证据证明网络服务提供者提供了相关作品、表演、录音录像制品，但网络服务提供者能够证明其仅提供了网络服

[①] （2020）闽民终1850号。

务且无过错的，网络服务提供者才可不承担侵权责任。在该规定第 4 条关于分工合作共同提供作品的行为判断中，网络服务提供者要证明其"仅"提供了链接服务，才能否认其与他人构成共同侵权。

浅析"深层链接"式信息网络传播行为的侵权性质

结合近年来在法律实务中遇到的问题，发现伴随着互联网技术的不断发展，关于各个视频应用的链接与聚合应用平台所采用的"深层链接"聚合行为所引发的法律争议无疑成为近期及未来很长一段时间内的热点话题。

不可否认的是，视频链接聚合应用平台的应用方式及其经营者的行为定性以及由此引发的法律责任的认定等争议有其发生的必然性，这涉及知识产权保护制度的精神价值延伸，也关乎法学理论及实务界在面对互联网技术日新月异变化的同时，该以怎样的立场及认知角度去面对知识产权保护的新困境。但综观我国现有的法律法规，对相关争议的认识与界定并没有形成统一的明文规定，司法实务更可谓莫衷一是。要为不断发展的司法实务提供审判裁量标准的前提是，从法理上对视频"深层链接"聚合应用平台所涉及的相关理论进行梳理并澄清，才能更好地指导司法实践。

由此，视频"深层链接"聚合应用平台的应用方式及其经营者的行为是否侵犯了著作权人的信息网络传播权呢？学者对这个问题看法不一。实践中对此问题的看法也主要集中在适用"服务器标准"还是"用户感知标准"来判断侵权与否。但在笔者看来，所谓的"标准"也只是特定语境下的认知裁量标准。在新的互联网技术蓬勃发展的当下，为了更好地保护著作权人的合法权益，我们更应该站在权利保护的高度，突破由于技术发展带来的对权利人保护滞后与不足的困境。

一、对"信息网络传播权"定义的法条解读

我国《著作权法》第 10 条对"信息网络传播权"的定义是：以有线或者无线方式向公众提供，使公众可以在其个人选定的时间和地点获得作品的权利。从法条文字用语来看，其很显然来源于 1996 年《世界知识产权组织版

权条约》（WCT）第 8 条的后半部分①。因此，对"信息网络传播权"的理解，必须结合 WCT 第 8 条的内容。

从 WCT 第 8 条的内容看，我们至少可以解读出以下几点重要的信息。

一是信息网络传播权的权利主体所享有的是一项专有的权利。何为"专有"？从知识产权的权利属性上来说，它的专有性体现出极强的人身属性，从而衍生出依托于权利主体所产生的财产专有权利。也就是说，它并不在于确认权利人自身去积极行使某项自由，而在于控制他人可能行使的某种特定行为。这种控制他人行为的权利在一定程度上甚至强于权利人自身去积极行使该权利以获得财产收益。正如唐广良教授所言："从知识产权制度上说，权利并不仅仅是权利人用来实现自身利益的力量，其更主要的功能是阻止其他人获得利益，而且这种阻止或禁止包括不允许其他人利用其通过自身努力获取的成果。"②因此，任何他人非法利用其通过自身努力获取的来自他人的知识产权成果，都已经属于侵犯知识产权人的权利的行为，包括通过自身努力实质使用未得到权利人许可的知识产权的成果。二是权利人有自由授权他人使用该成果的方式、途径和权限大小。从 WCT 第 8 条的内容定义看，"以有线或无线的方式向公众传播"是著作权人选择向公众传播其作品的现有的、可描述的具体传播方式，但并没有明确排除且也不可能排除在未来随着科技的发展会产生任何其他的可能方式。此外，后半部分"包括将其作品向公众提供，使公众中的成员在其个人选定的地点和时间可获得这些作品"还说明了公众在自由获得该作品时不受时间和地点的约束，但仍然是在著作权人授权允许的可控范围内。也就是说，我国《著作权法》在引用该条约后半部分来定义"信息网络传播权"这一法律术语时，是无法脱离该完整语句的前半部分的，即无论何时，信息网络传播权涉及对相应作品的使用不能绕过权利人的允许，让未获得授权的行为人控制作品的传播使用。一旦未获得授权而使用就脱离了著作权人的有效控制，该部分权利的行使必然会扩大著作

---

① WCT 第 8 条的标题为"向公众传播的权利"，其内容为："文学和艺术作品的作者应享有专有权，以授权将其作品以有线或无线方式向公众传播，包括将其作品向公众提供，使公众中的成员在其个人选定的地点和时间可获得这些作品。"

② 唐广良. 知识产权制度对民事立法的几点启示 [J]. 知识产权, 2017 (10).

权人控制其作品传播的范围和影响的能力，造成不可控制的影响。

简单来讲，当作品的信息网络传播权不再按照著作权人授权的方式、途径和在相应的权限范围内行使，著作权人对其作品享有的相应权利将失去控制，进而附之于作品的知识产权其他的权益将无法得到保证。

二、视频"深层链接"聚合应用平台的应用方式及其经营者的行为定性

传统意义上的链接，即所谓"浅层链接"是指对第三方网站的首页或其他网页的链接。用户点击该链接之后会直接进入第三方网站，从而脱离原设链网站。此时，用户的浏览器中显示的是被链接的第三方网站的网址，公众此时获得的所有关于作品的信息均来自被设链的网站。而"深层链接"则是对第三方网站中存储的文件的链接。用户在点击该链接之后，就可以在不脱离原网站播放系统的情况下直接实质性地使用被设链网站的作品信息，包括直接在线播放欣赏或者提供离线下载、缓存等实质性获得作品的便利。

那么视频"深层链接"聚合应用平台对第三方网站中的作品文件设置"深层链接"的方式是否构成对信息网络传播权的侵害呢？在笔者看来，判断一种行为是否构成侵害作品信息网络传播权，从法理上讲，最主要的标准就是该行为主体是否具有行使该权利的正当性。当然，这里的正当性涵盖了合法性的应有之义。

在笔者看来，权利的正当性是权利本身所毋庸置疑的，如果是权利所有者去行使属于自己的合法权利，包括自己使用以及授权他人合法使用，当然具有正当性。但如若该权利的行使脱离了权利人的控制，使该权利行使的界限逾越了它应有的边界，则该权利行使的正当性则会随之丧失。

很显然，视频"深层链接"聚合应用平台在对第三方网站的作品设置"深层链接"的时候，直接在自己的网站系统内呈现了第三方网站的作品内容，与被设链网站在为其对应的用户提供该作品时并没有任何区别，目的都是使用户在自己所属的系统平台上完整获得该作品，这与传统的链接存在天壤之别。

如果这样的方式合法，则就意味着任何设链网站都可以通过设置"深层链接"的方式在自己所属的平台系统内使用存在于第三方系统平台内的作品，而无须再花费大量的成本去购买、筹划自己的平台建设。甚至有些设链网站为了吸引用户而直接进行关键词搜索、打分推介、略去广告等手段，直接使用未经授权的存在于第三方平台的作品内容，长此以往，对视频行业的生态环境必然会造成不可估量的破坏。正如有学者指出的那样："深度链接不是一种正常的链接行为，它是对他人视频网站中影音文件的直接链接，用户点击后不经跳转程序，即可以一键式直接打开第三方网站的视频作品，因而从网络用户角度，这种行为实质上就是直接向公众提供作品的行为。"①

这样，从被设链网站系统的角度，毫无疑问会减少相应的用户访问量，减少广告收入，进而会对其网站系统运营带来一系列的不利影响。从长远来看，必然会对整个视频行业的发展带来不利的影响。

三、视频"深层链接"聚合应用平台侵权的认定标准

从我国《著作权法》第 10 条和 WCT 第 8 条的内容看，都使用了"向公众提供"的字眼。而"提供作品"显然是一种事实描述，这种状态的存在并没有明确界定行为实施者到底是采用何种方式去呈现作品的。所以，"提供作品"仅仅是一种针对作品本身为公众所获得、被实际使用的可能性的状态描述。将作品上传至向公众开放的服务器，当然能够导致作品处于可为公众所获得的状态；此外，不可否认的是，类似像视频"深层链接"聚合应用平台这样的，未经允许将来自网络的视频链接定向搜索聚合到自己的系统平台中，通过人工编辑和机器排序等方式进行选择、编辑、修改、推荐，呈现在聚合平台上，显然也是一种导致作品处于可为公众所获得的状态，并且这样的呈现状态由于脱离了权利人的控制，会更大程度上加剧作品信息网络传播权的扩散，使得权利人的合法权益处于一种无力保护的不安全状态。

换言之，在权利正当行使的语境下，"提供作品"的行为实施者如果是在正当行使自己的权利，即原始地或得到合法授权地通过合法途径将作品上传至向公众开放的服务器，使用户得以在其自由选择的时间和地点去获得该作品，自然是一种合法的信息网络传播的状态。但相反地，在权利非正当行使的语境下，"提供作品"的行为实施者通常是在其运营的系统平台上设置

---

① 徐松林. 视频搜索网站深度链接行为的刑法规制 [J]. 知识产权，2014 (11).

专门播放作品的栏目版块，引导用户通过使用其系统平台进行播放、观看、评论等传播行为，很显然具有直接使用相关影视作品的主观故意，也就产生了非原始地有权或得到合法授权但依然实质性使用该作品的情况。这种使用的权限显然是脱离了权利人的许可，也让真正的权利人对所享有的作品丧失控制力。

从近年来司法实践中出现的视频"深层链接"聚合应用平台涉嫌侵犯信息网络传播权的相关案例来看，聚合应用平台经营者一般都有以下几点共性。

（1）通过有意识的技术加工，形成了与设链网站的深层次对应关系，使用目的十分明确，即直接向用户完整地呈现作品的内容。用户通过其视频"深层链接"聚合应用平台就可以实现播放定向链接的视频内容，如同前台和后台的服务关系，已经远远超出中立的技术服务提供的界限，且没有获得涉案作品的权利人的合法授权。

（2）直接在其系统平台上对涉案作品进行加工使用，使用方式明显。一般来讲，涉案影片在视频"深层链接"聚合应用平台上对所有用户开放并允许大众观看并提供下载，所有的用户可以直接通过系统平台实现播放和下载涉案影片的目的。这种可以对内容进行主动选择的使用，显然是有人为的技术操作成分，在技术属性、链接目的、控制能力上都已经不符合传统的技术中立的说法了。

（3）具有对涉案影片自由选择链接与否的意志与能力。视频"深层链接"聚合应用平台的经营者一般可以自如地选择是否对被链网站的视频内容进行链接，是一种有意识的选择行为，如此自如地将被链接网站的内容呈现在自己所有的系统平台里，保留涉链网站的全部内容，是名副其实的内容提供者。

故从表面上看，正如视频"深层链接"聚合应用平台的经营者一般所辩解的那样，他们提供的似乎是一种传统的提供搜索链接的行为，一般公众也有可能会对其是否真正地跳转到了第三方平台并不在意，因为对于绝大部分用户来说，他们使用视频"深层链接"聚合应用平台的目的只有一个，那就是获得作品内容，实现播放欣赏、下载使用的目的。但这些系统平台实质上使用了被链网站的网盘、带宽资源，在自己的页面中直接提供涉案作品，是一种直接的内容服务提供方式。他们有技术、有能力通过人为的技术干预对设链的作品进行链接与否的选择，而这些已经完全符合《民法典》中关于侵权责任的认定标准。一是主观上是有目的的主动选择、无偿使用来自他人的合法视频资源的主观恶意；二是客观上是利用"深层链接"技术实施了绕过被链接网站的主页，定向播放并提供下载内容的行为；三是对被链网站实施了"实质性替代"，对用户易造成作品相关权属的误认与混淆，增加设链的交易机会，对涉案作品的权利人及其所占市场份额及用户资源造成明显损害；四是损害行为与损害结果之间具有明显的因果关系。因此，当视频"深层链接"聚合应用平台经营者的权利行使不正当时，是一种直接提供内容服务的侵权行为。

此外，最为重要的一点是，判断一种行为是否构成侵权，应以《民法典》第1165条为基础，从行为、过错、损害后果、因果关系四要件综合分析，而不是以《信息网络传播权保护条例》第23条规定的"避风港原则"来进行反推，认定是否侵权。"避风港原则"设定了网络服务提供商不承担侵权责任的条件，但是并不具有侵权判定的功能和作用。笔者认为，从这个意义上来讲，通过对视频"深层链接"聚合应用平台的经营者的行为分析，这是一种直接地提供内容的侵权行为，完全符合侵权行为的构成要件，因而具有法律上的违法性与可责性。

以下研究文章将分析"避风港原则"和"红旗原则"的理论基础，探讨其在法律实践中的具体运用，并分析其对视频行业的相关影响，以推动知识产权领域的发展和行业创新生态系统的建设。

网络侵权中的"避风港原则"和"红旗原则"

一、"避风港原则"

（一）含义

"避风港原则"是指网络服务提供者只有在知道侵权行为或侵权内容的

存在后才有义务采取措施,如删除、屏蔽或者断开链接等。如果在明确知道侵权事实后,仍不及时采取相关措施,则需承担责任。顾名思义,该原则犹如一座避风港,避免网络服务提供者对网络平台上所有侵权行为都承担连带责任。

"避风港原则"源于1998年美国《新千年数字版权法案》,又称为"通知－删除"原则。该法案第512条规定:"网络服务提供者(ISP)使用信息定位功能,包括目录、索引、超文本链接、在线网络存储,如其链接、存储的内容涉嫌侵权,在可以证明其无恶意且及时予以删除侵权链接及内容的情况下,网络服务提供者则不用承担责任。"

(二) 法律渊源

我国《民法典》第1195条第1—2款规定:"网络用户利用网络服务实施侵权行为的,权利人有权通知网络服务提供者采取删除、屏蔽、断开链接等必要措施。通知应当包括构成侵权的初步证据及权利人的真实身份信息。

网络服务提供者接到通知后,应当及时将该通知转送相关网络用户,并根据构成侵权的初步证据和服务类型采取必要措施;未及时采取必要措施的,对损害的扩大部分与该网络用户承担连带责任。"

《信息网络传播权保护条例》第23条规定:"网络服务提供者为服务对象提供搜索或者链接服务,在接到权利人通知书后,根据本条例规定断开与侵权的作品、表演、录音录像制品的链接的,不承担赔偿责任;但是,明知或者应知所链接的作品、表演、录音录像制品侵权的,应当承担共同侵权责任。"

(三) 如何理解"及时"和"必要措施"

关于及时性,《最高人民法院关于审理侵害信息网络传播权民事纠纷案件适用法律若干问题的规定》第14条规定:"人民法院认定网络服务提供者采取的删除、屏蔽、断开链接等必要措施是否及时,应当根据权利人提交通知的形式,通知的准确程度,采取措施的难易程度,网络服务的性质,所涉作品、表演、录音录像制品的类型、知名度、数量等因素综合判断。"

关于必要措施,网络交易平台经营者是否采取了必要的避免侵权行为发生的措施,应当根据网络交易平台经营者对侵权警告的反应、避免侵权行为发生的能力、侵权行为发生的概率大小等因素综合判断。必要措施包括删除、屏蔽、断开侵权链接，但不意味着仅此就足够。按照"避风港原则"的立法原意，网络平台在接到有效通知后，必须对利用其互联网服务对涉嫌侵权的行为采取必要的措施，以制止侵权行为的继续，该必要措施要合理、合适。尽管法律对于该必要措施应当合理合适到何种程度并没有给出明确标准，但至少应当能有效制止侵权行为。从上述文件中可以看出，及时性、必要性的标准依然是原则性的，赋予了法官比较大的自由裁量空间。在实践中，要具体到个案进行分析。在百度和优酷侵害作品信息网络传播权案①中，采取法律明示的断开链接之必要措施，只是制止了正在侵权的行为，却并没有从源头上制止可能随时再次发生的侵权行为。但在阿里云案②中，法院认为，鉴于信息服务业务类型以及权利人主张权利内容的不同，阿里云仅仅依据权利人发出的通知，就采取后果过于严厉的关停服务器或强行删除服务器内全部数据措施，很可能给云计算乃至整个互联网行业带来严重影响，不适当也不符合审慎、合理原则。采取必要措施不等于互联网服务提供商实施了删除、屏蔽、断开侵权链接中的某一种或几种具体行为，而是需要结合初次侵权还是重复侵权等具体案件情况，审慎采取合理有效的措施。

（四）"避风港原则"的核心逻辑

"避风港原则"实质上是平台经营权和权利人权利这两种利益博弈的结果，对于网络平台经营者来说，难以对平台上存在的海量数据和内容进行一一审查；"避风港原则"的适用必须以网络平台善意为前提，即，不知道也不应当知道侵权人侵权事实，并在接到权利人的通知后及时采取必要措施。这种情况下的网络平台和民法中的善意第三人具有相似的立法考量。

二、"红旗原则"

（一）含义

"红旗原则"是指侵权事实显而易见，像红旗一样飘扬时，网络服务提供者不能假装看不见或者以不知道侵权为由推脱责任。即在按常理和应尽的

---

① （2020）京0491民初7460号。
② （2017）京73民终1194号。

基本审慎义务的情况下，网络服务提供者应当知道侵权行为的存在却不删除链接，即使权利人没有发出删除通知，网络服务提供者也应当承担侵权责任。

"红旗原则"最早出现在1998年《美国版权法》修正案中，"红旗原则"是"避风港原则"的例外，它要求网络服务提供者尽到合理的注意义务，不能对非常明显的侵权行为视而不见，采取放任态度。否则，则主观上具有过错，不再是善意的，不适用"避风港原则"的保护。

（二）法律渊源

我国《民法典》第1197条规定："网络服务提供者知道或者应当知道网络用户利用其网络服务侵害他人民事权益，未采取必要措施的，与该网络用户承担连带责任。"

《信息网络传播权保护条例》第23条规定："网络服务提供者为服务对象提供搜索或者链接服务，在接到权利人通知书后，根据本条例规定断开与侵权的作品、表演、录音录像制品的链接的，不承担赔偿责任；但是，明知或者应知所链接的作品、表演、录音录像制品侵权的，应当承担共同侵权责任。"其中，前半部分体现了"避风港原则"，后半部分则体现了"红旗原则"。

（三）如何理解"知道或者应当知道"

知道即是明知，是对特定的侵权行为知悉并具备主观故意，但仍以作为或者不作为形式有意为之。该种状态下，平台违反的是不得侵害他人合法权益的义务。"应当知道"则是指应该注意且具备注意条件，却未注意的作为或不作为行为。该种状态下，平台违反的是对他人合法权益应尽到的注意义务。"明知"的认定，需要有证据或事实表明平台实际知道平台经营者实施特定侵权行为，而"应知"则多为基于网络平台预见能力和预见范围内履行一定的注意义务的主观推定。需要注意的是，平台的注意义务不包括一般性的事前监控义务，在判断平台是否应当知道时，需要将平台的注意义务限定在合理的范围内。

在优酷公司诉哔哩哔哩公司信息网络传播权一案[①]中，法院经审理认定，被告对其经营的存储空间进行了分类和检索条件的设置，即便是为了保证正

---

① （2020）京0491民初7460号。

常经营，方便网络用户上传、浏览与观看作品，也应当同时承担相应的注意义务，尤其针对"影视剪辑"这种存在极大侵权风险的分类设置，更应施以足够的注意义务。涉案音频时长近两小时，不仅标题中包含了涉案电影的完整名称，而且位于涉案电影名称搜索结果的第一位，应该能被明显感知。显然，被告未尽到相应的注意义务。

"避风港原则"在司法实践中面临问题的再梳理
——以视频网络行业为视角

视频网络平台经营者从单一的网络服务提供者变成既是网络服务提供者又是内容服务提供者的双重身份，这种双重身份在适用"避风港原则"时应当进行区分。恶意地利用"避风港原则"以网络服务提供者的身份进行链接的视频网站造成对权利人的侵害，对"避风港原则"适用过程中面临的一些新问题进行再梳理有助于认识视频网站所应承担的法律责任。

"避风港原则"即"设立特定条件下网络服务提供者免责的制度"，该制度最早出现于1998年美国《新千年数字版权法案》中。2000年，《最高人民法院关于审理涉及计算机网络著作权纠纷案件适用法律若干问题的解释》首次引入"避风港原则"，其后，我国在2006年的《信息网络传播权保护条例》中正式予以立法确认，条例规定了网络服务提供者在提供自动接入服务、自动传输服务、自动存储、提供信息网络空间、提供搜索与链接服务时不承担赔偿责任。同时，条例也规定，权利人发现自己权利被侵犯的时候可以作出通知，如果网络服务提供者接到通知之后不予删除，则可以认定网络服务提供者应该承担相应的责任。然而，随着技术的进步和互联网的极大繁荣，"避风港原则"在实践中遇到了一些新的问题。

一、"通知"并非权利人义务

"避风港原则"的出现，本质上是民法过错责任原则的实践，即"法不强人所难"。互联网传输以其极易复制传播以及数据量庞大的特点，给网络服务提供者识别信息造成了较大的困难，因而法律对其帮助侵权的行为予以一定范围内的容忍，同时，法律又把其"明知"或"应知"的情况区分出来，强调在"明知"或"应知"这两种情况下，网络服务提供者存在故意或者过失的过错，根据《民法典》有关侵权的规定和精神，其应当承担侵权损害赔偿责任。同时由于网络链接服务提供者地位的特殊性，决定了其应当附有及时清除明显的侵权链接的特定义务。也就是说，在知悉侵权行为发生的情况下，网络服务提供者有了作为的义务，不履行这一义务，应承担相应的责任。

"避风港原则"中涉及的权利人的通知行为，实际上正是为了实现网络服务提供者的"明知"或"应知"，在实践中却面临两个问题：一个是该通知是否是必须的，另一个则是该通知是否应该遵守严格的形式。《信息网络传播权保护条例》第14条规定：对提供信息存储空间或者提供搜索、链接服务的网络服务提供者，权利人认为其服务所涉及的作品、表演、录音录像制品，侵犯自己的信息网络传播权或者被删除、改变了自己的权利管理电子信息的，可以向该网络服务提供者提交书面通知，要求网络服务提供者删除该作品、表演、录音录像制品，或者断开与该作品、表演、录音录像制品的链接。以上法规中用的是可以的表述，也就是说，权利人可以自主决定是否通知与不通知，即通知与不通知都是权利人自己的选项之一，通知并非诉讼成立的前置步骤，如果权利人已经明确对方明知或者应知的情况下，没有发函通知的义务。也正是因为这样，网络服务提供者并非一定不承担责任，因而权利人未进行通知不能作为免责事由，而只能是作为抗辩的事由存在。在法规规定的最后部分，强调了通知"应当"具备的内容，也就是规定了通知中必须包含的内容，只要不少于以上内容，通知义务即为履行完毕。对于一些网站故意加重通知内容所应当具备的要件，并且强调权利人通知不具备其所要求的要件即不履行相应责任的条款，并无法律依据，应当认定权利人只要依照《信息网络传播权保护条例》的规定内容实施了通知即可。

二、视频网站在侵权纠纷中的身份认定

"避风港原则"中的免责主体限定为网络服务提供者，在我国相关法规与司法解释中，网络服务提供者一般是指提供信息存储空间或者提供搜索、

链接服务的运营商，而互联网行业发展的实践中，特别是随着网络视频行业的不断发展，一旦发生诉讼，可以发现侵权主体不再是单一身份。事实上，最初的互联网视频网站（一般指 UGC 网站，即用户提供内容）乃是提供平台服务的，注册用户可以通过上传视频使自己的作品得以向公众传播，当时的视频网站正是扮演着一个提供网络存储服务的网络服务提供者的角色。当前视频行业，网站运营商为了拓展内容储备，会选择性地自行上传视频，并由此改变了之前视频网站通过广告收费的单一盈利模式，拓展出了通过办理视频网站会员或者付费享受相关电影的收视的新服务。此种情况下，互联网视频网站既是网络服务提供者，又是内容服务提供者，也就不能简单地把视频网站当作网络服务提供者而认定其享受"避风港原则"的保护，而是应该区分对待。对于内容服务提供商，其应该对自己上传的内容负责，不能保障享有权利的情况下进行的上传行为显然侵犯了权利人的著作权，不应受"避风港原则"的保护。

市场的千变万化与企业经营的趋利性促使网络平台的经营者在已有经营环境与法律规制对自己不利的情况下，改变自己的经营方式而使自己的经营利益最大化。由于视频内容是视频网站最主要的组成部分，于是聪明的经营者通过技术表现方式把网络服务与内容提供之间的界限模糊化。在网络平台涉诉案件中，对于一个网络平台是否是网络服务提供者，应当采取一定的评价标准，实践中普遍采用的是以被诉侵权者提供服务的事实状态这一客观标准进行判断，但是这一标准需要权利人提供相关证据反驳被诉侵权者所提出的自己单纯提供了网络服务的主张。由于服务器是处于被诉侵权者的控制之下，如何证明就显得相对困难，以至于衍生出了用专业抓包软件进行抓包数据分析来判断视频来源，这一要求实际上使主张自己权利被侵害人的举证责任偏重，一方面不利于保护权利人之权利；另一方面也使法律问题走向了技术问题的竞赛之中，增加了司法审判者的审判难度。但是，这种情况也不适用举证责任倒置，因为网络存储信息变更的操作简易性，使恶意使用内容者可以轻易地变更自己的服务器存储信息来实现对自己有利的举证。笔者认为，应当回归信息网络传播的概念之中，由观众的主观感受来判断视频归属，大多数对此主观标准提出异议的人都认为视频网站一旦进行了视频播放，就完成了侵权行为，而与观众存在与否并无关系。实际上，如果视频网站只是挂在网络上并未获得观看，其并无对此获益，权利人也就没受到相应的损害，根据我国《民法典》侵权责任理论中的填补原则，无损害即无赔偿，权利人也就无权主张权利救济。所以，观众实际上是以互联网视频侵权损害赔偿中不可或缺的角色存在的。另外，视频网站通过投放界面广告获得收益，而一旦观众认为视频是在该网站上进行播放的，无论该视频事实上存储在何地，是否是一种链接行为，都会基于自身的错误认识而对该网站的网页进行浏览，最终的结果是：网站仍然通过用户享受侵权视频获得了利益，这显然是不合理的，应是归属权利人的。

三、视频网站应当采取屏蔽措施

实践中出现了这样的情况：权利人通知之后，视频网站将侵权影片进行了删除，之后权利人发现侵权视频再次出现在该网站。被告是否可以主张权利人没有通知的抗辩，被告是否应该采取适当的技术措施规避相应视频再次上传，实践中对此出现了较大的争议。

在德国雅达利欧洲（Atari Europe）公司诉 Rapid Share 网站案[①]中，原告是电脑游戏《独自在黑暗中》的著作权人。原告发现被告经营的网站储存了《独自在黑暗中》的非法复制件，便要求被告删除。接到通知后，被告立即删除了侵权作品。但不久之后，原告发现《独自在黑暗中》又被非法上传到被告的网站，因而于2008年向德国杜赛尔多夫地区基层法院起诉了被告。基层法院判定权利人未先行通知，被告不承担责任，但在生效判决中作出了相反的认定。而法国巴培德分享（Bar Films）等公司诉谷歌公司案与前案事实基本相同，最终法院认定的也是认为权利人无须再进行通知。笔者认为，应知和明知是一种不可撤销的事实状态，一旦侵权网站知道了侵权影片，就对该影片的权利归属与被侵害或可被侵害有了必须谨慎注意义务的认识，并且不能说该认识是短暂的一次性的。因此，网站的经营者具备更高的注意义务，理所应当地需要采取技术措施来规避之前通知删除的视频。

---

① Atari Europe v. Rapid Share IZR18/11.

四、链接类视频网站对权利人的影响

由于"避风港原则"对链接行为的保护,视频行业出现了一批只提供链接服务,并不提供视频播放的网站,而被链接网站往往是获得了许可的网站,其与被链接网站私下签订合同,一方面促进了被链接网站的流量,另一方面也使得自己的网站以极低的成本获得了观众的视线暂留。这样的方式实际上是被链接的网站行使了许可的权利,使得其他未被授权的主体利用视频的播放获得收益,而这种权利本是属于权利人享有的。但是基于"避风港原则"的保护,对这种链接类视频网站难以认定为侵权行为,这样对权利人造成了一定的损害。

在视频行业市场中,权利人进行版权的许可销售,视频网站通过视频获得收益,二者实际上是处在纵向的相关市场当中,相关市场的经营者应当遵循《反不正当竞争法》第 2 条所规定的自愿、平等、公平、诚实信用的原则。基于这一点,权利人可以主张链接类视频网站不正当竞争的诉讼。

法律自身存在滞后和空白的缺陷,这些缺陷需要通过实践的检验来进行修补。在"避风港原则"的实践过程中,对于链接行为采取的客观标准,实际上过度地保护了侵权视频网站,而对权利人造成了一定的损害,而链接类视频网站的出现更是权利的滥用。我国当前知识产权体系仍处在建设当中,应当积极探索"避风港原则"适用的有效标准,努力实现平衡侵权行为双方的权利义务,在保护权利人的同时促进市场经济发展。

OTT 互联网电视侵权类型

背 景

互联网电视发展与侵权现状

随着互联网技术的不断发展和普及,OTT(Over-The-Top)服务已成为新型互联网电视的重要形式之一。OTT互联网电视通过互联网传输视频内容,为用户提供丰富多样的视频娱乐内容,包括电影、电视剧、综艺节目等。

然而,OTT新型互联网电视的发展带来了一系列侵权问题。第一,一些OTT平台可能未经版权方授权,传播受版权保护的影视作品,损害了版权方的利益。第二,存在盗版、翻拍、盗用他人创作内容的现象,侵犯了原创内容的版权和著作权。第三,一些OTT平台可能未经授权就直播体育赛事、音乐演唱会等节目,侵犯了版权方对这些节目的独占转播权。还有一些平台可能在未经许可的情况下插播广告,侵犯了广告商的权益。第四,用户生成的内容也可能存在侵权问题,平台未能及时发现和删除违法内容,导致侵权行为持续发生。为了应对这些问题,相关部门和行业组织应加强版权保护,建立技术手段和内容审核机制,加强合作与监管,加大法律打击力度,以及提升用户版权意识。通过这些措施的落实,可以有效应对OTT新型互联网电视侵权问题,维护相关利益方的合法权益,推动OTT互联网电视行业的健康发展。

案 例

以下案例从案件基本信息、案情简介、裁判要旨、争议焦点等方面对 OTT 侵权的判决书进行评析，将司法实践中的焦点问题进行梳理，以期为知识产权的司法保护提供一些思路。

案例一：小米盒子侵权类型的认定标准

【案件基本信息】

1. 一审：北京市海淀区人民法院（2015）海民（知）初字第 13964 号
2. 案由：侵害作品信息网络传播权纠纷
3. 当事人：

原告：广州佳华文化活动策划有限公司

被告：小米科技有限责任公司、未来电视有限公司

4. 侵权平台：小米盒子
5. 涉案作品：电影《空战骇客》（Air Panic）

【案情简介】

广州佳华文化活动策划有限公司（以下简称"佳华公司"）经授权取得电影《空战骇客》（以下简称"涉案影片"）的独家信息网络传播权。小米科技有限责任公司（以下简称"小米公司"）与未来电视有限公司（以下简称"未来公司"）合作，利用小米盒子通过信息网络向公众提供涉案影片在线点播服务，并非法获利。二公司的行为侵犯佳华公司的合法权利。

【裁判要旨】

一审判决依据《著作权法》（2010）第 48 条第 1 项、第 49 条之规定，判决如下：（1）本判决生效之日起 10 日内，小米公司、未来公司共同赔偿佳华公司经济损失 3 万元；（2）驳回佳华公司的其他诉讼请求。

【争议焦点】

佳华公司提交的证据已形成完整的证据链，证明其享有涉案影片的独家信息网络传播权，且其有权就侵权行为提起诉讼。

本案中，二被告确认双方就小米盒子中提供的涉案影片视频存在合作关系，且对合作收益进行分成。二被告签订的合作协议亦载明，双方以联合运营模式开展合作，双方联合运营产品，共同负责相关软件模块的升级管理，协商决定服务的价格和收费方式。因此，二被告为合作提供小米盒子中的涉案影片并共享收益，故法院对小米公司有关其仅提供硬件与平台的辩称不予采信。

二被告向公众提供涉案影片的在线播放服务应取得著作权人的许可，但其并未提供充分的证据予以证明。未来公司提交的《授权书》载明，HGC授予数字公司的权利为非独家信息网络传播权，不含转授权，且授权平台仅限于精彩公司运营的自有内容产品等平台，不包括未来公司运营的"中国互联网电视"平台，因此，法院对未来公司关于其已取得涉案影片合法授权的辩称不予采信。

因此，二被告未经著作权人许可，合作向公众提供涉案影片在线播放服务的行为已构成直接侵权，应共同承担侵权责任，向佳华公司赔偿经济损失。关于赔偿损失的具体数额，鉴于无证据证明佳华公司的实际损失或二被告的侵权获利情况，法院将综合考虑涉案影片的知名度、二被告的主观过错程度、侵权行为的性质、持续时间等因素酌情确定，对佳华公司主张的损失数额不予全额支持。

【法律评价】

本案需对被告之间的合作关系进行充分的调查和证实，包括合作协议的内容、双方的权利义务等，以确定被告对涉案影片提供服务的责任和参与程度。庭审过程中需要对被告提出的抗辩进行针对性的反驳，尤其是针对被告声称仅提供硬件与平台而非直接提供涉案影片的辩称，需提供充分证据予以驳斥，同时确保提供的证据能够证明被告未取得涉案影片的合法授权，以证明其侵权行为的实质。

案例二：OTT 盒子制作商及销售商侵权责任的认定

【案件基本信息】

1. 一审：北京市海淀区人民法院（2018）京 0108 民初 48263 号
2. 案由：侵害作品信息网络传播权纠纷
3. 当事人：

原告：广州佳华影业股份有限公司

被告：北京苏宁易购销售有限公司北太平庄店、北京苏宁易购销售有限公司、精伦电子股份有限公司

4. 侵权平台：精伦 H3 家庭多媒体中心
5. 涉案作品：《格斗之王 3》（Undisputed3）

【案情简介】

广州佳华影业股份有限公司（以下简称"广州佳华公司"）拥有电影《格斗之王 3》（以下简称"涉案影片"）在中国大陆地区的独家信息网络传播权。广州佳华公司发现精伦电子股份有限公司（以下简称"精伦公司"）生产的"精伦 H3 家庭多媒体中心"产品（以下简称"涉案产品"）中向用户提供涉案影片在线播放服务。北京苏宁易购销售有限公司（以下简称"北京苏宁公司"）及北京苏宁易购销售有限公司北太平庄店（以下简称"北京苏宁北太平庄店"）通过销售该产品获利。

【裁判要旨】

依据《著作权法》（2010）第 10 条、第 48 条第 1 项、第 49 条，《民事诉讼法》第 64 条第 1 款规定，判决如下：（1）自本判决生效之日起 10 日内，精伦公司赔偿广州佳华公司经济损失 2 万元；（2）驳回广州佳华公司的其他诉讼请求。

【争议焦点】

法院认为，如无相反证据，在作品上署名的公民、法人或者其他组织为作者。著作权人可以将其享有的著作权许可他人使用。结合广州佳华公司提

交的授权书、证明书等证据材料，法院确认广州佳华公司在授权期内享有涉案影片的独家信息网络传播权，有权提起本案的诉讼。三被告虽不认可广州佳华公司享有涉案影片的信息网络传播权，但未提交相应证据。关于其对广州佳华公司不享有涉案影片权属的辩称，法院不予采信。

广州佳华公司经授权取得涉案影片的独家信息网络传播权，他人未经许可不得擅自使用涉案影片。本案中，根据（2011）京国立内证字第18951号公证书记载，精伦公司生产的涉案产品在联网后可以在线播放涉案影片，播放界面未显示任何来源于第三方的信息；精伦网站及涉案产品宣传册中均提到了"海量影视资源免费畅享""数万部影视剧目汇集精伦H3"等宣传语。由此，法院认为，精伦公司未经许可在其生产的涉案产品中提供涉案影片的在线播放服务，使公众可以在其个人选定的时间和地点获得涉案影片，侵害了广州佳华公司对涉案影片享有的信息网络传播权，精伦公司应当承担相应的侵权责任，广州佳华公司要求精伦公司停止侵权和赔偿经济损失的诉讼请求，于法有据，法院予以支持。现广州佳华公司已经确认侵权行为已停止，对此法院不持异议。鉴于广州佳华公司已确认三被告已经停止侵权行为，法院判令三被告停止侵权行为已无必要，在此不再赘述。

关于经济损失的数额，因广州佳华公司未提交权利人实际损失或精伦公司违法所得的相关证据，法院考虑涉案影片的上映时间、知名度、精伦公司对涉案影片的使用方式、精伦公司的主观过错等因素酌情确定赔偿数额为2万元。广州佳华公司主张的赔偿数额过高，法院不再全额予以支持。

北京苏宁公司及北京苏宁北太平庄店提交了其销售涉案产品来源的相关证据，精伦公司对北京苏宁公司及北京苏宁北太平庄店销售的涉案产品系来自精伦公司亦不持异议，北京苏宁公司及北京苏宁北太平庄店销售的涉案产品具有合法来源，已尽到注意义务。广州佳华公司要求北京苏宁公司及北京苏宁北太平庄店赔偿经济损失的诉讼请求，法院不予支持。

【法律评价】

律师在代理本案中面临的难点主要包括：

（1）作品版权问题。在案件中，涉及涉案影片的版权归属和授权问题。

律师需要梳理《格斗之王3》版权链条是否完整，确保权属证据的合法性和完整性，以证明原告享有涉案影片的独家信息网络传播权。

（2）对抗被告的抗辩。被告提出对原告著作权的质疑或不认可原告的权利，律师针对被告的抗辩提出充分的反驳和证据，确保法院对原告权利的认定。

（3）计算损失额问题。在涉及赔偿经济损失的诉讼中，律师根据法律规定和案件具体情况，合理计算原告的损失额。

（4）对抗被告的辩称。被告提出种种抗辩，如合作关系、授权情况等，律师能针对被告的抗辩进行分析和反驳，确保法院对案件事实的正确理解。

> 法律实践

OTT 简介

OTT 是指互联网公司越过通信运营商开发的基于互联网的各种视频及数据服务业务，强调了服务与物理网的无关性，其接入终端与 IPTV 不同，IPTV 的终端为运营商机顶盒＋普通家用电视，OTT TV 的终端为 OTT 机顶盒＋显示屏（电视机、电脑、Pad、手机等），机顶盒甚至能置于电视机内，具有视频观看、在线娱乐、转屏体验等功能，互动性更强，能满足用户的个性化需求。对用户而言，OTT TV 带来的最大变化是使用视频服务自由度的提升，突出表现为视频服务资源的丰富和接收终端多样化。

OTT 发展现状

随着在线视频服务市场规模的扩大、OTT TV 服务提供商和用户数量的增加以及 OTT TV 与其他业务结合需求的增加，OTT TV 业务的发展对支持平台的要求不断提高。其结果是，平台供应商的价值不断凸显，并在产业链结构中获得越来越大的主动权。后来推出多屏业务，用户不仅可以通过联网机顶盒，在电视机、电脑、平板电脑和智能手机终端观看 IPTV 直播频道，还突破性地引入了互联网搜索功能，可以通过 Search、YouTube、Google Play 以及 Chrome 等应用程序集中观看点播电视节目。小米、乐视、华为、PPTV、百度影音也推出了相关产品，相应的版权纠纷案件也随之增多，OTT 最主要的功能就是提供影视作品的点播服务，类似于一个视频聚合类网站，可以链接视频内容，如果链接的是自有网站享有权利的影视作品不会引起争议，链接到其他视频网站就会引发信息网络传播权的侵权纠纷。《信息网络传播权保护条例》第 2 条规定，权利人享有的信息网络传播权受著作权法和本条例保护。除法律、行政法规另有规定的外，任何组织或者个人将他人的作品、表演、录音录像制品通过信息网络向公众提供，应当取得权利人许可，并支付报酬。OTT 盒子的功能便是通过信息网络向公众提供影视作品，应当受到《信息网络传播权保护条例》的规制，在未经权利人许可并付费的情况下提供权利人的影视作品的搜索和链接服务时便会侵犯信息网络传播权，须承担相应的法律责任。

OTT 侵权主体的认定

国家广播电视总局办公厅发布的《持有互联网电视牌照机构运营管理要求》（广办发网字〔2011〕181 号）规定，"互联网电视内容服务平台只能接入到总局批准设立的互联网电视集成平台上，不能接入非法集成平台"；"互联网电视集成机构所选择合作的互联网电视终端产品，只能唯一连接互联网电视集成平台，终端产品不得有其他访问互联网的通道"。据此，作为互联网电视终端产品，OTT 盒子必须取得互联网电视牌照方授权才可以合法运营。因此，对于任何一个正规的 OTT 盒子来说，其所接入的牌照才是视频内容的直接提供者。牌照分为两类：一是"互联网电视集成业务"牌照。持牌机构需要建有安全、可靠、可管、可控的互联网电视集成系统，包括互联网电视集成平台和互联网电视机客户端（包括客户端芯片和软件），能够对互联网电视的节目源和客户端进行有效管理。二是"互联网电视内容服务"牌照。持牌机构必须建立、健全节目内容管理制度、审核制度，播放的节目内容必须符合广播电台、电视台播放广播电视节目管理相关法规要求，并取得著作权人的相关授权。其中，持有"互联网电视内容服务"牌照的机构建立的互联网电视节目服务平台，只能与持有"互联网电视集成业务"牌照机构所建设的互联网电视集成平台相连接。但是，拥有牌照的集成播控平台也并非原始节目源。集成播控平台的节目由各内容服务平台提供，而各内容服务平台的节目又源自传媒公司、制片公司、专业频道、电视台以及广告、游戏等增值服务商。也就是说，在正规操作下，先是由合法享有信息网络传播权的权利主体授权内容服务平台，相应的节目再由集成播控平台通过互联网传输至与其合作的 OTT 盒子，最后用户将电视机与 OTT 盒子相连，便可观看各项视频内容。

由上述流程不难判断，负责内容运营和管理的牌照方是否具有合法的节目来源才是 OTT 盒子的内容是否侵权的决定性因素。也就是说，OTT 盒子著作权侵权往往是由牌照方播控节目未获权利主体授权所致。因此，在 OTT 盒子著作权侵权案件中，盒子接入的牌照方往往是直接侵权人。当然，如果播控平台上的视频内容并非来自权利人的直接授权，而是由他人提供，而他人又并未获得授权，此时牌照方的法律地位便是间接侵权人。由于在正规操作下 OTT 盒子的内容均以牌照方为合法来源，故在 OTT 盒子著作权侵权案件中，OTT 盒子的生产商一般是间接侵权人。

OTT 盒子本质上就是为用户联网服务呈现网络内容的网络服务提供者，在侵犯著作权案件中，网络服务者承担的一般都是基于他人直接侵权行为所产生的间接侵权责任。

OTT 生产商行为认定

在 OTT 盒子著作权侵权案中，OTT 盒子生产商主要有两种行为值得研究：一是向用户提供了一种具有连接互联网和电视机、以电视机为显示终端的功能的智能机顶盒，使用户能够利用此工具点播互联网上的影视节目；二是其生产的盒子在提供网络服务的过程中，提供了涉案影视作品的链接。

对于生产商生产 OTT 盒子并能够提供点播服务的行为认定，可以"技术中立原则"作为考量标准。技术中立原则源自"实质性非侵权用途"规则，其含义是：如果产品可能被广泛用于合法的、不受争议的用途，即具有实质性非侵权用途，即使制造商和销售商知道该产品可能被用于侵权用途，也不能推定其存在帮助他人实施侵权行为的用途，也不能推定其存在帮助他人实施侵权行为的故意，而构成帮助侵权，并进而要求其承担著作权侵权责任。依据该原则，OTT 盒子作为一种新媒体技术工具，在能够为他人的侵权行为提供帮助的同时，更重要的是具有为公众提供网络视听节目的非侵权用途，因此生产商生产的 OTT 盒子和盒子本身具有的点播功能并不侵权。

对于OTT盒子提供涉案影视作品链接的行为认定，应当主要考察生产商能否依据"避风港原则"免除赔偿责任。《信息网络传播权保护条例》第23条规定："网络服务提供者为服务对象提供搜索或者链接服务，在接到权利人的通知书后，根据本条例规定断开与侵权的作品、表演、录音录像制品的链接的，不承担赔偿责任；但是，明知或者应知所链接的作品、表演、录音录像制品侵权的，应当承担共同侵权责任。"由此可见，在一般情况下，如果权利人向生产商发出通知书，生产商依法断开相应链接或实施了删除行为，则不必承担赔偿责任；但如果生产商存在"明知或者应知"相应视频内容侵权的主观过错，则不能免除其共同侵权责任。

根据《信息网络传播权保护条例》第23条的规定，"明知或者应知"是网络服务提供商承担共同侵权责任的必要条件，由此可以判断其责任性质为过错责任。在OTT盒子著作权侵权案件中，过错认定是判断OTT盒子生产商是否应当承担责任的决定因素。判断OTT盒子生产商的主观过错状况，应当主要从两个方面入手：一是运用"通知－删除"规则来识别，即生产商在接到侵权通知后即处于一种"明知"的状态，如果此时生产商不按照通知要求将相关影视作品下架，或者虽然此次实施了删除行为，但对之后发生的相同侵权内容怠于处理的，就应当承担侵权责任；二是判断生产商对盒子能够链接到的内容有无尽到合理的注意义务。网络服务提供者并不是对所有的网络信息负有审查义务，但其应该采用一些过滤技术防止侵权性信息的传播，或对于一些明显的侵权性信息及时进行删除。如果网络服务提供者未尽上述应注意并能注意的义务，便要承担侵权责任。这对OTT盒子生产商的过错认定同样适用，虽然生产商不能对盒子能够链接的所有视频内容进行审查，但如果存在明显的侵权行为的事实或情况，那么可以认定生产商就处于"应知"的主观状态，生产商应当承担侵权责任。

由于视频内容的表现形式、知名度以及点播率等情况存在差异，OTT盒子生产商所承担的合理注意义务也应当有所区别。对OTT盒子而言，如果生产商对盒子所能链接到的内容进行了编辑、整理、分类甚至设置"电影""电视剧"频道，并有剧情简介、演员名单等影片信息，或者能够链接到处于热播期或知名度较高的作品，生产商均应对此负有较高的注意义务。

理论研究

通过案例分析，可以更清晰地了解 OTT 侵权的具体表现形式、涉及的各方主体以及法律和法规对此类侵权行为的处理方式。下面将介绍几个典型的 OTT 侵权案例，以帮助读者更好地理解这一问题。

OTT 互联网电视诉讼案例分析

随着 OTT 服务的普及和发展，涉及 OTT 侵权的案例也日益增多，主要涉及版权侵权、信息网络传播权侵权等方面。

一方面，制造商生产的 OTT 设备通常会预装各种应用程序和服务，包括可以观看影视作品的应用程序。如果这些应用程序中的内容未经授权，或者违反了著作权人的权益，制造商可能会因为参与侵权行为而受到指责。例如，某些 OTT 设备厂商预装了未经授权的应用程序或服务，使得用户可以非法观看受版权保护的影视作品，这种行为可能构成侵权。另一方面，OTT 服务提供商也可能涉及侵权行为。如果 OTT 服务提供商未经授权就传输受版权保护的内容，或者未经授权就提供了影视作品的播放服务，可能会构成版权侵权或信息网络传播权侵权。例如，某些 OTT 服务提供商在其平台上提供了未经授权的影视作品，或者提供了未经授权的直播服务，这种行为可能会触犯著作权人的权益。

在理解 OTT 侵权的现状后，我们将通过分析具体案例来深入探讨这一问题。

一、乐视公司诉未来电视公司、小米公司信息网络传播权纠纷案[*]

未来电视公司在其经营的中国互联网电视平台上提供某剧在线播放服务，使用户可以在个人选定的时间和地点获得某剧，应当取得某剧著作权人的许可。该案中，未来电视公司提交了显示其与乐视公司于 2013 年 5 月 2 日订立

---

[*]（2014）海民初字第 4064 号。

的《互联网电视业务合作协议》，乐视公司虽然认可该协议真实性，但该协议未明确涉及某剧，同时还要求未来电视公司保证乐视公司提供的内容应呈现在"乐视专区"内，其他使用方式均应得到乐视公司书面授权。未来电视公司作为目前经广电总局批准的为数不多的互联网电视平台商之一，系通过行政机关授权而非一般市场竞争取得开展互联网电视业务的权利，未来电视公司在其平台上使用他人享有著作权的作品，必然影响相关著作权人的权利，也影响与其合作的服务商的利益。因此，未来电视公司应对其平台上使用的他人作品负有更严格的审查义务，才能有效地维护著作权人的利益，并确保与平台合作的服务商业务顺利开展。未来电视公司在该案中表示其上、下线中国互联网电视平台上的内容都遵循严格流程，但无法提交证据证明其审查某剧著作权后才将该剧置于平台上，却在发生侵权纠纷后怠于下线侵权内容，致使该平台上某剧从 2013 年 4 月播放 2 万余次，至 2014 年 3 月播放 15 万余次。未来电视公司的涉案行为主观过错明显，侵害了乐视公司对某剧享有的信息网络传播权。

小米公司虽然应广电总局要求主要提供硬件和技术服务，但其作为与未来电视公司进行单一指向性合作的企业，以提供海量正版作品为主要宣传内容，利用中国互联网电视平台宣传推广自己的产品与服务，并通过其米币系统为该平台提供收费支持，与未来电视公司共享收益。故小米公司应当对中国互联网电视平台中的相关内容尽到审慎的注意义务。小米公司在知道中国互联网电视平台中的某剧涉嫌侵权后，未采取必要措施，使该平台中的某剧未被及时删除，造成侵权后果扩大。小米公司应当对侵权损害的扩大部分与未来电视公司承担连带责任。小米公司以满足广电总局的行政要求为由对显而易见的侵权行为不采取必要措施，显然有悖广电总局颁发行政规章要求的初衷。

二被告应承担相应的法律责任。乐视公司提出停止侵权的诉讼请求，法院予以支持。关于赔偿损失的具体数额，鉴于双方未能提交乐视公司实际损失或者二被告违法所得的证据，法院将综合考虑某剧的知名度、播放次数、二被告的主观过错、侵权行为的性质、持续时间等因素酌情确定，对乐视公司的主张不再全额支持。

综上，未来电视公司和小米公司在该案中承担责任的原因主要有以下几点。

（1）未来电视公司作为广电总局批准的互联网电视平台商，其在经营中国互联网电视平台时未经许可提供某剧在线播放服务，违反了《著作权法》的规定。尽管其提交了与乐视公司签订的合作协议，但协议并未明确涉及某剧，且未能提供充分证据证明对某剧进行了审查。未来电视公司的过错明显，因未有效审查侵权内容并未及时下线，使侵权行为持续扩大。

（2）小米公司虽然主要提供硬件和技术服务，但作为与未来电视公司合作的企业，其在宣传推广产品和服务时使用了侵权内容，并通过米币系统为该平台提供了收费支持。虽然小米公司未直接提供侵权内容，但其未能尽到审慎的注意义务，未在知悉侵权行为后采取必要措施及时删除侵权内容，致使侵权后果扩大。未来电视公司和小米公司在该案中均因未有效履行审查义务而导致侵权行为的发生和持续，因此应承担相应的法律责任。

通过对上述案例进行分析，可以深入了解涉及互联网电视行业的侵权责任分配情况。首先，即使根据《持有互联网电视牌照机构运营管理要求》之规定，集成机构主要负责审查所接入的内容服务平台资质是否合法，不负责对具体的节目进行播前审查，该审查工作由内容服务平台负责。但是因其特殊地位在法律责任上承担更为严格的审查义务，司法实践中，法院更注重集成服务平台商对所播放的内容是否侵犯他人权益的注意义务。其次，内容服务平台商应对平台上播放的内容进行审查，一旦存在过错，必须承担侵权责任。再次，终端生产厂商在内容提供、编辑、整理和从内容获取收益等情况下也应对侵权行为负责。最后，内容提供商作为内容的合作方，必须确保提供的内容合法，否则将承担主要的侵权责任。

二、北京优朋普乐科技有限公司起诉 TCL 集团股份有限公司、上海众源网络有限公司、深圳市迅雷网络技术有限公司、国美电器有限公司通过"MiTV 互联网电视机"新产品侵犯作品信息网络传播权案[*]

上海众源网络有限公司（以下简称"众源公司"）和深圳市迅雷网络技

---

[*] 北京市高级人民法院（2010）高民终字第 2581 号。

术有限公司（以下简称"迅雷公司"）作为搜索服务提供者，通过 TCL 集团股份有限公司（以下简称"TCL 公司"）生产的涉案互联网电视机向用户提供了涉案影视作品的搜索服务。《最高人民法院关于审理侵害信息网络传播权民事纠纷案件适用法律若干问题的规定》第 9 条规定："人民法院应当根据网络用户侵害信息网络传播权的具体事实是否明显，综合考虑以下因素，认定网络服务提供者是否构成应知：……（三）网络服务提供者是否主动对作品、表演、录音录像制品进行了选择、编辑、修改、推荐等。"而这些公司对搜索结果进行了编辑、整理，有理由知道所链接的作品为侵权作品，但仍然协助实施了侵犯北京优朋普乐科技有限公司（以下简称"优朋普乐公司"）的信息网络传播权的行为。TCL 公司、众源公司、迅雷公司因共同侵权行为应承担共同的侵权责任，并被判决共同赔偿优朋普乐公司经济损失 8.75 万元。而国美电器有限公司（以下简称"国美电器"）被要求停止销售侵权电视机。根据法院判决，涉案电视机并不预存电影作品的内容，且并非专门用于侵权目的。根据技术中立原则，制造互联网电视机的行为并不构成侵犯著作权。于是，制造涉案互联网电视机的行为不构成侵权。

三、乐视公司诉精伦电子公司信息网络传播权案[*]

北京市朝阳区法院判定精伦电子存在侵权行为，并责令其停止链接并承担赔偿责任。法院的审判思路如下：

首先，精伦 H3 播放器搜索电影《画皮》的结果是唯一的，而正常的搜索结果应该是多项的，这表明涉案的链接具有特定性。

其次，电影《画皮》的链接不仅是简单的链接行为，还包含电影海报、演员信息、影片内容介绍等丰富的影片信息。

最后，精伦电子公司在其网站上宣传精伦 H3 播放器时提到"来自网络的海量高清影视资源，经精选与整理，为您呈现最新、最好、最经典的高清电影、电视剧"，这表明其对提供的电影链接进行了筛选和编排行为，应当知道可能造成侵权结果。因此法院认定精伦电子公司提供乐视作品的侵权链

---

[*] （2011）朝民初字第 17348 号。

接行为具有过错,构成侵权。

四、广州佳华诉北京苏宁公司、精伦电子公司信息网络传播权纠纷案[*]

该案涉及精伦公司生产的"精伦H3家庭多媒体中心"产品向用户提供涉案影片在线播放服务。根据法院审理的证据,精伦公司生产的涉案产品在联网后提供了涉案影片的在线播放服务,未经广州佳华公司的许可,侵犯了广州佳华公司对涉案影片的信息网络传播权。法院认定精伦公司承担相应的侵权责任。法院支持了广州佳华公司要求精伦公司停止侵权和赔偿经济损失的诉讼请求。精伦公司已确认停止侵权行为,因此法院判令其停止侵权行为。就经济损失的赔偿,鉴于广州佳华公司未提供实际损失或精伦公司违法所得的证据,法院酌情确定赔偿数额为20000元。北京苏宁公司及北京苏宁北太平庄店销售的涉案产品来源合法,来自精伦公司,因此法院不支持广州佳华公司要求对其赔偿经济损失的诉讼请求。

五、西安美亚文化传播有限公司诉浙江国美电器有限公司第十一分公司、浙江国美电器有限公司著作权侵权纠纷案[**]

法院认为,在著作权侵权案件中,作为原告,其负有两项最基本的举证义务:一是必须证明其对涉案的作品享有著作权;二是必须证明被告有侵犯其著作权的行为。

(1)电影作品《剑蝶》的著作权人为原告西安美亚文化传播有限公司(以下简称"美亚公司")和天下影画有限公司(香港)。原告美亚公司为著作权人之一,其独立对外行使著作权权利,必须获得其他著作权人的相应授权。由于另一著作权人天下影画有限公司系一家在香港注册成立的公司,从美亚公司提供的《版权证明书》来看,虽然写明签署地在西安市,天下影画有限公司(香港)亦在该份《版权证明书》上盖具单位印章,但其形成未经过公证,《版权证明书》上单位印章的真实性不能确认。因此,美亚公司目前提交的证据不能证明其已经获得了电影作品《剑蝶》另一著作权人的授权,从而可以单独行使著作权权利。(2)两被告是否存在侵犯美亚公司著作

---

[*] (2018)京0108民初48263号。
[**] (2010)杭西知初字第257号。

权的行为。从美亚公司提供的（2009）浙杭西证民字第3881号《公证书》记载内容反映，需将该款电视机连接网络，进入网络环境后，在线搜看到涉案影片，涉案影片的著作权人据此享有的是著作权中的信息网络传播权。美亚公司以两被告未尽到合理注意义务为由，主张两被告构成帮助侵权，而要求两被告承担相应责任。法院认为，两被告并不是网络服务提供者，作为TCLmitv互联网电视的销售者，其已经提供证据证明其销售该款电视机，具有合法来源。该款电视机具有上网功能，并不必然导致著作权侵权行为的发生。美亚公司亦未提供证据证明通过该款电视机进入网络连接的系特定、唯一的网站。即使该款电视机的网络连接为特定、唯一，那也是该款电视机的生产者与侵权网站是否应当共同承担责任的问题。两被告销售TCLmitv互联网电视的行为，不存在过错。美亚公司要求两被告在销售该款电视机当中担负起合理的著作权注意义务，无法律依据。美亚公司的诉讼请求，法院依法不予支持。

从上述案例可以看出，互联网电视制造商制造的电视机本身并不负责存储或提供具体的影视内容，而是提供了一个平台，使用户能够通过连接互联网来访问各种内容。根据技术中立原则，制造商的主要责任是提供一个功能完善的平台，让用户可以自由地浏览、搜索和选择他们希望观看的内容，而不是主观地过滤或选择特定的内容。因此，从技术中立的角度来看，制造商的制造行为一般不被视为侵权。

但制造商如若侵权，其侵权风险往往会牵涉互联网电视销售商的责任问题。销售商需要证明自身并非网络服务提供商，未参与技术研发和平台整合，才能免除注意义务。例如，在优朋普乐诉TCL案中，法院判决销售商国美停止销售含可下载涉案影片模块的电视机，但没有认定mitv是否存储了涉案作品。在西安美亚诉国美案中，法院认定销售商国美并非网络服务提供商，且证明其销售的电视具有合法来源，进一步确认了电视机具有上网功能并不必然导致著作权侵权行为的发生。因此，只要销售商未参与提供网络服务，其一般仅承担收到通知后停止销售带有侵权作品的硬件产品的义务，销售行为并不构成侵权。

在司法实践中，证据是裁判的基石，它决定了案件的胜负，也反映了司法公正与效率。无论是民事、刑事还是行政案件，充分而有效的证据都是确保司法公正、维护法律权益不可或缺的一环。下文将探讨证据在司法过程中的重要性、不同类型证据的作用以及证据理论与运用中的挑战与解决方法。

证据理论与实践

一、证据的起源和发展

民事诉讼证据的起源可以追溯到古代法律制度的形成。在古代社会，证据往往是通过证人口述或物证展示来进行，这种方式主要依赖于当事人的陈述和见证。随着社会的发展和法律制度的完善，证据的获取和运用逐渐规范化，形成更为系统和科学的证据制度。

在古代法律制度的发展历程中，早在《周礼》和《韩非子》等古代法典中，就已经对证据的重要性和规定进行了探讨。例如，在《韩非子·解老》中，就提到"三驱三舍"的司法程序，即要求有三个不同的人提供同一件事情的三种证据，以确保裁决的公正性。到了汉代，《大戴礼记》《名律例》等法律文献中也有了详细的证据制度。宋代《大宋宪书》进一步完善了证据的收集和运用程序，确立了严格的证据要求和标准。

随着社会的不断发展和法律制度的完善，证据制度逐渐成为民事诉讼中不可或缺的重要组成部分。现代民事诉讼证据的起源和发展与欧洲大陆法系和英美法系有关。大陆法系国家（如法国、德国、意大利等）通常采用书证主义（以书面证据为主）的原则。在这些国家，法官对证据的审查和评估具有较大的自由裁量权，但在法律上也有一定的证据规则和标准。例如，法国法律规定了一些证据的收集和使用原则，如公证书的证明力、书证的优先使用等。普通法系国家（如英国、美国、加拿大等）注重判例法和先例法的发展，法官对证据的评估和运用受到先前判例的影响较大。普通法系国家也有一些关于证据的法律规定和原则，如《英国证据法》等。在这些国家，法庭对证据的收集和运用更加注重公正和程序的保障，法官对证据的审查也更加严格。欧洲法系中的证据制度在很大程度上受到大陆法系和普通法系的影响，但也具有自身的特点和发展。在欧洲大陆，一些国家也逐渐采取了一些普通法系国家的证据制度特点，如英国的交叉审讯制度和美国的发现制度。此外，欧盟的法律体系也对欧洲法系国家的证据制度产生了一定的影响，例如欧盟的《民事与商事法律制定和执法程序》（Civil and Commercial Law）和《欧洲民事诉讼法》（European Civil Procedure）等法律法规。欧洲法系国家对于证据的标准和程序通常是由法官来决定的，但也受到法律和判例的限制。证据的收集和审查通常需要遵循一定的程序和标准，以保障诉讼各方的权利和公正审判的原则。例如，在德国和法国等国家，法庭对证人的询问和证据的提交都有严格的程序要求和规定。美国法系中的证据规则主要受到普通法和联邦法律的影响，其中包括《联邦规则民事诉讼程序》（Federal Rules of Civil Procedure）和《联邦规则刑事诉讼程序》（Federal Rules of Criminal Procedure）等。在美国法庭中，适用的证据规则通常是由联邦法律、各州法律以及相关的判例法所确定的。美国发现制度允许各方在诉讼过程中通过发现程序获取对方的证据，包括书面询问、证人传唤、提供文件和记录等方式，这有助于各方充分了解案件的事实情况，促进诉讼的公正和有效进行。在庭审过程中，对证人的交叉审讯也是常见的程序，允许对方律师提出问题以挑战证人的证词可信度和真实性。此外，美国法庭通常采用"合理相信"（reasonable belief）的标准来评估证据的可接受性。这意味着法官和陪审团将根据提供的证据是否合理相信其真实性来决定是否接受该证据。在发现和交叉审讯制度和"合理相信"标准下，美国证据制度体现了文件证据和证人证言的重要性。文件证据包括书面文件、合同、电子邮件、记录等。在提交文件证据时，通常需要确保其真实性和完整性，并可能需要通过证人的证言进行认证。证人可能需要在庭审中就案件事实提供口头证词，而其证词的可信度和真实性将受到交叉审讯的挑战。简单来说，美国法系中的证据规则注重公平和程序正义，允许各方在诉讼过程中获取对方的证据，并在庭审中进行交叉审讯和证据评估，以促进公正的判决结果的达成。

在现代法律体系中，民事诉讼证据的收集和运用已经得到了进一步规范和完善。法律对于证据的种类、收集方式、举证责任等都作出了详细的规定，以确保案件事实的查明和公正的裁判。同时，随着科技的发展，电子证据和专家证据等新型证据的运用也逐渐增多，为民事诉讼带来了新的挑战和机遇。

二、证据的概念、基本特征与表现形式

（一）证据的概念

证据是指能够证明案件真实情况的客观事实材料。

（二）证据的基本特征

民事诉讼证据有三个最基本的特征，即客观性、关联性和合法性。

（1）客观性指作为民事证据的事实材料必须是客观存在的。也就是说，作为证据事实，它不以任何人的主观意志为转移，它以真实而非虚无的、客观而非想象的面目出现于客观世界，且能够为人所认识和理解。为此，当事人在举证时必须向人民法院提供真实的证据，不得伪造、篡改证据；证人如实作证，不得作伪证；鉴定人提供科学、客观的鉴定结论。人民法院在调查收集证据时，应当客观全面，不得先入为主，且在审查核实证据时必须持客观立场。

（2）关联性指民事证据必须与案件的待证事实之间有内在的联系。也就是说，只有对于认定要件事实有帮助的事实材料才有法律意义。这种事实材料所表现出来的关联性一般有两种形式：第一，直接的联系，如事实材料所反映出来的事实本身就是待证事实的一部分；第二，间接的联系，如事实材料所反映出来的事实能够间接证明某一待证事实成立。

（3）合法性指作为民事案件定案依据的事实材料必须符合法定的存在形式，并且其获得、提供、审查、保全、认证、质证等证据的适用过程和程序也必须是合乎法律规定的。

（三）证据的表现形式

我国民事诉讼证据的表现形式可以分为书证、物证、视听资料、证人证言、当事人的陈述、鉴定结论、勘验笔录、电子数据八种。

（1）书证。凡是用文字、符号、图画在某一物体上表达人的思想，其内容可以证明待证事实的一部分或全部的，称为书证。

（2）物证。凡是用物品的外形、特征、质量等证明待证事实的一部分或全部的，称为物证。

（3）视听资料。视听资料包括录音资料和影像资料。凡是利用录像、录音磁带反映出的图像和音响，或以电脑储存的资料来证明待证事实的证据，称为视听资料。

（4）证人证言。诉讼参加人以外的其他人知道本案的有关情况，应由人民法院传唤，到庭所作的陈述，或者向人民法院提交的书面陈述，称为证人证言。

（5）当事人的陈述。当事人在诉讼中向人民法院所作的关于案件事实的叙述，称为当事人陈述。

（6）鉴定结论。人民法院审理民事案件，对某些专门性问题，指定具有专业知识的人进行鉴定，从而作出科学的分析，提出结论性的意见，称为鉴定结论。

（7）勘验笔录。人民法院审判人员为了查明案情，对与争议有关的现场或者物品，亲自进行勘查检验，进行拍照、测量，将勘验情况和结果制成笔录，称为勘验笔录。

（8）电子数据。指通过电子邮件、电子数据交换、网上聊天记录、手机短信、电子签名、域名等形成或者存储在电子介质中的信息。

三、证据的分类和种类

证据的分类是理论研究中对证据进行的分类，不具有法律效力。其分类标准多元，包括证据来源、事实表现形式、证明方向、证明作用方式等。分类研究对于深入理解证据、指导实践办案具有重要意义。通过分类掌握证据的运用规则和规律，可以提高办案效率，保障司法公正。

（一）证据的分类和证据种类在概念上存在明显的区别

证据的分类是对证据进行学理上的解释和研究，而证据种类则是法律上对证据的界定和规定，二者在性质、法律效力和区分标准上存在明显的区别。

（1）分类的性质不同。证据的分类是从理论上对证据进行的分类研究，目的在于深入理解证据的特点和运用规则；而证据的种类具有法律效力，对案件的定案具有直接的影响。

（2）法律的效力不同。证据的种类具有法律上的效力，法律明确规定了哪些证据可以作为定案的根据；而证据的分类仅仅是学理上的解释，不具备法律效力。

（3）区分标准不同。证据的种类的区分标准是单一的，根据法律规定或司法实践界定；而证据的分类则是从多角度按照不同的标准进行分类研究，如来源、表现形式、证明方向等。

（二）法理上的证据分类

除了行政诉讼法所规定的具体证据类型，学术界也总结了长期以来证据使用中所显现出的特征。以这些特征为基础，对证据进行了不同标准的分类，目的在于帮助司法从业者认识到各种证据类型的独特特征，更有效地用于查明案件事实。

（1）原始证据与传来证据。根据证据的来源不同，可以将其分为两类。第一类是原始证据，即直接源自案件事实本身的证据材料，也被称为"第一手证据"。举例来说，行政许可证书的原件和真实商标的实物都属于原始证据。第二类是传来证据，即经过中间传递或转述环节获取的证据材料，也称为派生证据。例如，执照的复印件或物品的照片就是传来证据。原始证据因直接来源于案件事实，其证明力大于传来证据。随着中间环节的增多，证据的失真可能性也随之增加，证明力则相应减弱。因此，在案件审判时，应尽量提供原始证据，并将其视为认定事实的主要依据。然而，也不应忽视传来证据在认定案件事实中的作用。传来证据不仅可以提供案件的线索，还可以辅助验证其他证据的真实性或可靠程度。此外，当原始证据不复存在时，经过查证属实的传来证据仍可与其他证据一同作为法院认定案件事实的依据。

（2）直接证据与间接证据。根据诉讼证据与待证事实的关系，可以将证据分为直接证据与间接证据。直接证据能够单独证明案件主要事实，例如，亲眼目睹违章超车的行人的证词。而间接证据只能证明案件事实的某一个侧面或环节，需要与其他证据结合使用，例如，警方发现被告家中新购的大件家电与其收入不符。划分这两类证据的意义在于，直接证据可直接证明案件事实，但不易收集，而间接证据则可作为发现直接证据的先导，也能用于鉴别间接证据的真伪。此外，需要注意的是，直接证据不一定是原始证据，间接证据也不一定是传来证据，两者之间存在交叉关系。例如，医生对被害人伤势的检查病历记录，对受害程度而言是直接证据，但对于受害人是否受到加害人违法行为的证明来说，却属于间接证据。

（3）言词证据与实物证据。根据证据的表现形式，可以分为言词证据和实物证据。言词证据指的是通过人的陈述来表现的能够证明案件情况的事实，而实物证据指的是通过物品的外部形态特征或记载的内容来表现的能够证明案件情况的事实。

（4）本证与反证。根据是否由负有证明责任的当事人提出的要证明的事实，可以将证据分为本证和反证两类。本证是指负有证明责任的一方当事人提出的用来证明其主张事实的证据，而反证是指为了推翻对方主张的事实而提出的与之相反的证据。例如，某市政府主张某建筑公司违法擅自拆除历史建筑，提供了相关工作人员的证词和拆除现场的照片作为本证；而该建筑公司提出了相关建筑规划和证人证言，以证明拆除行为是合法的，这些则属于反证。划分本证和反证的意义在于，法院只需确定其中一方的证据为真，另一方的证据即为假。

此外，法理上还有其他分类，如主要证据与次要证据、法院依职权收集与当事人提供的证据、无效证据与有效证据等，这些分类有助于更好地认识不同证据的特点，为行政诉讼实践提供服务。

（三）证据的种类

民事诉讼证据的种类是指《中华人民共和国民事诉讼法》第66条规定的八种证据形式。即指书证、物证、视听资料、证人证言、当事人陈述、鉴定意见、勘验笔录、电子数据。但之前已经讨论了证据的种类，即证据的表现形式。以下将重点讨论这些证据种类之间的区别。

（1）书证与物证的区别。书证是通过文字、符号、图形所记载或表示的内容来证明案件事实的证据，而物证则是以其外部特征和物质属性来证明案件事实的物品。同一物体，可以既是书证，又是物证，但区别在于证明案件事实的方式，以其包含的内容来证明的是书证，以其物质形态来证明的是物证。

（2）当事人的陈述与证人证言的区别。当事人的陈述是当事人自己的语言表达，而证人证言是第三方对案件事实的陈述。两者的区别在于表达的主体不同，因此证据种类也不同，且不会交叉使用。

四、取证

在中国法律体系中，取证是民事、刑事和行政诉讼中的关键环节之一。以下是在中国法律取证过程中需要注意的事项和常用的取证方法。

（1）合法性和规范性：取证过程必须遵循法律程序和规定，确保取证行为的合法性和规范性。（2）保护隐私和个人信息：在取证过程中，必须尊重当事人的隐私权和个人信息保护，避免侵犯他人合法权益。（3）保全证据完整性：在收集和保存证据时，必须确保证据的完整性和真实性，避免证据被篡改或损坏。（4）证据链条的完整性：确保证据的来源可追溯，建立完整的证据链条，以增加证据的可信度和说服力。（5）避免非法手段：绝对禁止使用非法手段获取证据，如窃听、偷拍等违法行为，否则将导致证据的不可采信。（6）尊重法庭调查：在司法审判过程中，必须尊重法庭的调查权和法官的指示，配合法庭对证据的调查和审查。

一些取证方法是通用的，例如合同、文件、书面通信等书面记录，留存好原始文件；对于电子数据记录，例如微信聊天记录，需要证明聊天记录中的当事人就是案件的当事人，并不仅仅依赖于头像和名字的对应关系，因为这种对应关系可能存在冒名的可能性，无法完全证明身份的真实性，所以微信上要确认对方的身份信息。考虑到网上存在着聊天记录生成软件等可能性，不能简单依赖于聊天记录的截图或保存，另外有必要采取一些额外的措施保证聊天记录中的内容是真实和完整的。例如，最简单就是自己通过"微信收藏"功能保留原始电子数据，也可以通过公证处进行公证，或者请法院调取聊天记录的原始数据作为证据。此外，如果涉及语音记录，应当保留原始状态，以确保其连续性和真实性。善于运用微信中的"收藏"功能，把对将来可能有用的聊天记录收藏起来，以备将来作为证据使用。如若可以采用录音录像的方式取证，可以下载取证App，例如"真相""权利卫士"。上海轻享互联网科技有限公司诉宋某某等买卖合同纠纷案判决①确认区块链证据属于证据形式中的电子数据。非互联网法院在案件审判中，可依据《最高人民法院关于互联网法院审理案件若干问题的规定》（法释〔2018〕16号）、《最高人民法院关于民事诉讼证据的若干规定》（法释〔2019〕19号）的认证方法，对区块链证据的真实性及证明效力予以认定。

五、举证责任

举证责任，是指当事人对于诉讼中所主张的案件事实，应当提供证据加以证明的责任；同时指在诉讼结束之前，如果案件事实仍处于真伪不明状态，应当由该当事人承担败诉或不利的诉讼后果的责任。当事人及其诉讼代理人因客观原因不能自行收集的证据，或者人民法院认为审理案件需要的证据，人民法院应当调查收集。

对于证据的提交期限，法院会根据案件审理情况和当事人的主张确定证据及其提供期限，普通一审审理时间不少于15日，当事人提供新的证据的第二审理时间不少于10日。如果提供证据确有困难，可以向法院申请延长期限。当事人应当及时提供证据，书证应当提交原件，物证应当提交原物，视听资料需要辨别真伪，且与其他证据结合审查，确定其有效性，并在法定期限内提交。证人有义务出庭作证，且可以通过书面证言、视听传输技术等方式作证。鉴定人有权了解案件材料并提出鉴定意见，必要时应当出庭作证。

然而，在民事审判实践中，有些情况下，当事人的举证责任可以免除。这种情况下，某些事实不需要当事人提供证据来支持，因为它们具有特殊的性质或已经通过其他方式得到确认。以下是一些免除举证责任的情形。

（1）经过公证且无法推翻的事实。当事人对经过公证的事实无法提供反驳证据时，举证责任可以免除。

（2）对方当事人明确承认的事实。如果对方当事人已经明确承认了某个事实，那么该事实的真实性不再需要其他证据来证明。

（3）众所周知的事实、自然规律及定理。一些普遍认可的事实、自然规

---

① （2020）沪0107民初3976号民事判决书。

律或定理，无须特别地证明，因为它们已经被广泛接受为真实。

（4）能够合法推定的事实。在某些情况下，可以通过已知的事实合理地推断出另一个事实的存在，因此无须提供额外的证据。

（5）已被生效裁判所确定的事实。如果某个事实已经在之前的裁判中被确认，并且裁判已经生效，那么在后续的诉讼中无须重新提供证据。

（6）已被有效公证书证明的事实。如果某个事实已经通过有效的公证书证明，那么它的真实性无须再次证明。

明确举证责任后，当事人或者代理律师需要整理证据，最优整理方式就是按照证据类型和相关性梳理现有证据材料。在整理证据之前，应通过严格筛选，确保所选取的证据具备真实性、关联性和利益一致性。需要审慎考虑每份材料的有利和不利之处，只有对本方有利的证据才能作为提交的对象。同时，要排除与案件事实无关的材料，以及不真实或存疑的材料，确保证据的可信度和有效性。在确认完全充分举证后，可以将次要或备用材料保留作为备用选项，以应对可能的变化和挑战。

常见的整理证据的逻辑顺序包括法律关系顺序、时间顺序和主次顺序。在组织证据时，应根据案件类型和法律关系的基本事实确定证据顺序，并确保证据之间的条理性和相互关系明显。这样不仅方便举证，也能够更好地促使裁判人员形成对本方有利的心证，从而更好地发挥证据的证明作用。

证据呈现形式也是诉讼的关键之一，主要包含以下几个方面：（1）书证的复印统一使用A4纸张，一般只单面复印，不双面复印，且尽量保证复印的完整性与清晰度；（2）对于数据、印章、文字文件的复印，应当保证数据、印章、文字的清晰，确实难以清晰复印的，对复印件上不清楚的重要的内容和印鉴，可用笔描写清楚；（3）对外文书证，应当附上准确的中文翻译文本，如若是外国文件须经公证转递，并附上中文翻译文本；（4）对于物证，可用照片代替，并将物证复制品或物证的视频光盘作为附件；（5）对于录音或录像资料，应制作光盘作为附件，并将其中的语言表述部分转录成文字版本；在转录文字时，要包括谈话的主体、背景、时间、地点、场合、过程、主题等完整信息，确保文字内容完整、客观；（6）电子数据证据应当以清晰的纸质版本呈现，并确保其内容完整，对于电子邮件证据，应当包括发件人、收件人、主题、邮件正文、附件内容以及其他相关信息，以保证证据的完整性和可读性；（7）微信聊天记录作为证据时，需要提供参与聊天的各方微信账号及身份信息、完整的聊天内容，其中语音需转录为文字，文件或图片，单独打印以供提供，同时保存手机微信上的原始数据，或者将微信对话予以公证，以待庭上出示原件或公证文件；（8）在使用证人证言作为证据时，可提供证人书面证言或作证的视频作为初步证据，并申请让证人在庭审时作证；（9）申请人民法院调查取证的，当事人及其诉讼代理人，需要在举证期限届满前提交书面申请。

六、证据质证

质证是庭审过程中的一个重要环节，它是对证据的真实性、合法性、关联性以及证明力进行审查和验证的过程。通过质证，法庭可以判断证据的真实性和合法性，保障庭审的公正性和合法性。

质证主要包括对证据的三大属性（关联性、合法性、真实性）进行审查，以及对证据的证明力进行评估。质证过程中，需要确保证据与待证事实有关联，符合法律规定，且内容真实可信，同时评估证据的证明力，确定其在案件中的重要性和可信度。

质证程序应当遵循法定程序，包括出示证据、当事人互相质证、质证过程中法庭的审查和记录等环节。质证应当按照关联性、合法性、真实性、证明力的顺序进行，确保质证的全面性和客观性。

质证完成后，法庭会根据质证的结果对证据进行评估，并决定是否采纳该证据以及其在案件中的作用和价值。对于存在异议或争议的证据，法庭会进一步审查和调查，以确保最终的判决结果公正和合法。

七、司法实践

在举证、质证过程中一些常见的问题需要我们关注和解决。

（1）面对对方当事人逾期举证，另一方当事人以对方逾期提交证据为理由不予质证的情况，如符合《最高人民法院关于适用〈中华人民共和国民事诉讼法〉的解释》中对于当事人故意或者重大过失逾期提供的证据的规定，人民法院可以根据其与案件基本事实的关联性决定是否采纳。但是，即使对方当事人不质证逾期提交的证据，人民法院仍应根据其证明价值进行审查，并不因为未经质证而自动排除该证据的采信。

（2）申请人民法院调查取证需要注意的事项。

①申请时间：《最高人民法院关于民事诉讼证据的若干规定》第 20 条第 1 款规定，当事人及其诉讼代理人申请人民法院调查收集证据，应当在举证期限届满前提交书面申请。在举证期限届满后，如果需要提供反驳证据或对证据瑕疵进行补正，当事人可以提出申请，人民法院也会酌情考虑再次确定举证期限。同样地，对于逾期提供的证据，根据不同情况，人民法院会做出相应的处理，但申请人民法院调查取证的行为并不豁免当事人遵守举证期限的义务。

②关于逾期提供证据的规定也应适用于申请调查取证情况。《最高人民法院关于适用〈中华人民共和国民事诉讼法〉的解释》（2022 年修正）第 101 条规定："当事人逾期提供证据的，人民法院应当责令其说明理由，必要时可以要求其提供相应的证据。当事人因客观原因逾期提供证据，或者对方当事人对逾期提供证据未提出异议的，视为未逾期。"第 102 条第 1 款、第 2 款规定："当事人因故意或者重大过失逾期提供的证据，人民法院不予采纳。但该证据与案件基本事实有关的，人民法院应当采纳，并依照民事诉讼法第六十八条、第一百一十八条第一款的规定予以训诫、罚款。当事人非因故意或者重大过失逾期提供的证据，人民法院应当采纳，并对当事人予以训诫。"

③面对在证据交换、询问、调查过程中，或者在起诉状、答辩状、代理词等书面材料中，当事人明确承认于己不利的事实的情况，可适用《最高人民法院关于民事诉讼证据的若干规定》第 3 条的规定，即当事人在书面材料中明确承认于己不利的事实，另一方当事人无需再举证证明。然而，这种认可并不等同于证据法上的直接言词原则，因为直接言词原则强调法官必须亲自了解案件的所有材料，审查证据，听取当事人、证人等的口头陈述，并在法庭上进行辩论。因此，在起诉状、答辩状、代理词等书面材料中认可的证据仍需经过人民法院的组织质证程序，只有当事人再次在法庭上口头表示认可，方可作为当事人认可的证据予以确认。

④若当事人在举证期限内提供证据确有困难，根据《民事诉讼法》和最

高人民法院的相关规定，可以向法院申请延长举证期限。这种困难主要包括客观障碍和难以举证的情形。客观障碍包括不可抗力导致的无法完成举证的情况，如自然灾害、交通中断等；难以举证则涉及需要专业评估、涉及秘密信息等情况。法院将根据当事人的举证能力和无法提供证据的原因等综合判断是否准许延长举证期限，并在必要时听取对方当事人的意见。这一规定旨在保障当事人的合法权益，同时确保诉讼程序的公正和效率。

线下经营性场所版权保护边界

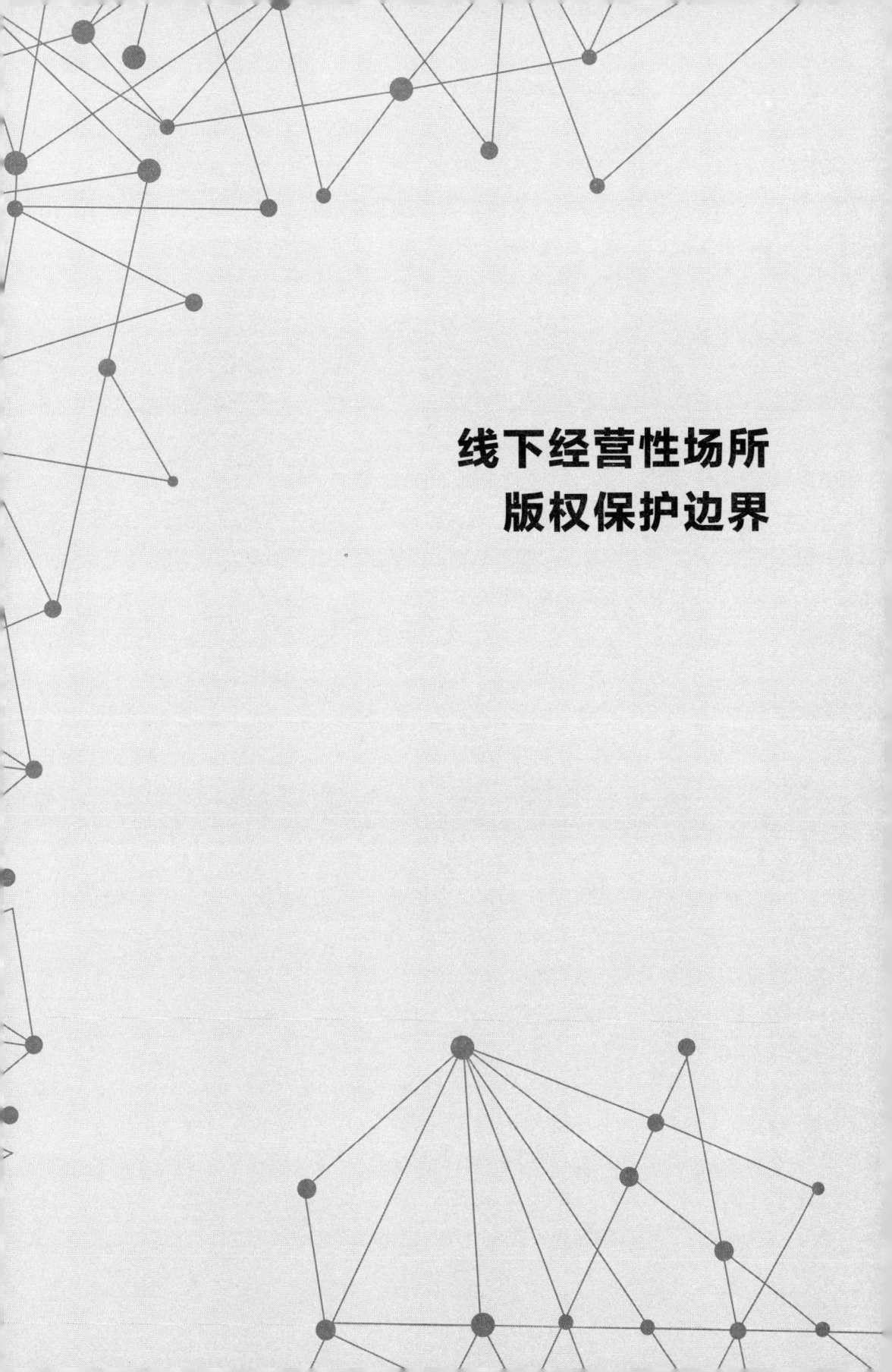

背 景

点播影院之隐蔽性侵权

点播影院,一般又称"私人影院""影咖""微影院"等。原国家新闻出版广电总局(以下简称"广电总局"),在2018年3月6日发布的《国家新闻出版广电总局关于点播影院、点播院线管理规定》(国家新闻出版广电总局令〔2018〕14号)中的第2条第2款,明确定义了点播影院是指"在电影院和流动放映活动之外,为观众观看自选影片提供放映服务经营活动的文化娱乐场所"。该定义较为宽泛,意在将市场上所有类型的点播影院纳入规定范围内,以达到规范整个影视产业市场存在的各类点播影院。

点播影院经营者可获得影片资源的渠道众多,这些渠道包括影视作品的权利人、影视作品集中运营公司、提供点播影院的系统提供商等。但是因为其不愿意支付购买版权的费用,并且经营场所隐秘,其获得影片资源可以几乎不通过影视作品著作权人的授权。比如可以通过在网络上破译影视作品权利人对版权的加密保护,下载并复制;或直接从网站或云盘下载到自建的局域网中;又或者仅购买OTT盒子或仅提供观影设备及搜索引擎供消费者通过其他网站运营商的网页中自由选择。此外,目前还有很多点播影院经营者在申请工商登记时多采用传播公司或餐饮娱乐场所等类别,在这样的经营牌照外衣下,未经权利人许可,实施着播放影视作品行为。此种情况下,点播影院经营者的侵权行为极难被影视作品著作权人及行政部门知悉,并且通过互联网监控也很难查明其是利用为消费者提供网络点播影视作品以营利为目的的行为,故其侵权行为具有一定的隐蔽性。

案 例

以下案例从案件基本信息、案情简介、裁判要旨、争议焦点等方面对线下影院侵权的判决书进行评析，将司法实践中焦点问题进行梳理，以期为知识产权的司法保护提供一些思路。

案例一：线下经营性场所播放作品的侵权认定

【案件基本信息】

1. 一审：北京互联网法院（2021）京0491民初30280号
   二审：北京知识产权法院（2022）京73民终3434号
2. 案由：侵害作品信息网络传播权纠纷
3. 当事人：

原告：捷成华视网聚（北京）文化传媒有限公司

被告：北京逐鹿茶艺有限责任公司、北京逐鹿茶艺有限责任公司西直门店

4. 侵权平台：逐鹿茶楼西直门店
5. 涉案影片：电影《荒野猎人》

【案情简介】

北京逐鹿茶艺有限责任公司（以下简称"逐鹿茶艺公司"）在其位于北京市海淀区学院南路×号院×号楼东侧物美超市楼上的北京逐鹿茶艺有限责任公司西直门店（以下简称"逐鹿茶楼西直门店"）内，对原告享有独家信息网络传播权的电影进行在线播放。该片制作阵容强大，制作成本较高，具有较高的知名度，自上映以来一直受到广泛欢迎，具有较高的商业价值。逐鹿茶艺公司在逐鹿茶楼（西直门店）内，对涉案影片进行了编辑介绍，并提供在线播放服务，其侵权行为具有明显的主观故意且给原告造成了巨大的经济损失。

【裁判要旨】

本案涉及如下焦点问题：（1）捷成华视网聚（北京）文化传媒有限公司（以下简称"捷成华视公司"）是否享有涉案作品的信息网络传播权？（2）涉案作品是否由被告提供？

一审法院依照《著作权法》第 10 条第 1 款第 12 项、第 53 条、第 54 条规定，判决如下：（1）逐鹿茶艺公司（西直门店）于本判决生效之日起立即停止提供涉案作品的在线播放服务；（2）逐鹿茶艺公司（西直门店）于本判决生效之日起 10 日内赔偿捷成华视公司经济损失 15 000 元，如逐鹿茶艺公司（西直门店）财产不足以清偿第一项债务的，由逐鹿茶艺公司承担补充责任；（3）驳回捷成华视公司其他诉讼请求。

二审维持一审判决。

【争议焦点】

（1）捷成华视公司是否享有涉案作品的信息网络传播权？

电审进字［2016］第 11 号电影片公映许可证显示，《荒野猎人》（以下简称"涉案影片"）的出品单位为美国新摄政电影公司。涉案影片的片尾标注：版权ⓒ2015 在美国仅归 Regency Entertainment（USA），Inc. 和 Revenant，LLC. 所有，版权ⓒ2015 在其他地区归 Monarchy Enterprises S. a. r. l 和 Revenant，LLC. 所有。

2016 年 4 月 7 日，Revenant，LLC. 出具声明称，作为亚历桑德罗·伊纳里多执导的故事片《荒野猎人》剧本的著作者，我们无权享有本片经销、附属或衍生产品的制作权和相关版权收益，仅 Monarchy Enterprises S. a. r. l 有权代表其自身和我们在全球范围永久利用（包括无限影片经销权）并保护此版权。

2016 年 2 月 29 日，Monarchy Enterprises S. a. r. l 出具授权信，授权奥飞影业（香港）有限公司［英文名称：AlphaPictures（HongKong）Limited，以下简称"奥飞香港公司"］可自行行使涉案影片的经销权、商业搭售权和商品经销权，也可授权其他第三方经销商行使以上权利。经销权为该片及其预告片的所有剧场经销和剧场放映、非剧场经销和非剧场放映，以及所有家庭录像带经销和家庭录像带放映、按次计费经销和按次计费放映、点播经销和点播放映、付费电视经销和付费电视放映、免费电视经销和免费电视放映的独家权利。授权地域为中华人民共和国，包含中国大陆和港澳台地区，授权期限为自 2014 年 11 月 4 日起 15 年。奥飞香港公司有权自行或委托其他方作为其代理人，针对任何方面的盗版和侵权行为采取适当措施，包括采取可能的法律措施，针对未经授权的经销、盗版、复制、提供互联网下载或在线观看的行为采取一切措施。

2016 年 2 月 26 日，奥飞香港公司出具授权书，授权奥飞影业（上海）有限公司（以下简称"奥飞上海公司"）涉案影片独占专有的信息网络传播权，授权范围包含信息网络传播权、制止侵权的权利及转授权的权利。授权期限为 5 年，自 2016 年 2 月 26 日起至 2021 年 2 月 25 日止。授权地域为中国大陆境内（不含港澳台）。同日，奥飞上海公司出具授权书，将涉案影片独占专有的信息网络传播权授予华视网聚（常州）文化传媒有限公司，授权范围、授权期及授权地域均与上述授权书相同。

2016 年 3 月 14 日，华视网聚（常州）文化传媒有限公司名称变更为捷成华视网聚（常州）文化传媒有限公司。

2019 年 3 月 1 日，捷成华视网聚（常州）文化传媒有限公司出具《授权书》，载明：授予北京华视聚合文化传媒有限公司涉案影片中国大陆地区的信息网络传播权、相应的维权权利、转授权的权利，性质为独占专有，自 2019 年 1 月 1 日至 2021 年 2 月 25 日。

2020 年 6 月 1 日，北京华视聚合文化传媒有限公司出具《授权书》，载明：授予捷成华视网聚（北京）文化传媒有限公司涉案影片中国大陆地区的信息网络传播权、相应的维权权利、转授权的权利，性质为独占专有，自 2020 年 6 月 1 日至 2021 年 2 月 25 日。

除相反证据外，可以根据影视作品上明确标明的权属信息确定著作权人。本案中，原告提供了涉案影片片尾署名截图、授权书等授权链条完整的著作权授权文件，在无相反证据的情况下，原告享有涉案作品的独占性信息网络传播权及维权权利，有权提起本案诉讼。

（2）涉案作品是否由被告提供？

《著作权法》第 10 条第 1 款第 12 项规定，信息网络传播权，即以有线或无线方式向公众提供作品，使公众在个人选定的时间和地点获得作品的权利。

信息网络传播行为系指将作品、表演、录音录像制品置于网络中，使公众能够在个人选定的时间和地点以下载、浏览或者其他方式获得的行为。本案中，逐鹿茶艺公司（西直门店）内的播放系统未经许可提供涉案作品的在线播放服务。关于二被告辩称涉案作品系案外人提供，与被告无关，且未通过观影牟利的意见，经查逐鹿茶艺公司（西直门店）内的播放系统标识有"逐鹿私影汇"，即便如二被告所述该播放系统由案外人负责提供内容，逐鹿茶艺公司（西直门店）与案外人系通过分工合作提供了涉案作品的在线播放服务，构成共同侵权。现原告向逐鹿茶艺公司（西直门店）主张侵权责任，法院予以支持。同时鉴于逐鹿茶艺公司（西直门店）系逐鹿茶艺公司的分公司，逐鹿茶艺公司对逐鹿茶艺公司（西直门店）的债务负有补充清偿责任。

【法律评价】

本案在前往线下经营场所进行取证之前，取证人员详细了解被告侵权的相关事实，制订合理的取证计划，确保证据采集环境安全、可靠，并准备好必要的取证工具和材料，可以通过检查取证设备的清洁性和网络稳定性来评估环境的适宜性。在取证过程中应当做好充分的记录，包括取证时间、地点、人员、订单信息、播放内容等重要信息，确保取证过程的真实性和完整性。同时，律师还应当及时保存取证相关的物证和书证，并做好备份工作，以备日后诉讼需要。对于取证工具可以选择手机和可靠的取证 App，例如权力卫士 App、掌上取证 App、真相取证 App，这些取证 App 必须采用安全可靠、难以篡改的技术手段来保障证据的真实性和完整性，例如，使用区块链技术等加密技术来确保证据在传输和存储过程中不被篡改或干扰。

案例二：线下经营性场所与第三方以分工合作的方式播放作品的侵权认定

【案件基本信息】

1. 一审：北京互联网法院（2020）京 0491 民初 14029 号
   二审：北京知识产权法院（2021）京 73 民终 4290 号

2. 案由：侵害作品信息网络传播权纠纷

3. 当事人：

原告：捷成华视网聚（北京）文化传媒有限公司

被告：北京影宿酒店管理有限公司

4. 侵权平台：影驿站电影酒店（鸟巢对外经贸店）

5. 涉案作品：电影《鼠胆英雄》

【案情简介】

捷成华视网聚（北京）文化传媒有限公司（以下简称"华视公司"）提交电影《鼠胆英雄》片尾截图，显示出品方2019年9月6日出具的著作权声明书，显示涉案影片的上述全部出品方，均为霍尔果斯捷成华视网聚文化传媒有限公司授权独占专有的：信息网络传播权；网络直播、排播、轮播的权利；点播院线放映权。授权期限为10年，授权范围为中国大陆境内（不含港澳台地区）。授权书约定被授权方有转授权和维权的权利。2020年4月1日，霍尔果斯捷成华视网聚文化传媒有限公司将涉案影片独占专有的信息网络传播权授权给本案原告华视公司。授权期限为2020年4月1日起至2029年7月31日止。授权地域为中国大陆境内（不含港澳台地区）。华视公司提交了由联合信任时间戳服务中心出具的可信时间戳认证证书，该时间戳视频内容为：2020年9月28日，华视公司的委托代理人来到影驿站电影酒店（鸟巢对外经贸店），进入该酒店8019号房间后，打开房间内部的"风霆迅"娱乐系统遥控器，屏幕显示"欢迎光临影宿酒店"。点击进入后，可对涉案影片进行查找并直接播放，拖动进度条可完整播放。在查找并播放本案的涉案影片时，在影片详情页的右侧有导演、主演、类型、简介等相关信息，委托代理人还提交了《鼠胆英雄》全球票房数量以及获得奖项、猫眼评分、腾讯视频播放量的网页截图，证明涉案电影票房较高，具有广泛影响力，给华视公司造成极大损失。

【裁判要旨】

一审法院依照《著作权法》第10条第1款第12项、第48条、第49条规定，判决如下：（1）被告北京影宿酒店管理有限公司（以下简称"影宿酒店")于本判决生效之日起立即停止在其经营的影驿站电影酒店(鸟巢对外经贸店)对《鼠胆英雄》的在线播放服务;(2)影宿酒店于本判决生效之日起 7 日内赔偿华视公司经济损失 15 000 元;(3)驳回华视公司其他诉讼请求。

二审法院依照《民事诉讼法》(2021)第 177 条第 1 款第 1 项规定,判决驳回上诉,维持原判。

【争议焦点】

本案涉及如下焦点问题:(1)关于影宿酒店是否侵犯华视公司信息网络传播权的认定;(2)关于一审法院是否遗漏当事人的认定;(3)关于一审判决的损害赔偿数额是否合理的认定。

"网络用户、网络服务提供者未经许可,通过信息网络提供权利人享有信息网络传播权的作品、表演、录音录像制品,除法律、行政法规另有规定外,人民法院应当认定其构成侵害信息网络传播权行为。有证据证明网络服务提供者与他人以分工合作等方式共同提供作品、表演、录音录像制品,构成共同侵权行为的,人民法院应当判令其承担连带责任。"法院认为,在未获得华视公司授权的情况下,影宿酒店与案外人京江南公司通过分工合作方式在酒店客房的"风霆迅"点播系统中向公众提供涉案影片,该方式符合通过网络将涉案影片置于网络之中,使用户可以在其选定的时间和地点即可观看的行为特征,属于信息网络传播权规制的行为,该行为构成共同侵权,侵犯了华视公司对涉案影片享有的信息网络传播权。

《民事诉讼法》第 135 条规定:"必须共同进行诉讼的当事人没有参加诉讼的,人民法院应当通知其参加诉讼。"本案中影宿酒店与案外人京江南公司之间系共同侵权的连带之债,属于可分之诉,双方均负有全部履行的义务(事后可向另一方追偿),未被起诉的一方并非必须共同进行诉讼的当事人。故一审法院未追加案外人京江南公司参加诉讼并无不当。

一审法院在华视公司的实际损失、影宿酒店的违法所得、权利使用费均无法查清的情况下,综合考虑涉案影片虽然具有一定的知名度和市场影响力,但侵权发生时间已过涉案影片热播期,涉案影片仅能在影宿酒店经营的私人影院内部播放、传播范围较小等因素酌情确定的经济损失数额并无不当，二审法院予以确认。鉴于华视公司没有提交证据予以证明其支付的相应律师费，二审法院对其该项主张不予支持。

【法律评价】

本案影宿酒店通过与案外人京江南公司合作，在酒店客房的点播系统中提供涉案影片，侵犯了华视公司对涉案影片的信息网络传播权。代理律师分析该侵权行为特点是影宿酒店与案外人京江南公司通过分工合作方式提供涉案影片，构成共同侵权行为。这种共同侵权的特点增加了案件的复杂性，需要分析清楚双方的责任和关系，并提出有效的辩护或主张。这也是律师代理的难点之一。华视公司未能提供实际损失的证据，代理律师需要综合考虑涉案影片的知名度、侵权行为的性质、侵权方的过错程度等因素，来合理确定经济损失的数额。这需要代理律师具有一定的法律分析能力和判断能力，以及熟悉相关案例和司法实践经验。

法律实践

点播行为侵权的责任认定

一、自建局域网的点播行为

信息网络传播权的本质特征在于其交互性的特点，即对于提供者所提供的内容，网络用户并非被动地接受，而是根据个人需要进行自主选择，但该选择权不是绝对的，影院经营者在用户的"按需选择"上不具有控制能力。对于通过自设局域网的网络点播行为而言，影片资源储存于影院自设的局域网服务器终端，消费者通过点播系统读取局域网终端片源所处于的位置进行播放，该网络点播行为构成点播影院的经营者向公众进行影视作品的交互式传播，构成了侵犯信息网络传播权的行为。

二、OTT 盒子点播行为

《著作权法》第 10 条第 1 款第 10 项规定，放映权，即通过放映机、幻灯机等技术设备公开再现美术、摄影、视听作品等的权利；第 12 项规定，信息网络传播权，即以有线或者无线方式向公众提供，使公众可以在其选定的时间和地点获得作品的权利。《最高人民法院关于审理侵害信息网络传播权民事纠纷案件适用法律若干问题的规定》第 3 条第 2 款规定，通过上传到网络服务器、设置共享文件或者利用文件分享软件等方式，将作品、表演、录音录像制品置于信息网络中，使公众能够在个人选定的时间和地点以下载、浏览或者其他方式获得的，人民法院应当认定其实施了前款规定的提供行为。据此，首先，信息网络传播权中的提供行为是将作品置于信息网络中进行传播的行为。其次，这种传播方式的效果是能够使公众在其选定的时间和地点获得该作品。认定侵权行为是否具有"交互性"是其是否侵犯信息网络传播权的前提，在 OTT 盒子中进行的点播行为，看似消费者可以根据"个人选定的时间和地点"按需选择观影,但"交互性"的本质在于双向和互动。在OTT盒子中,点播系统所提供的仅限于提供OTT盒子服务的公司经影视作品著作权人合法授权其播放的影视作品,消费者实际的选择空间是极其有限的,在OTT盒子中进行的点播行为不存在消费者与OTT盒子运营商服务器的互动,OTT盒子所连接的服务器只能根据消费者在有限资源中的选择单向输出,并且影院经营者未将影视作品置于信息网络中进行传播,其仅是通过OTT盒子向用户再现已然置于信息网络中的影视作品,OTT盒子点播行为类似于"单向"的广播行为与信息网络技术相结合的情况,在使用OTT盒子点播时,接收的是由OTT盒子运营商提供的信号,在点播过程中虽然使用了信息网络技术,但消费者仅能对OTT盒子范围内的影视作品进行点播,因此OTT盒子点播行为认定为侵犯影视作品著作权人的放映权更为合适。点播影院经营者购买使用的是经影视作品著作权人合法授权的OTT盒子,其购买OTT盒子的行为,是对提供OTT盒子运营商的使用费用,但是其以营利为目的使用OTT盒子对消费者进行付费点播的行为,仍应经影视作品著作权人的合法授权。

三、提供上网检索浏览及投影装置的点播行为

在提供上网检索浏览及投影装置的点播行为中,点播影院经营者虽然提供了供消费者浏览其他视频网站运营商网页的计算机设备,但其所购买的视频网站的会员服务一般仅限于几家视频网站运营商,不具有"交互性"的特点,并且其点播行为也没有扩大公众获得影视作品的可能性,影视作品的可获得范围仍然局限于几家视频网站运营商的服务器。可供消费者选择的空间仍然局限于点播影院经营者提供的其购买会员服务的几家视频网站,其本质上与OTT盒子点播行为无异,故对于提供上网检索浏览及投影装置的点播行为属于侵犯放映权的范畴。

点播影院侵权责任的承担

点播影院点播侵权行为对影视作品著作权人造成的财产损失主要体现在电影上座率、在线付费播放及授权影视作品播放的合理使用预期费用的减少

等方面。但是，按照现行《著作权法》的赔偿制度，计算影视作品著作权人的"实际损失"可能往往无法证明影视作品著作权人的可得利益和预期利益的损失与点播影院经营者的侵权行为有直接的因果关系；如果采用"侵权人的违法所得"计算，网络信息时代的数据极容易伪造和篡改，依此所计算出的赔偿数额往往远低于点播影院经营者的实际盈利，也无法达到惩罚目的；如果按照"权利交易费用"的合理倍数，可能更加适合，以点播影院影视作品被点播的次数乘以影视作品著作权人授权播放电影的合理费用，使影视作品著作权人的财产损失更加具体。

点播影院点播行为侵权隐蔽性和便捷性的特点，使影视作品著作权人的损失往往难以全面计算。在这种情况下，考虑到点播影院经营者的主观恶性程度，适用惩罚性赔偿在成本低、屡禁不止的点播影院侵权是合理的，并且法院可根据不同的侵权案件自由裁量赔偿的标准，以全面赔偿原则为基础，以惩罚性赔偿原则为补充，是在信息网络时代保护影视作品著作权的有效措施。

理论研究

未经授权在商场、超市、宾馆等线下经营场所播放音乐或影视作品，往往触犯了著作权人的多项权利。下文旨在深入探讨著作权人权利在实践中的司法适用以及根据具体情况进行区分和认定。

线下经营场所可能会触犯的视听作品的权利

商场、超市、宾馆、酒吧、影咖、影院等线下经营场所常常会播放视听作品，或许以提升服务质量为目的，或许以此为经营之道，但由于线下经营场所法律意识比较薄弱，在未得到权利人授权的情况下擅自播放音乐或影视作品，往往构成侵权。这类侵权行为，会侵犯著作权人的哪些权利？不同的播放形式搭配不同类型作品，又该如何认定其所侵犯的权利？

经营场所播放的作品主要是音乐和视听作品，而视听作品主要指电影和以类似摄制电影的方法创作的作品。我国《著作权法》规定了著作权人享有的 17 项权利，包括人身权和财产权。在这 17 项权利中，表演权、放映权、广播权、展览权以及信息网络传播权被归类为公开传播权。这些权利允许著作权人以现场或远程的方式，向不特定多数人公开传播其作品。尽管这些权利都属于公开传播权，但它们在实践中的司法适用有所不同，因此需要根据具体情况进行区分。

在线下经营场所未经权利人授权而擅自播放音乐或影视作品可能侵犯著作权人的多项权利，具体如下：

（1）表演权。当音乐或影视作品在公共场所表演或通过播放设备传播时，涉及表演权的侵权。表演权是指权利人享有对其作品进行公开表演的权利，包括以任何方式公开表演作品或者以艺术形式展示作品的权利。

（2）放映权。当影视作品在公共场所播放时，涉及放映权的侵权。放映权是指权利人享有将影视作品公开放映或以其他方式向公众传播的权利，包括在影院、宾馆、酒吧等场所播放影视作品的权利。

（3）复制权。如果线下经营场所未经授权将音乐或影视作品录制复制并用于播放，则涉及复制权的侵权。复制权是指权利人享有制作复制品的权利，包括制作唱片、光盘、影碟等载体的权利。

（4）信息网络传播权。当影视作品在公共场所播放时，以有线或无线方式向公众提供作品，使公众可以在其个人选定的时间和地点获得作品的权利，涉及信息网络传播权的侵权。

不同的播放形式搭配不同类型的作品，其所侵犯的权利也有所不同。

（1）如果在商场、超市等场所播放音乐作品，通常涉及表演权、信息网络传播权和复制权的侵权，因为这些场所的音乐播放往往是通过音响设备进行的，涉及作品的表演和传播。

（2）如果在影院播放影视作品，涉及放映权和信息网络传播权的侵权，因为影院是专门用于放映电影的场所，播放影视作品需要经过权利人的授权。

（3）如果在酒吧、影咖等场所播放音乐或影视作品，也可能涉及表演权、信息网络传播权和放映权的侵权，取决于具体播放的作品和播放形式。

总的来说，不同的播放形式和场所可能涉及不同的著作权侵权行为，但通常会涉及表演权、放映权、复制权和信息网络传播权等权利的侵犯。侵权行为需要根据具体情况进行认定，并且权利人可以依法对侵权行为提起诉讼，维护自己的合法权益。

根据上述描述，可以将经营场所侵犯著作权的行为分为以下几类，并归纳总结其特点如下：

（1）播放背景音乐。经营场所未经授权播放背景音乐，侵犯著作权人的表演权，特指机械表演权。这种行为常见于商场、超市等场所，播放的音乐作品通常存储在本地设备上。

（2）播放音乐MTV版。经营场所未经授权利用设备播放以类似摄制电影方式创作的作品，如音乐MTV版，侵犯著作权人的放映权，常见于KTV、练歌房等场所。

（3）放映本地存储的电影作品。经营场所未经授权在本地设备上放映电影作品，侵犯著作权人的放映权，但不涉及通过网络向公众提供作品，通常用于增值服务或提供娱乐。

（4）通过局域网等方式放映服务器上的电影作品。经营场所未经授权通过设置局域网等方式，在服务器上放映电影作品，侵犯著作权人的信息网络传播权和放映权。

（5）放映第三方视频网络平台上的电影作品。经营场所未经授权通过连接网络的设备放映第三方视频网络平台上的电影作品，侵犯著作权人的放映权，无论第三方视频网络平台是否获得授权。

线下经营场所提供视听作品点播服务的行为在著作权侵权案件中的定性确实存在争议。这种争议主要集中在是否构成侵犯信息网络传播权或放映权的问题上，并且不同的案件可能会得出不同的判决结果。以下是一些关于该问题的观点和总结。

（1）侵权与证据的关联性。在司法实践中，一些案件认定提供视听作品点播服务的经营者构成侵权，而另一些案件则认定不构成侵权。其中，关键因素之一是原告提交的证据是否能够清晰地证明被告的侵权行为，以及是否存在合法授权或许可。

相关案例1——苏州市奋强文化传媒有限公司诉佛山市南海广湖骏福休闲酒店有限公司侵害作品信息网络传播权纠纷案[*]

在该案中，二审法院明确指出尚无法确定被上诉人存在侵犯信息网络传播权的行为，其主要理由包括以下四点：首先，被上诉人仅提供了播放视听作品的设备，并不能单凭该设备播放视听作品就认定其存在侵犯信息网络传播权的行为。其次，法院无法确定被上诉人是否为直接上传涉案视听作品的主体，缺乏确凿证据证明其在传播过程中的直接参与。再次，取证人员通过网络搜索功能打开涉案视听作品，但无法确定涉案作品的真正上传者，因此无法将责任完全归咎于被上诉人。最后，法院无法判断上诉人进入涉案视听作品时的具体过程，也无法准确了解其行为是否构成侵权行为。

因此，法院认为目前尚无足够证据证明被上诉人存在侵犯信息网络传播权的行为，因此无法对其进行侵权认定。

---

[*]（2022）粤06民终6036号。

（2）信息网络传播权与放映权的侵犯认定争议。在一些案件中，法院将提供视听作品点播设备的行为定性为侵犯信息网络传播权，而在另一些案件中，则将其定性为侵犯放映权。这种差异可能源于法院对案件事实的不同理解和对法律适用的不同观点。

相关案例2——捷成华视网聚（北京）文化传媒有限公司诉金华市雷火电竞酒店管理有限公司侵害作品信息网络传播权纠纷案*

在该案中，一审法院认定雷火公司提供的在线点播服务侵犯了捷成公司对涉案电影作品的信息网络传播权。然而，在二审中，浙江省高级人民法院指出，雷火公司提供的服务实际上是通过智能投影仪和"云视听极光"软件，使入住者能够在酒店内观看已经在互联网上传播的电影作品。法院认为，雷火公司并未直接将涉案电影置于信息网络中，而是通过能够联网的技术设备向入住者展示已经存在于信息网络中的作品。因此，法院认定雷火公司的行为属于放映行为，而非信息网络传播行为，捷成公司关于雷火公司侵犯其信息网络传播权的主张被驳回。

随着案例的增多和司法实践的不断发展，一些法院可能会改变其裁判思路，对类似案件作出类似的判断。

相关案例3——宁波声视文化传媒有限公司在佛山市禅城区人民法院提起的著作权侵权纠纷系列案**

法院均认为被告未经许可，将来源于信息网络的涉案电影，通过提供播放设备和观影空间向房客传播视听作品的行为实质上属于公开再现涉案电影，属于侵害放映权的行为。

（3）合理性和维权模式。一些判决可能会考虑原告的维权模式是否合理，以及对相关行业发展的影响。

综上所述，经营场所提供互联网点播设备的行为在司法实践中的定性确实存在争议，这种争议可能涉及对案件事实的理解、法律适用的观点和对维权模式的评估等多个方面。在处理这类案件时，法院需要综合考虑各种因素，

---

* （2022）浙民终1050号。
** （2023）粤0604民初1382号。

确保判决的公正和合理。

对线下经营场所的维权，被告可能会采取以下 6 种抗辩思路和主张。

（1）原告主体不适格。只有拥有著作权的公民、法人或其他组织才能主张著作权权利。

（2）原告作品已超过保护期。著作权的保护期限为作者终生加死后 50 年，超过此期限则不再受到著作权法保护。

（3）超过诉讼时效。原告提起诉讼的时间超过了法定的诉讼时效期限。

（4）公证存在瑕疵。公证文书存在不符合公证程序或瑕疵，可能影响其证据效力。

（5）被诉侵权之客体有合法来源。经营者需证明其有合法授权或合法来源。

（6）侵权赔偿金额过高。综合考虑经营规模、消费水平、主观过错程度等因素，判定合理的金额。

对线下经营场所的维权思路也需考虑协商解决侵权纠纷的合适性。

诉讼维权是版权所有人保护自己合法权益的重要手段之一。首先，版权所有人可以通过监测线下经营场所的活动来发现潜在的侵权行为。一旦发现侵权行为，版权所有人可以选择提起诉讼，主张对视听作品的合法权益进行维护。在诉讼中，法院会根据具体案情和法律规定，判断商家的行为是否构成侵权，以及是否侵犯了版权所有人的权益。如果商家的行为被认定为侵权，法院可能会要求商家停止侵权行为，并赔偿版权所有人的损失。

然而，诉讼维权并不是唯一的解决方案。除了诉讼，版权所有人还可以通过协商、警告信等方式与商家进行沟通，寻求和解或达成协议，以解决侵权纠纷。在某些情况下，商家可能并非故意侵权，而是由于对版权法规定的不了解或误解而导致侵权行为。在这种情况下，通过协商和教育可以更好地解决问题，维护双方的合法权益，避免长时间的诉讼纠纷和不必要的损失。

因此，诉讼维权是一种重要的手段，但也需要权衡利弊，充分考虑商家的经营情况和版权所有人的权益，寻求最合适的解决方案。

私人影院作为一种注重"私密、自由"体验的新兴消费模式，近年来在中国蓬勃发展。然而，随着私人影院的兴起，相关的影视作品侵权问题也逐渐受到关注。下文就私人影院中涉及的著作权问题予以探究。

绕不开著作权，私人影院也难以遍地开花

观看电影已经成为人们平常生活娱乐消费的方式之一，注重观影体验的观众去电影院看电影成为其首选。限于各地院线以及银幕数量限制等诸多因素，主打"私密、自由"为核心卖点的私人影院在我国的发展可以追溯到2015年。当时，随着我国电影市场的繁荣发展，各类大小影院遍地开花。而私人影院这种新颖的模式很快受到了大量年轻人的追捧。在2017年，私人影院迎来了它的快速发展期。[①] 与之伴随的影视作品的侵权问题也逐渐浮出水面。

一、分歧的出现：私人影院的侵权行为究竟如何定性

优酷网络技术（北京）有限公司（以下简称"优酷公司"）认为私人影院的经营者未经其许可擅播了电影《黄金时代》，以侵害作品信息网络传播权为由，将北京金运玖慕文化传媒有限公司（以下简称"金运公司"）、北京云乐迪视听技术有限公司、北京网尚数字电影院线有限公司诉至人民法院。[②] 在该案例中，原告优酷公司主张，其经授权享有电影《黄金时代》的独家信息网络传播权，三被告未经其许可，通过以电子设备为终端的信息网络向社会公众提供涉案影片的播放服务，侵害了优酷公司享有的信息网络传播权。而被告方辩称，播放涉案影片的行为涉及的是放映权控制的行为，而非信息网络传播权，优酷公司不是涉案影片的放映权授权方，不享有涉案影片的放映权，故金运公司未侵犯优酷公司的相关权利。

该案的争议焦点在于金运公司播放涉案影片的行为是受信息网络传播权

[①] 2018年，国家新闻出版广电总局颁布第14号令即《点播影院、点播院线管理规定》，以引导私人影院的有序发展 [EB/OL]. [2020-04-12]. http://www.gov.cn/gongbao/content/2018/content_5291373.htm.

[②] 北京市海淀区人民法院（2018）京0108京民初31142号。

控制的行为,还是受放映权控制的行为。法院经审理后认为,金运公司通过内部局域网向不特定公众提供涉案影片的行为是信息网络传播行为,应受信息网络传播权控制,并非受放映权控制的行为。金运公司未经许可,在其经营的云乐迪私影汇西直门店中通过内部局域网提供涉案影片的播放服务,使不特定公众可以在其选定的时间和地点获得涉案影片,侵害了优酷公司就涉案影片享有的信息网络传播权,应承担相应的侵权责任。于是法院认定,金运公司侵害了优酷公司就涉案影片享有的信息网络传播权,判决金运公司赔偿优酷公司经济损失及合理开支3.5万元。

无独有偶,华视网聚公司以私人影院的经营者侵害了其影视作品《美人鱼》的信息网络传播权为由,将北京亿立方科技有限公司(以下简称"亿立方公司")诉至同一家人民法院。①

在该案中,华视网聚公司主张,其享有对电影《美人鱼》的独家信息网络传播权,亿立方公司未经其许可,通过其所有并经营的私人影院门店,向公众提供电影《美人鱼》的点播服务,侵害了华视网聚公司享有的信息网络传播权。而亿立方公司辩称,播放涉案影片的行为没有侵犯信息网络传播权,其片源是经拷贝后在本地播放。

法院经审理后认为,亿立方公司在未经华视网聚公司许可的情况下,在其运营的主题影院局域网络中,将涉案作品储存在其局域网服务器内,通过局域网连接的每一客户包房的数字电影放映机终端,向不特定的用户提供涉案作品的在线播放服务,使公众可以在其个人选定的时间和地点获得涉案作品,侵犯了华视网聚公司享有的信息网络传播权,应承担相应的侵权责任。法院认定亿立方公司侵害了华视网聚公司就涉案影片享有的信息网络传播权,判决亿立方公司赔偿华视网聚公司经济损失及合理开支5.5万元。

就当前而言,私人影院播放电影的方式一般有两种:一种是通过放映机、幻灯机、幕布等技术设备播放电影作品;另一种则是借助于影院的局域网供消费者进行点播。显而易见,不同的提供影片方式分别受到不同权项的控制。如果在第一种播放的表现形式中,包括放映机在内的硬件设备只是一个载体

---

① 北京市海淀区人民法院(2018)京0108京民初57455号。

而非主要是实现播放功能的机器设备,则应归于第二种的播放表现形式。以下主要针对两种播放方式中的后者的行为进行讨论。

目前,就私人影院擅自传播电影作品而言,存在侵害侵犯信息网络传播权和放映权两种观点。① 在笔者看来,以上两项权利的表现区别在于信息网络传播权调整的是作品提供端的传播行为,而放映权调整的是作品放映端的提供行为。

私人影院传播电影作品侵害著作权案件在以往的司法实践中,主要存在侵害作品信息网络传播权和侵害作品放映权两种裁判模式,这主要是由于私人影院不同的放映方式所导致。如今,伴随着无线网络的快速发展,传统的本地存储播放已逐渐被在线点播模式所取代,针对此类案件的裁判也逐渐清晰起来。

结合目前类似司法案件的审判结果不难发现,包括以上所举案例,既有案例支持认为,② 点播影院通过内部局域网向不特定公众提供涉案影片的行为是信息网络传播行为,应受信息网络传播权调整,未获得信息网络传播权人的授权进行的以上类型的播放,属于侵害了权利人的信息网络传播权。

二、信息网络传播权与放映权、广播权"泾渭分明"还是"难分难舍"

私人影院的经营者未经许可播放影片侵犯他人著作权问题,在笔者看来涉及的著作权法中的权项涵盖广播权、放映权和信息网络传播权,但在认定涉及侵害权利人的何项权利上,可以根据法理选择其中的一种或者几种进行调整,而非罗列。

(一)审判案例借鉴

在《著作权法》中出现信息网络传播权之前,司法实践就对新型的媒介(互联网)未经权利人许可进行的作品使用,适用当时的《著作权法》进行

---

① 倪贤锋.私人影院擅自传播电影作品侵犯信息网络传播权还是放映权?[EB/OL].[2020-04-09]. https://mp.weixin.qq.com/s/OP_OBHy3-cWb1HS5-prnng.

② 江苏省镇江市中级人民法院(2019)苏11民236号民事判决书;四川省成都市中级人民法院民事判决书(2017)川01民终16930号;浙江省宁波市海曙区(2019)浙0203民初13108号民事判决书;浙江省嘉兴市中级人民法院(2019)浙04民初23号民事判决书。

了调整。1999年,王蒙等六作家诉世纪互联通讯技术有限公司侵犯著作权案[①]曾经轰动一时,也引发了人们对互联网侵权行为的关注和探讨。

彼时的互联网还是个新生事物,该案的审理和判决均发生在信息网络传播权这个定义出现之前,伴随着2001年《著作权法》的修订,该案的判决也成为著作权侵权史上的经典案例之一。此案中,一审与二审均认定平台未经权利人的许可,对其作品的使用构成侵权,但是二审判决对一审法院对侵权认定的法律依据进行更改并作了说明,即"我国《著作权法》第十条第(五)项所明确的作品使用方式中,并没有穷尽使用作品的其他方式存在的可能。随着科学技术的发展,新的作品载体的出现,作品的使用范围得到了扩张。因此,应当认定作品在国际互联网上传播是使用作品的一种方式"。在判决部分,二审法院认为"一审法院适用我国《著作权法》第四十五条第(六)项,即'使用他人作品,未按规定支付报酬的'是侵权行为,作为处理本案的法律依据之一,本院认为,该项规定只适用于法定许可的情形,而在网络上使用他人作品,不属于法定许可的范畴。因此,原审法院判决适用此条款有误,本院应予以纠正"。

(二)权利分析

在互联网时代,网络已经是人们生活的一部分。2001年《著作权法》的修正,为此后互联网快速发展下的各类纠纷提供了法律依据。信息网络传播权与放映权、广播权分别是2001年《著作权法》修改后新增的内容:"(十)放映权,即通过放映机、幻灯机等技术设备公开再现美术、摄影、电影和以类似摄制电影的方法创作的作品等的权利;(十一)广播权,即以无线方式公开广播或者传播作品,以有线传播或者转播的方式向公众传播广播的作品,以及通过扩音器或者其他传送符号、声音、图像的类似工具向公众传播广播的作品的权利;(十二)信息网络传播权,即以有线或者无线方式向公众提供作品,使公众可以在其个人选定的时间和地点获得作品的权利。"

放映权、广播权与信息网络传播权的关系如何,关键在于如何理解"信

---

① 北京市海淀区人民法院(1999)海知初字第00057号,北京市第一中级人民法院(1999)一中知终字第185号。

息网络传播权"定义中"使公众可以在其个人选定的时间和地点获得作品"的含义。

根据《著作权法》(2001)第10条对放映权和信息网络传播权的规定，以及《最高人民法院关于审理侵害信息网络传播权民事纠纷案件适用法律若干问题的规定》(法释〔2012〕20号)第2条的规定："信息网络，包括以计算机、电视机、固定电话机、移动电话机等电子设备为终端的计算机互联网、广播电视网、固定通信网、移动通信网等信息网络，以及向公众开放的局域网络。"不难发现，"个人选定的时间和地点"，应指的是在服务提供者划定的时间和地域范围内，个人可以选择的"时间和地点"，从这个角度出发，私人影院的出现，刚好满足了公众对于"随时随地"可以看到自己想看影片的诉求，私人影院作为服务的提供方，可以让其服务范围内的消费者，在自己选定的时间和地点选择影片。

笔者认为，《著作权法》中的"信息网络传播权"的实质，在于通过"交互式"网络传播行为来体现。任何满足"交互式"网络传播的行为，均应受到信息网络传播权的控制。只要私人影院的消费者，可以在服务提供者选定的时间和范围内，通过网络进行点播，这一行为本身就满足了"交互式网络传播"的要件，理应受到信息网络传播权的规范。

信息网络传播权与放映权、广播权最大的区别，在于信息网络传播权所控制的传播行为，须通过"信息网络"加以实施。而根据我国《著作权法》的有关规定，放映权、广播权本身与是否使用"信息网络"无涉。

对于"信息网络"范围的理解，不能简单地局限于"广域"意义上的互联网，它可以指将多台计算机（或者其他设备或者载体）终端连接在一起的网络。因此，无论私人影院最终连接的是第三方视频平台，还是调取内部局域网的相关信息进行解码播放，其影片播放的渠道均可理解为通过"信息网络"传播。反之，如果提供作品和获得作品的设备没有组成"信息网络"，用户只能在本地存储的单一设备上进行选择，那么，该行为就不属于"信息网络"传播的控制范围。

（三）请求权竞合下的处理方法

最高人民法院公布的《民事案件案由规定》是顺应司法实践中出现的新

的案件类型，以及根据修订或制定的新的民事法律规定而设立的。该规定阐明根据诉争的民事法律关系的性质或依据确认之诉、形成之诉的标准，先从新《民事案件案由规定》列出的第四级案由中选择；第四级案由没有规定的，依次类推，则适用第三级案由；再没有，则可以直接适用第二级案由，直至第一级案由。同一诉讼中涉及两个以上法律关系的，应当依当事人诉争的法律关系的性质确定案由，均为诉争法律关系的，则按诉争的两个以上法律关系确定并列的两个案由。在请求权竞合的情形下，人民法院应当按照当事人自主选择行使的请求权，根据当事人诉争的法律关系的性质，确定相应的案由。

综上，著作权法通过对不同侵权方式、不同技术手段的认定与区分，从而设立不同的权项，力图构筑对作品权利的全面保护。信息网络传播权与放映权、广播权三者看起来"泾渭分明"，但是在侵权形式上"难分难舍"，然而并不意味着司法实践中对此类侵权"手足无措"，请求权的竞合的认定可以厘清非此即彼的侵权类别的"假象"与"混乱"。

在当今数字化时代，越来越多的创作者选择以分工合作的方式共同创作和提供作品。然而，在这种合作模式下，涉及作品的权利归属和责任认定等问题引发了广泛关注。下文旨在对这一问题进行深入研究，探讨司法如何认定这种分工合作方式下作品的权利和责任。

以分工合作的方式共同提供作品涉及侵权的司法认定研究

一、"分工合作共同侵权"的法律规定

（一）"分工合作共同提供作品"的定义

"分工合作共同提供作品"来源于《最高人民法院关于审理侵害信息网络传播权民事纠纷案件适用法律若干问题的规定》第4条，是指网络服务提供者与他人有着明确分工，以合作等方式共同对作品进行提供的行为。此时

网络服务提供者将与实际上传者共同构成侵权，承担共同侵权责任。但纯粹提供技术的网络服务的行为排除在分工合作共同提供作品的行为之外。

此款针对的主体是网络服务提供者。划分网络服务提供者与网络内容提供者是为了更清晰地解决网络侵权纠纷中的法律关系与分配责任，但在司法实践中，这种划分并非固定的，实际上，网络服务提供者可能实施超越其提供技术的行为而构成直接侵权。如直接上传行为或分工合作提供作品的行为。故对网络版权侵权的判断不应拘泥于身份，而应全面且合理地对网络服务提供者的具体行为进行法律评价。

"分工合作共同侵权"条款来源于共同侵权理论。关于共同侵权"共同性"的解读，学界主要有四种观点：主观说、客观说、折中说和兼指说。

（1）主观说。共同侵权"共同性"应理解为"共同故意"，在数个加害人具有意思联络时才可成立共同加害行为。意思联络使得数个加害人的行为被评价为一体，均与损害存在因果关系。故哪怕其中一方只承担了一部分行为，因主观上的共同协力，也需对整个行为负责。

（2）客观说。当数个侵权行为客观上发生同一且不可分的损害结果时，是共同侵权。其中又分为关联共同说和损害共同说。关联共同说是指各行为人之间的行为是构成所造成损害的共同原因，则没有意思联络也可构成共同侵权，属于行为关联共同；损害共同说是指对于数个行为人共同所造成的不可分的"损害"构成共同侵权。

（3）折中说。构成共同加害行为既包括主观方面，也包括客观方面。张宝新教授认为，从主观方面来看，行为人应当有主观过错，或是故意，或是过失，但无须共同的故意或意思联络。从客观方面，加害行为应当具有关联性，以构成一个统一且不可分割的整体。

（4）兼指说。共同侵权采取广义范畴，既包括意思关联共同，也包括行为关联共同。若数个行为人具有意思联络者，就行为所产生的不同损害，构成共同侵权；若无意思联络，但数人的行为在客观上造成同一损害后果，亦构成共同侵权。孔祥俊法官同样认为，狭义的共同侵权包括两种。一是"共同"指共同故意，即不论数个行为人间如何分工，基于相互通谋而实施的侵害行为均构成共同侵权。二是"共同"指客观上造成不可分的损害，即两人以上虽无共同故意，但共同致害行为造成同一损害后果，且致害份额无法确定。

北京市高级人民法院出台的《关于涉及网络知识产权案件的审理指南》（2016）采取了折中说，各行为人具有提供作品的意思联络且基于意思联络实施了相应分工行为的，是信息网络传播权的直接侵权。但分工合作共同侵权中的意思联络不应要求过于严苛，有合作意图即可。分工合作共同侵权的司法判断更应当从客观出发，判断事实上是否存在分工合作行为，此更为合理亦更有操作性。

对于分工合作共同侵权条款的解读，既要结合信息网络传播权的定义与共同侵权规则的运用，又要注意其例外情形，故合作情形复杂，需要对其构成要件具体分析。其构成要件需满足以下三点：（1）主观上对共同提供作品有意思联络；（2）客观上实施了分工合作共同提供行为；（3）排除纯粹技术中立行为。纯粹的技术中立是指严格符合"避风港原则"的网络必要的技术行为。

（二）构成要件的主观方面：意思联络

意思联络指的是网络服务提供者与网络内容提供者在提供作品方面有合作的意图。一般而言，意思联络体现在双方所签订的合作协议中。但也有法院从具体的行为与事实中推断意思联络，如北京优朋普乐公司诉东方有线网络公司信息网络传播权一案中，法院就是根据具体的事实来推断"分工合作提供作品"的主观意图的。原告诉称被告经营的"东方星天地"网站未经许可播放涉案电影。被告以网站不存储影片，其仅是链接提供者作为抗辩。影片的观看是点击被告网站高清链接跳转到案外人道升公司经营的第三方"天天看"网，然后再通过搜索跳转到不确定的第四方网站播放。法院认为被告与道升公司是分工合作共同提供作品，构成共同侵权。首先，被告有提供作品的意图。被告网站提供点播服务，而涉案作品的点播正是通过被告网站中"高品质电影 ET 高清电影频道全新上线立即体验高品质电影"的链接框逐步操作可得。根据被告的表述与涉案作品的获得方式，可以推断出被告有提供作品的意图，相关公众也会认为涉案作品由被告提供。其次，从外观看，原告设置的链接框在网站上处于较为显著的位置，字体与所占网页面积较大，设置方式与外在表现形式和普通用于定位信息的链接设置有明显不同。推定被告通过与其他网站合作提供作品的意图。最后，从一般生活经验看，被告设置的链接框会使相关公众误认为是被告网站的二级频道，故被告通过自己网站设置二级频道的方式，将用户导向其合作伙伴"天天看"网站，主观上有与道升公司合作的意图，且客观上实施了设置链接共同提供作品的行为。被告与道升公司是以分工合作方式的共同侵权。非提供作品层面的合作不应当被认为是共同侵权。实践中网络服务提供者与网络内容提供者的合作行为也可以是技术层面的合作，如只提供技术而未参与作品提供的机顶盒。也可以是推广层面的合作，如网络服务提供者仅提供展示平台的合作。故应当对网络服务提供者在合作中的全部行为与具体的行为方式进行综合分析。

(三）构成要件的客观方面：共同提供行为

主观方面标准过于飘忽，更多的是取决于法官的自由裁量，而客观行为不仅是意思联络判断的基石，更是意思联络修正的标尺。共同提供行为，是指网络服务提供者与网络内容提供者在作品提供方面有着深度且紧密的合作，通过行为的不同分工，达到共同将作品置于信息网络中的结果。考察客观行为的重点在于明确分工行为，其意味着一方有直接上传行为，另一方未直接实施上传行为，但双方对"提供作品"有着共同行为，为了达到共同目的实施分工行为，分工行为导致了作品置于公众所获得状态的结果，此时由于行为关联性，数人的行为皆被评价为提供作品的行为。

司法实践中常见的共同提供的行为类型主要有以下几种。

第一，共同经营行为。主要体现为网络服务提供者与网络内容提供者共同经营作品提供的网站平台，或者共同经营作品提供业务。

第二，明确分工行为。网络服务提供者与网络内容提供者对作品提供行为进行明确分工。对作品内容提供的具体约定是分工合作共同提供行为的重要认定依据。

第三，共同获利不可单独作为判断共同提供行为的要素，却是认定共同侵权的重要因素。网络服务提供者与网络内容提供者在合作行为中分享利益，共同获利并不能直接认为是提供作品层面的合作。共同获利的来源多样，可能是技术层面合作带来的，也可能是推广层面合作带来的。但共享利益可与合作中的其他因素一起综合认定是否为提供作品层面的合作。

二、合作情形下的侵权责任认定

（一）版权侵权中的直接侵权和帮助侵权

我国《著作权法》在法理上将版权侵权行为分为直接侵权和帮助侵权。我国没有关于引诱侵权与替代侵权的相关的法律规定，《民法典》"侵权责任编"中规定的替代责任是特殊的责任承担方式，只能适用于法律明确规定的情形，如雇主责任，而无法直接适用于版权法领域。直接侵权是指实施了侵害他人民事权益的行为。信息网络传播权直接侵权是他人未经版权人许可的作品提供行为，将作品置于公众可以获得的状态。包括单独行为和共同行为。帮助侵权是指未直接实施侵权行为，但在知道侵权行为的前提下，为侵权行为的实施提供了实质性的帮助。通常表现为行为人有意为直接侵权行为人提供帮助工具，使已经置于信息网络中的作品再行传播，对侵害结果范围的扩大起实质性作用。

（二）分工合作共同侵权与帮助侵权

在我国信息网络传播权侵权纠纷中，对直接侵权与帮助侵权有不同的认定标准。

学界关于直接侵权是否适用过错原则存在争议，但争议点在于过错原则对是否赔偿责任的影响，而停止侵权、排除妨碍的请求无主观要求，类似于物权请求权，应当适用无过错原则，即无论是否明知侵权行为而为之，都必须承担停止侵权、排除妨碍等责任。版权保护以受控行为界定专有权利，当实施提供作品行为时，则踏入版权人的专有权利范围，行为人应当承担直接侵权责任。

关于帮助侵权，以过错原则为归责原则，客观行为和主观过错必须同时存在。信息网络传播权侵权纠纷中，行为人构成帮助侵权，应当符合三个要件：一是要有直接侵权的存在；二是行为人客观上有帮助行为；三是明知或应知侵权行为的存在，且不应该是模糊的知道，而应该是知道具体的作品。明知是指网络服务提供者在实际知道侵权行为存在的情况下，仍然提供实质性帮助的情况。而"应知"的判断是司法裁判中的难点。既不宜规定过细而使得其无法适用于大量实践案件，又不宜过于笼统使得法官解释范围过大而导致同案不同判现象。北京市高级人民法院与最高人民法院根据实践总结规律，对"应知"作出了大量司法解释。如网络服务提供者从作品中获取直接经济利益则需承担较高的注意义务，若有推荐榜单等行为的可推定为应知情形。司法实践中，注意义务是判断过错的重要因素。作品性质、热门推荐、播放来源仅显示标志、未选择普通链接的方式或播放过程未离开其网站页面都可以作为违反注意义务的理由，被认定为有过错。另外，不能因为网络服务提供者没有主动审查而据此认定其有过错。网络上内容过多，网络服务提供者无法一一审查用户所上传的内容，网络服务提供者没有事先主动审查的义务。

分工合作共同侵权与帮助侵权存在区别。第一，最重要的区别在于分工合作共同侵权的侵权归责源于意思联络，而帮助侵权的侵权归责在于帮助人的主观过错，其与直接侵权人没有共同提供作品的意思联络。在多数人的侵权纠纷中，对于数人行为可分为共同评价与单独评价。分工合作共同侵权需进行共同评价，因行为共同性与意思联络而被看作一体，双方行为均被评价为直接侵权，应当承担连带责任。而帮助侵权存在两个单独的行为，行为人之间没有意思联络，行为人提供了帮助行为，是与直接行为的结合。第二，承担赔偿责任的不同。分工合作共同侵权由于行为共同性，以分工合作的方式实现共同的结果，则意味着未直接提供作品一方，由于与直接提供作品的一方有提供作品的意思联络与分工行为，未提供作品的一方也需要承担提供作品的侵权责任。在分工合作共同侵权中，网络服务提供者与网络内容提供者承担连带责任。而在帮助侵权中，作为帮助者的网络服务提供者，只对自己的行为所造成的损害部分承担赔偿责任。

（三）分工合作共同侵权与"避风港原则"

分工合作共同侵权"但书"条款将仅提供自动接入、信息存储空间、自动传输、文件分享技术、链接、搜索等网络服务的情形排除在分工合作共同提供行为之外，该条款即来源于"避风港原则"。

我国为自动接入、传输服务、自动存储、提供信息网络存储空间与搜索、链接服务四种技术行为提供了免责条款。当符合一定的法律要件时，则可进入"避风港"而免于承担赔偿责任。

首先,关于自动接入、传输服务。此种自动接入、传输服务是提供一种将作品呈现于大众所必需的自动传输管道。提供此种技术服务亦必须服务于特定的服务对象,并防止特定服务对象以外的其他人获取内容,不能选择并且不能改变所传输的内容,才属于可以免责的自动接入、服务。最典型的是宽带服务,宽带服务是为服务器提供网络接入服务。

其次,关于自动储存服务。针对的对象仅是为提高网络传输效率的自动存储技术。为提高网络传输效率的自动缓存服务针对的"自动存储",仅仅适用于提高网页传输效率。网络服务提供者在下列情况下可不承担赔偿责任:没有改动所缓存作品;不妨碍原网站对用户获得情况的掌控;当原网站的作品变动时,网络服务提供者根据计算机自行删除、修改或屏蔽该作品。

再次,关于信息存储空间服务。信息存储空间服务主要提供平台给用户上传和发布内容,由用户操作并上传内容与信息,平台自动将信息与内容存储在信息网络中。提供信息存储空间的技术服务者免责需要符合以下条件:明确告示自身的服务是网络信息存储空间,并公开上传内容用户的名称、联系地址、网络地址。既没有改变所存作品也未从他人提供的作品中获取经济利益。若存在侵权作品,网络服务提供者不明知或应知他人提供侵权作品的行为,接到通知后及时删除的。关于提供信息存储空间服务的认定,一般可以根据以下方式确定:网站上明确标示其为提供信息网络存储空间服务以及在《用户须知》内容里提示,或者是被告能够提供实际上传者的用户名、注册 IP 地址、注册时间、上传 IP 地址、联系方式以及上传时间、上传信息等证据来证明自己并非作品提供者。

最后,关于搜索、链接服务。针对的对象是搜索或链接服务。其免责条件是接到权利人通知应及时断开侵权作品的链接。若是明知或应知所链接的作品是侵权的,即使接到通知后及时删除了侵权作品,由于本身有主观过错,也应承担帮助侵权责任。

然而链接与搜索技术的表现形式多样,是否所有的链接与搜索行为都属于"避风港原则"范围中的链接或搜索行为呢?提供链接的行为,包括普通链接、深度链接、加框链接以及内部链接等,并非所有链接行为均符合"避风港原则"。根据技术中立原则,应当对符合"避风港原则"的搜索与链接服务作严格解释。关于搜索技术,应当是通过网页定位或者文件定位的方式提供被查询信息在网络中的位置,然后跳转到目标网站的技术。关于链接技术,"避风港原则"只针对网页的"普通跳转链接"而言,即当用户点击链接后即会离开设链网站而跳转至第三方网站,同时,浏览器地址栏中显示的是第三方网站的网址。"普通跳转链接"应当符合"链接不替代原则",链接不替代原则的目的在于,设置链接的网站不应掠夺直接上传作品的网站因作品传播所获得的利益。设链网站若不跳转至另一网站,而是在其网站中即能欣赏作品,不宜认定为符合"避风港原则"中的链接行为。

符合"避风港原则"的纯粹技术行为可免除网络服务提供者的赔偿责任。但不符合要件也未必要承担侵权责任,仍应视具体情况具体分析。界定属于"避风港原则"的技术行为的界限,或许在传统的对网络服务提供者侵权责任判断上并没有如此重要,传统侵权认定中对提供技术的行为更注重于主观过错的判断,但将符合"避风港原则"的技术行为严格界限,对分工合作共同侵权的合作行为判断有重要意义。

综上所述,符合"避风港原则"的提供纯粹技术的行为,即使网络内容提供者与网络服务提供者存在合作关系,也不认为存在提供作品行为。存在合作关系时,符合"避风港原则"的技术提供行为必然不构成作品共同提供行为,但不符合"避风港原则"也不一定认为就构成共同提供作品。

三、实践中判断构成分工合作共同侵权的判定要件

(一) 有作品提供的合作关系是判断前提

合作关系的存在是考察分工合作共同提供作品行为的前提,如上所述,分工合作共同侵权需意思联络以及明确分工行为,这也是区分网络服务提供者适用帮助侵权条款的重要因素。合作关系是意思联络的重要考量,没有合作关系则难以谈得上是分工合作共同侵权。

网络内容提供者与网络服务提供者之间是否有合作关系存在,则需要重点考量合作对象与合作内容。首先,合作对象的判断往往对判决结果有着实质性的影响。在实践中,作为被告的网络服务提供者常被诉称与直接上传内

容的用户或者作品提供商构成分工合作共同提供行为。此时,准确地判断具体合作对象以及合作对象与作品提供者之间的关系显得尤为重要。其次,只有作品提供层面的合作关系才是"分工合作共同提供作品"条款规制的对象。合作的商业模式有许多,从是否构成分工合作共同侵权来看,则合作行为分为两大类:一是作品提供层面的合作;二是非作品提供层面的合作,包括推广层面合作、技术层面合作等。只有作品提供层面的合作关系才可被认定为"分工合作共同提供作品"的行为。网络服务提供者仅提供传输、存储等技术服务,没有对作品内容的提供进行明确分工、共同获利,无法控制作品的内容,则不属于作品提供层面的合作。

(二)主观上有关于作品提供方面的意思联络

分工合作共同侵权的主观构成要件是网络服务提供者与网络内容提供者在作品提供层面存在意思联络,存在合作意图即可。

当网络服务提供者与网络内容提供者有提供作品的意思联络时,是区分帮助侵权与分工合作共同侵权的基石,一方有实际初始上传行为,另一方没有实际上传行为,而共同目标的追求体现了双方的"主观共同性",将网络服务提供者与网络内容提供者的行为评价为一体,被认定为提供行为。意思联络使得网络服务提供者不再是旁观者,而是提供作品行为的参与者。

(三)客观上存在分工合作共同提供作品的行为

分工合作共同侵权的客观构成要件为网络服务提供者与网络内容提供者以分工合作的方式具体进行提供作品的共同行为。

关于合作行为是否构成分工合作共同提供作品行为的认定,应当注意以下四点。

(1)分工合作必然存在一个实际实施上传行为的人,一个未曾实施实际上传却在意思联络下为提供行为实施其他行为,共同合力将作品置于网络中。即使另一方未有直接上传行为,其也不能免责。

(2)全面且综合地评价合作行为,不可割裂联系性。分工合作共同提供行为中网络服务提供者存在两种行为:一是纯粹提供技术的行为,二是其他行为。这些其他行为若与网络内容提供者的行为存在紧密联系,是明确分工以达到提供作品效果的行为,则不能忽略其与网络内容提供者的关系而单独评价。

（3）紧紧围绕"提供作品"层面的分工合作。从具体的合作行为来看，有许多因素可能被考虑构成合作共同提供作品的行为，这些因素包括：共同经营、企业关联、存在"对接"关系、明确分工以及共同获利等。但分工合作共同提供作品行为的判定需要紧紧围绕"提供作品"层面的合作，而不能仅凭某一单独的要素而认定。

（4）排除纯粹技术中立的技术提供行为。随着技术的发展，技术服务提供行为呈现新颖化、多样化、复杂化的趋势，单是技术服务中的一种类型——链接行为，就发展出定向链接、加框链接、深度链接等形式，网络服务提供者是否仅提供技术服务的行为、技术使用的行为是否侵权的法律判断则变得更为复杂。

（四）分工合作共同侵权的抗辩理由

网络服务提供者没有实际的上传行为不能作为分工合作共同提供作品的免责条件。如上所言，分工合作共同侵权中，分工合作的方式意味着一方有实际上传或类似上传的行为，而必然存在一方未曾实际实施上传等行为，故网络服务提供者若仅举证自己不是作品的直接上传者，无法成为其免责理由。

可以作为抗辩理由的是，网络服务提供者在合作关系里仅提供自动接入、传输、信息网络储存、搜索、链接、文件分享等网络服务，并非提供作品的合作，如以跳转链接的方式所进行的推广合作。如上所言，对于可作为抗辩理由的技术服务行为应作严格解释，即合作的内容仅是符合"避风港原则"的纯粹技术行为，应当符合技术中立原则，是用户为获得作品所必需的网络技术行为，网络服务提供者无法控制也无法改变作品。

（五）举证

依据民事诉讼中"谁主张谁举证"的原则，原告应当承担证明网络服务提供者与网络内容提供者之间存在分工合作行为的举证。但由于网络侵权案件涉及的分工合作往往伴随着隐蔽性。作为版权人的原告难以深入了解侵权人的合作模式以及具体内在侵权方式。故往往是原告提供了初步证据证明被告具有提供行为，如涉案作品出现在某网站上，而通过域名查询，网站的经营者是被告，则由被告来证明自己并非提供作品的人。

网络服务提供者与网络内容提供者签订的协议是对合作关系的重要判断依据，是认定意思联络的最直观的证据。但当事人可能由于各种理由不提交合作协议，由于合作协议往往属于商业秘密，掌握在被告的手里，属于因客观原因不能自行收集的证据，对于被告拒不提供的行为，原告可以向法院申请，由法院审核后调查取证。

协议并非唯一认定合作关系的证据，被告提交的证据以及实际事实是认定合作关系的另一重要依据。实际事实的证明力度大于协议，当具体事实与协议中的规定不符时，应当以实际事实为准。

涉网盘的侵权行为

背 景

网盘：隐形的侵权工具

在互联网时代，网盘等网络存储工具早已成为人们日常生活中不可或缺的一部分，为用户提供了便利的文件存储和分享平台，使数据的存储、传输和共享变得异常便捷。然而，随着数字化娱乐内容的日益丰富，网盘也渐渐演变成了侵权行为的隐形工具。

网盘的侵权模式与传统的侵权平台有所不同。传统侵权平台往往将受版权保护的影视作品直接上传至服务器，用户可以在平台上观看，从而直接侵犯版权。而网盘侵权的本质在于存储和传播的双重行为。用户不仅可以将受版权保护的影视作品上传至网盘进行存储，还可以通过生成分享链接的方式，将这些资源传播给其他用户。

这种侵权行为更为隐蔽，因为用户可以选择公开分享或私密分享。在私密分享中，生成的链接需要输入提取密码才能获取资源，而公开分享则通过搜索引擎等方式，使得资源被更广泛地传播。此外，网盘的传播方式无固定的流向，很难被外部察觉，使得侵权行为的监管和打击变得异常困难。

侵权行为不仅给版权方造成巨大的损失，也给维权带来巨大挑战。追究侵权责任需要耗费大量的时间和金钱，而且由于侵权行为的隐蔽性，往往难以锁定直接侵权者和获取充分的证据，导致维权难度大增。

因此，网盘作为侵权工具的性质日益凸显，迫使社会各界加强对其监管和管理，以维护知识产权的合法权益，保护数字内容的创造和传播环境的健康发展。

案例

以下案例从案件基本信息、案情简介、裁判要旨、争议焦点等方面对涉网盘侵权的判决书进行评析，将司法实践中的焦点问题进行梳理，以期为知识产权的司法保护提供一些思路。

案例一：美术教程被他人通过百度网盘进行散布侵权的救济

【案件基本信息】

1. 一审：北京市朝阳区人民法院（2018）京 0105 民初 80035 号
2. 案由：侵害作品信息网络传播权纠纷
3. 当事人：

原告：天天创造（北京）科技有限公司

被告一：深圳市腾讯计算机系统有限公司

被告二：周某

4. 侵权平台：微信公众号"我的卷"及个人微信号"卷卷麻麻小 CC"
5. 涉案作品：48 集系列课程 kidot 艺术启蒙课视频

【案情简介】

公众号"Kidot 儿童艺术"（微信号：Kidot Art）为天天创造（北京）科技有限公司（以下简称"天天创造公司"）所经营，在该公众号中发布有涉案课程视频的主要内容、目标以及学员作品的介绍、展示。在菜单栏中选择"我的课程"，查看页面中央"点击购买全年正式课 48 节"，显示直接购买价格为 1280 元，点击右下方立即购买，有全额支付 1280 元和分 6 期或分 12 期支付三种选项。天天创造公司提交了涉案课程视频、部分制作剧本、花絮、分镜、未剪辑视频等以证明涉案课程视频由其创作完成。当庭勘验涉案课程视频第 3 集、第 9 集和第 17 集分镜，均可正常播放，视频中和视频左上方均显示

"Kidot"标志。微信公众号"我的卷"及个人微信号"卷卷麻麻小CC"由周某运营。2018年5月24日,微信公众号"我的卷",下方显示"资源群""艺术相关""全部文章"三项选择,点击"艺术相关"中的"入艺术群",页面上方显示"你来一下!有个挺不错的艺术亲子群希望你能来……很多好的学习资源要分享给你哦!"。浏览该篇文章,其中未显示涉案课程视频及相关链接。2018年5月7日,微信昵称为"卷卷麻麻小CC"邀请昵称为"Flora妈妈"的用户加入"我的卷全国艺术4群"(以下简称"涉案群聊")中,"Flora妈妈"询问"怎么领课","卷卷麻麻小CC"回复"群里不是领课,是带娃一起互动,每周会发点课件"。同日,"卷卷麻麻小CC"向"Flora妈妈"发送了题为"惊呆!你最最最需要的资源群原来就在这里!大部队等你来"的文章,并称"红领巾6群,麻烦转发上面文章截图我,群基金是10元,这里直接给我就好啦,朋友圈请开放,之前筹的资源也都会有哒",随后"Flora妈妈"向"卷卷麻麻小CC"转账了10元。点击"卷卷麻麻小CC"详细资料中的个人相册,显示有"转发+截图私信我,暗号四群"的朋友圈。2018年5月18日,"卷卷麻麻小CC"在群中发送了"链接:http://eyun.baidu.com/s/3o9bIKCy 密码 aaaa"的消息。在地址栏中输入该链接和密码,点击其中"L1_No.9 色环大变身.mp4"文件,可正常播放。北京市方正公证处对上述浏览过程进行了证据保全公证,天天创造公司为此支付1200元。经比对,"L1_No.9 色环大变身.mp4"(以下简称"公证课程")与涉案课程视频第9集内容一致。

天天创造公司向北京市朝阳区人民法院提起诉讼,周某未经天天创造公司授权,在其运营的微信公众号"我的卷"及个人微信号"卷卷麻麻小CC"提供了全部涉案课程视频,侵犯了其作品的复制权和信息网络传播权;腾讯公司未及时对周某的在线传播涉案课程视频行为采取必要措施,应与周某共同承担责任。

【裁判要旨】

(1)法院一审判决周某于本判决生效之日起立即停止通过微信传播涉案"Kidot艺术启蒙课程视频";(2)周某于本判决生效之日起10日内赔偿天天

创造公司经济损失 6 万元及合理开支 1000 元；（3）驳回天天创造公司其他诉讼请求。

【争议焦点】

法院认为，涉案课程视频属于以类似摄制电影的方法创作的作品。《著作权法》规定，作品的著作权属于作者，如无相反证明，在作品上署名的公民、法人或者其他组织为作者。当事人提供的涉及著作权的底稿、原件等可以作为证明权利归属的初步证据。天天创造公司提供了创作涉案课程视频的分镜、花絮、未剪辑视频等构成涉案课程视频的原始元素，亦在涉案课程视频中标明了天天创造公司在其运营的微信公众号中突出使用的"Kidot"标志，在无相反证据的情况下，可以认定天天创造公司是涉案课程视频的著作权人。

将涉案课程视频与公证课程以及在涉案群聊中点击链接能够播放的视频进行比对，两者具有一致性。在周某未举证获得天天创造公司授权的情况下，周某在百度网盘中上传涉案课程视频部分集数，并在涉案群聊中发布存储有涉案课程视频的百度云盘链接和密码，使获得链接和密码的公众能够在选定的时间和地点获得涉案课程视频，侵犯了天天创造公司的复制权、信息网络传播权，应当承担停止侵权、赔偿损失的民事责任。

关于赔偿经济损失的具体数额，天天创造公司没有提交证据证明周某涉案侵权行为给其造成的损失数额以及周某的获利数额，法院将综合考虑涉案作品的独创性程度、涉案侵权行为的性质和情节、周某主观过错程度、涉案课程视频的销售价格等因素，酌情确定本案赔偿数额。天天创造公司为本案支出的公证费属于其为本案支出的合理费用且有相应票据佐证，故法院对合理开支费用予以支持。

天天创造公司主张周某书面赔礼道歉，法院认为，复制权、信息网络传播权均为财产性权利，判令周某赔偿经济损失和合理开支足以使天天创造公司得到救济，因此，对天天创造公司赔礼道歉的诉讼请求，法院不予支持。

腾讯公司已通过《腾讯微信软件许可及服务协议》《微信个人账号使用规范》《微信公众平台服务协议》《微信公众平台侵权投诉指引》尽到告知义

务，亦有明确的微信朋友圈和微信公众号投诉通道，且在起诉后向法院提供了周某的实名注册信息，结合涉案课程视频存储于百度云盘并未存储于腾讯公司服务器中的事实，腾讯公司不应承担停止侵权、赔偿损失的民事责任。

【法律评价】

本案争议焦点在于课程视频的确权、侵害的权利项类别。

（1）因为本案中的涉案作品被侵权的发生以及立案时间是在2019年，所以该侵权行为的认定应在《著作权法》（2010）的规制范围。故北京市朝阳区人民法院对涉案课程视频的认定为：属于以类似摄制电影的方法创作的作品。

（2）《著作权法》规定，作品的著作权属于作者，如无相反证明，在作品上署名的公民、法人或者其他组织为作者。当事人提供的涉及著作权的底稿、原件等可以作为证明权利归属的初步证据。天天创造公司提供了创作涉案课程视频的分镜、花絮、未剪辑视频等构成涉案课程视频的原始元素。且在涉案课程视频中标明了天天创造公司在其运营的微信公众号中突出使用的"Kidot"标志，在无相反证据的情况下，可以认定天天创造公司是涉案课程视频的著作权人。

（3）将涉案课程视频与经过公证取证的课程以及在涉案群聊中点击链接能够播放的视频进行比对，两者具有一致性。在周某未获得天天创造公司授权的情况下，周某在百度网盘中上传涉案课程视频部分集数，并在涉案群聊中发布存储有涉案课程视频的百度云盘链接和密码，使获得链接和密码的公众能够在选定的时间和地点获得涉案课程视频，侵犯了天天创造公司的复制权、信息网络传播权。

（4）关于赔偿经济损失的具体数额。法院综合考虑涉案作品的独创性程度、涉案侵权行为的性质和情节、周某主观过错程度、涉案课程视频的销售价格等因素，酌情确定本案赔偿数额。天天创造公司为本案支出的公证费属于其为本案支出的合理费用且有相应票据佐证，故法院对合理开支费用予以支持。

（5）本案代理律师认为，虽然法院以天天创造公司为本案支出的公证费属于其为本案支出的合理费用且有相应票据佐证，故对以上开支费用予以支持。但是没有支持律师代理费的请求是本案的一个遗憾。本案中律师参与了对侵权作品的取证，并参加了几次开庭，在本案开庭结束之前的长达两年的时间里，代理律师做了大量的法律论证、法律研究、代理支持工作。根据法律规定，此类案件中法院应该支持的合理费用应该包含一定的律师代理费用。

案例二：下载服务提供者是否侵权的认定

【案件基本信息】

1. 一审：北京互联网法院（2021）京0491民初41994号
2. 案由：侵害作品信息网络传播权纠纷
3. 当事人：
原告：捷成华视网聚（北京）文化传媒有限公司
被告一：成都诺依曼网络科技有限公司
被告二：深圳市迅雷网络技术有限公司
4. 侵权平台：天堂电影App
5. 涉案作品：电影《海兽之子》

【案情简介】

被告成都诺依曼网络科技有限公司（以下简称"诺依曼公司"）在其运营的安卓系统应用"天堂电影"App内对原告捷成华视网聚（北京）文化传媒有限公司（以下简称"捷成华视公司"）享有独家信息网络传播权的电影进行编辑介绍，并借助被告深圳市迅雷网络技术有限公司（以下简称"迅雷公司"）运营的手机应用"迅雷"对涉案影片向不特定公众提供下载播放服务。

【裁判要旨】

依照《著作权法》（2020）第10条第1款第12项、第53条、第54条，《最高人民法院关于审理侵害信息网络传播权民事纠纷案件适用法律若干问题的规定》第4条，《最高人民法院关于审理著作权民事纠纷案件适用法律若干问题的解释》第 7 条之规定，判决如下：（1）诺依曼公司于本判决生效之日起 10 日内立即停止侵权，从涉案 App 中删除涉案作品下载链接；（2）诺依曼公司于本判决生效之日起 10 日内赔偿捷成华视公司经济损失 3 万元和合理支出 50 元；（3）驳回捷成华视公司其他诉讼请求。

【争议焦点】

（1）关于法律适用的标准。

《最高人民法院关于审理著作权民事纠纷案件适用法律若干问题的解释》（2020 年修正）第 29 条规定："除本解释另行规定外，人民法院受理的著作权民事纠纷案件，涉及著作权法修改前发生的民事行为的，适用修改前著作权法的规定；涉及著作权法修改以后发生的民事行为的，适用修改后著作权法的规定；涉及著作权法修改前发生，持续到著作权法修改后的民事行为的，适用修改后著作权法的规定。"本案中，原告于 2021 年 7 月 5 日对涉案侵权行为发生进行取证，应认定侵权行为持续至 2020 年《著作权法》修改实施之后，故本案应适用修改后《著作权法》的规定。

原告对涉案作品是否享有信息网络传播权及相关维权权利如无相反证明，在作品上署名的公民、法人或者其他组织为作者。对于影视作品，可以根据作品上明确标明的权属信息确定著作权人，未明确标明权属信息的，可以认定在片头或者片尾署名的出品单位为著作权人，无出品单位署名的，可以认定署名的摄制单位为著作权人，但有相反证据的除外。经著作权人许可，获得相应权利的独家被许可人可以自己名义单独提起诉讼。本案中，原告提供了涉案作品片尾署名截图、版权链、授权书等授权链条完整的著作权授权文件及对应翻译件。迅雷公司主张在后的授权书记载的授权期间超出了在先的授权书期间。法院认为，两份授权书约定的授权时间涵盖了侵权行为的发生时间，故侵权行为发生时，原告享有涉案作品的独占性信息网络传播权及维权权利，有权提起本案诉讼。

（2）诺依曼公司是否构成侵权？

《著作权法》第 10 条第 1 款第 12 项规定，信息网络传播权，即以有线或者无线方式向公众提供作品，使公众可以在其个人选定的时间和地点获得作品的权利。现有证据证明，用户可以在涉案"天堂电影"App 中取得下载链接的地址，复制至第三方下载软件后可直接下载、播放涉案作品。故此，诺依曼公司未经许可通过信息网络向公众传播涉案电影，侵犯了原告享有的信息网络传播权，应当承担停止侵权、赔偿损失等法律责任。

(3) 迅雷公司是否构成侵权？

《最高人民法院关于审理侵害信息网络传播权民事纠纷案件适用法律若干问题的规定》第 4 条规定，有证据证明网络服务提供者与他人以分工合作等方式共同提供作品、表演、录音录像制品，构成共同侵权行为的，人民法院应当判令其承担连带责任。网络服务提供者能够证明其仅提供自动接入、自动传输、信息存储空间、搜索、链接、文件分享技术等网络服务，主张其不构成共同侵权行为的，人民法院应予支持。本案中，根据迅雷公司提交的公证书，可知按照原告取证步骤，将涉案作品的下载地址链接复制到其他具备下载功能的网盘类应用中，亦可完整下载并播放涉案作品，"天堂电影"App 所提供的涉案作品下载地址链接是行业常见的通用下载链接，迅雷公司仅提供解析地址、下载技术等网络服务，并无证据进一步证明两被告就提供涉案作品的在线传播行为构成分工合作，因此迅雷公司不应承担侵权责任。

关于停止侵权，原告的请求于法有据，法院予以支持。关于经济损失，根据在案证据不能确认涉案侵权行为造成的实际损失或侵权获利情况，法院将综合考虑涉案电影的知名度和市场影响力、涉案侵权行为的性质及范围、主观过错程度等因素，酌情确定具体的金额。关于合理开支，原告提交有可信时间戳认证证书，但没有提交发票等证据，法院根据取证的具体情况、合理性和必要性等原则酌情予以支持。

【法律评价】

(1) 法律适用。根据《最高人民法院关于审理著作权民事纠纷案件适用法律若干问题的解释》，针对著作权民事纠纷案件，应根据侵权行为发生的时间来确定适用修改前还是修改后的《著作权法》规定。在本案中，侵权行为持续至修改后《著作权法》实施之后，因此适用修改后的《著作权法》规定。

（2）原告适格。根据相关法律规定和案件提供的证据，确认原告享有涉案作品的信息网络传播权及相关维权权利。通过片尾署名截图、版权链、授权书等完整的著作权授权文件，证明原告具有相应的权利。

（3）诺依曼公司侵权。根据《著作权法》相关规定，被告未经许可通过信息网络向公众传播涉案电影，构成侵权行为，应承担停止侵权、赔偿损失等法律责任。

（4）迅雷公司不构成侵权。根据法院审查被告提供的公证书等证据，认定迅雷公司仅提供解析地址、下载技术等网络服务，并未构成共同侵权行为，因此不应承担侵权责任。

（5）停止侵权和经济损失的裁决。法院支持原告关于停止侵权的请求，并根据涉案电影的知名度、侵权行为的性质及范围、主观过错程度等因素，综合考虑确定经济损失的具体金额。

法律实践

在数字化时代,网盘等网络存储工具既是便利的文件存储平台,也成为侵权的隐形渠道。其存储和传播的双重行为使影视作品权利受到更大的侵害,而维权却面临着高昂的成本与很大的难度。

网盘是否等于侵权工具

网盘提供的是在线存储服务,可以为用户提供各种资源的存储、读取、下载、同步备份和资源的分享等各种服务,最主要的功能便是资源的储存与同步备份,存储空间都比较大而且具有一定的私密性,而同步备份就是利用网络保持多个终端的一致性。

基于网盘服务近年来的发展,网盘分享功能不断完善的现状,网络作品种类和数量繁多,在资源分享的同时,网盘侵权的案件也在逐年增加,主要针对一些热播影视作品,侵权者通过传播盗版作品获取利益。

对于权利人来说,追究这些网络用户直接侵权的责任比较困难,与一般的平台侵权将影视作品上传至服务器,用户可以直接在平台上观看模式不同,网盘侵权更主要的是还有一个传播分享的过程,如果用户将资源上传的目的在于自己观看欣赏,并没有将该资源分享给他人,可定性为合理使用,用户不承担侵权责任,因此存储和传播两个行为共同造成了对影视作品权利的侵害,而网盘传播相对更为隐蔽,网络用户可以针对影视作品生成分享链接然后分享给另一个用户,另一个用户的网盘中也会获得同样的资源,还可以设置链接有效时间,并且其传播方向也是不固定的,因此扩大了用户对各种资源的接触范围。分享有公开和私密两种方式,私密分享在生成分享链接时会生成一个提取密码,在输入密码后才能将链接中的资源提取出来,只有链接而没有获取密码的用户无法取得该资源,这种传播方式传播范围较小,主要是两个用户之间进行资源分享,隐蔽性很强,从外部很难察觉到这种侵权行为，不仅直接侵权人难以锁定，链接的流向也很难掌握，不能及时地固定证据，维权难度较大，维权成本较高。公开分享则可以通过搜索引擎的搜索功能进行关键词的搜索获取该资源，此种方式传播范围广，传播速度快，侵权结果更为严重。

网盘服务提供者的行为也可以分为直接侵权和间接侵权两种方式，对于直接侵权行为，正规的网盘服务提供者很少直接传播作品，不是侵权的直接行为人，很难构成直接侵权。一般情况下，网盘服务提供者的侵权方式以间接侵权为主，没有对用户的分享传播行为进行管理或者怠于履行相应的注意义务，进而扩大了用户的侵权行为对权利人的影响。

对于网盘中的侵权案件，权利人通常选择追究网盘服务提供者的责任来救济权利，相对于直接侵权的网络用户，追究网盘服务提供者责任更具有可行性，弥补了直接侵权人所造成的无法对权利人弥补的损失。

网盘服务提供者构成间接侵权首先是网盘用户利用网盘直接实施的侵权行为，其次是网盘提供的存储和分享服务对直接侵权构成了实际性帮助。要对网盘服务提供者进行追责，一方面要求网盘服务提供者主观上存在过错，另一方面是对用户的侵权行为构成实际性的支持和帮助。根据《最高人民法院关于审理侵害信息网络传播权民事纠纷案件适用法律若干问题的规定》第7条第2款规定，网络服务提供者以言语、推介技术支持、奖励积分等方式诱导、鼓励网络用户实施侵害信息网络传播权行为的，人民法院应当认定其构成教唆侵权行为。目前涉及著作权纠纷的网盘侵权案件中，网盘都具有分享资源的功能，采取的都是会员付费和广告付费两种盈利模式，其中的广告收费是网盘服务提供者最主要的收入来源，网络服务提供者想要更多的广告费用就要吸引更多的流量，因此就要鼓励网盘用户对网盘资源进行上传和下载，并分享资源，360网盘就是给予网盘用户积分奖励、奖品来激励用户上传和下载，这种行为可以认为是教唆和引诱的积极作为。《信息网络传播权保护条例》第23条规定，网络服务提供者为服务对象提供搜索或者链接服务，在接到权利人的通知书后，根据本条例规定断开与侵权的作品、表演、录音录像制品的链接的，不承担赔偿责任；但是，明知或者应知所链接的作品、表演、录音录像制品侵权的，应当承担共同侵权责任。同时，《最高人民法院关于审理侵害信息网络传播权民事纠纷案件适用法律若干问题的规定》第7条第3款也规定，网络服务提供者明知或者应知网络用户利用网络服务侵害信息网络传播权，未采取删除、屏蔽、断开链接等必要措施，或者提供技术支持等帮助行为的，人民法院应当认定其构成帮助侵权行为。第9条更是可以看出法律对网络服务商对明知和应知的判断标准作出了详细的规定。

国家版权局《关于规范网盘服务版权秩序的通知》第5条规定，网盘服务商应当采取有效措施，制止用户违法上传、存储并分享下列作品：（1）根据权利人通知已经移除的作品；（2）权利人向网盘服务商发送了权利公示或者声明的作品；（3）版权行政管理部门公布的重点监管作品。第6条也规定网盘服务商应当采取有效措施，制止用户违法上传、存储并分享下列未经授权的作品：（1）正在热播、热卖的作品；（2）出版、影视、音乐等专业机构出版或者制作的作品；（3）其他明显感知属于未经授权提供的作品。此时应认定网盘服务提供者主观构成明知或应知。网盘用户侵权的持续时长也是判断网盘服务提供者是否构成明知的标准，对于网盘服务提供者而言，网盘用户侵权行为刚发生即认定其明知或应知显然是不合理的，但如果网盘用户利用网盘实施侵权行为时间较长，侵权的影视作品在榜单中名列前茅并且下载量日益增多，那么网盘服务提供者应当构成明知或应知。像360和百度这些大型的网盘服务提供者基于先进的技术、雄厚的资金以及多年所积攒的丰富经验也使得其对用户所分享的链接是否侵权有着更高的注意义务。

网盘服务提供者应承担的侵权责任或者赔偿数额的多少是由其侵权行为所造成的结果来决定的，而损失的后果需要用证据加以证明，《最高人民法院关于适用〈中华人民共和国民事诉讼法〉的解释》第108条第1款规定：对负有举证证明责任的当事人提供的证据，人民法院经审查并结合相关事实，确信待证事实的存在具有高度可能性的，应当认定该事实存在。因此，在诉讼中，原告对被告的侵权行为负有举证责任，并且其举证应当达到"高度可能性"的标准，由于网络服务提供者的侵权行为发生在网络环境中，其证据也是以电子数据的形式存在，较难收集和保全，目前实务中主要以公证的方式对证据进行保全，但是对电子数据的公证保全在实际操作时仍有很大的局限。经过公证的电子证据并不是侵权行为发生时也不是侵权行为刚被发现时，从发现侵权行为到公证处进行公证会有一个时间差，网盘用户或者网盘服务提供者很有可能利用这一段时间对侵权链接进行删除，因此并不能保证公证的证据是第一手信息。公证工作开展得越晚，证据被篡改或者毁灭的可能性就越大，公证的结果也很难达到想要的证明目的。

即使追究到侵权者的责任，判决的赔偿金额也不一定能弥补侵权造成的实际损失与维权的成本。在乐视网（天津）信息技术有限公司诉北京百度网讯科技有限公司侵害作品信息网络传播权纠纷案[①]中，也仅仅获赔 14 000 元，结合影片热度、传播的情况、维权的各种支出以及所消耗的时间成本，判赔金额显然弥补不了上述损失，维权的付出与获赔的回报不成正比，这也是打击权利人维权积极性的因素。因此，对于权利人来说，若发现了侵权行为，既可以通知网盘服务提供者要求其删除相关链接和作品，也可以进行谈判，将消极对抗关系转换为积极合作关系，自己也能从中获得利益，得到相应的补偿，网盘用户也可以传播更多的正版资源，同时降低了网盘服务监管过程中的成本。

---

① （2015）海民（知）初字第 8413 号。

理论研究

在数字化时代，网课的兴起给了人们获取知识的新途径，但众筹课程视频、低价倒卖网课的现象也在其中滋生，以下浅析其涉及的侵权问题。

众筹课程视频、低价倒卖网课为侵权行为

随着数字技术的发展，教育资源和知识传播不再受限于地域和时间的限制。人们可以通过网络轻松获取各种在线教育资源，包括网课、直播课程、视频教程等。这使得教育和知识传播变得更加便捷和普及，任何人都可以在家里或者任何有网络连接的地方学习知识。然而，有一些人选择非法手段获取课程资源，例如通过破解密码盗版等手段倒卖网课，或者众筹网课，种种行为侵犯了知识产权。

一、众筹课程视频或低价倒卖网课的行为主要涉及的侵害著作权权利

众筹课程视频或低价倒卖网课的行为涉及多种可能侵害的著作权权利，主要包括以下几个方面。

（1）复制权。《著作权法》赋予著作权人对其作品进行复制的权利，即以印刷、复印、录音、录像、翻录、翻拍等方式将作品制作成一份或多份的权利。低价倒卖网课的行为通常涉及录播原始课程视频，然后以更低的价格分销给多人；多人众筹课程视频，将视频录播分给其他参与众筹的人。这些行为属于未经著作权人授权擅自复制作品的行为，侵犯了著作权人的复制权。

（2）信息网络传播权。《著作权法》规定著作权人享有对作品进行传播的权利，即以有线或者无线方式向公众提供作品，使公众可以在其个人选定的时间和地点获得作品的权利。众筹课程视频或低价倒卖网课的非法传播行为大多时候是通过网盘存储、链接分享提供给他人，此过程符合信息网络传

播权所限定的信息网络环境下提供作品的行为，即"将作品上传至或以其他方式置于向公众开放的网络服务器中"。"分享"行为使得买方或众筹者可以按照其个人的需求自主获取作品，又体现了信息网络传播权的交互性。因此众筹课程视频或低价倒卖网课通过网络平台或者其他渠道进行传播，直接侵犯了著作权人的信息网络传播权。

（3）署名权。《著作权法》规定著作权人享有对其作品署名的权利。如果众筹课程视频被改编或者倒卖后，未经著作权人授权将原作者的署名信息去除或者进行篡改，这也构成对著作权人署名权的侵犯。

二、网课视频是否属于作品，是否受著作权法保护

根据《著作权法》的规定，网课视频通常具有独创性，因为制作者在课程内容的撰写、编排、格式设计以及多媒体材料搭配等方面投入了智力活动，形成了智力成果。这使得网课视频属于著作权法保护的作品范畴。网课视频的性质通常分为口述作品、类电作品和录音录像制品三类。口述作品包括口头演讲等以口头语言表现的作品，类电作品则类似于摄制电影的方法创作的作品，而录音录像制品则是连续相关图像的录制品。虽然大部分网课视频属于录音录像制品，但如果课程内容具有独创性，即使被归为录音录像制品，也会受到著作权法的保护。因此，当处理课程视频侵权案件时，需要认真审查课程内容的独创性，并根据不同类型的作品确定其受保护程度，以便合理维护著作权人的合法权益。

《著作权法》规定，为学校课堂教学或者科学研究，翻译或者少量复制已经发表的作品，供教学或者科研人员使用，可以不经著作权人许可，不向其支付报酬，但不得出版发行。实践中，如若被告的行为产生了替代涉案课程视频的效果，超出了合理使用的范围，则构成侵权行为。

著作权人可以采取多种途径来保护其著作权，以下是一些主要的方法和措施。

（1）版权登记。著作权人可以将其作品进行版权登记，以便在侵权发生时提供法律上的证据，并加强对其著作权的保护。在一些国家，版权登记还可以为著作权人提供一定的法律优势和便利。

（2）签订合同。著作权人可以与使用其作品的相关方签订合同，明确双方的权利义务，规定使用范围、授权方式、使用期限、报酬等事项，以确保著作权人的权益得到充分保护。

（3）技术保护措施。著作权人可以采取技术手段对其作品进行保护，例如加密、数字水印、防复制技术等，以防止未经授权的复制、传播和篡改。

（4）监测和取证。著作权人可以利用网络监测工具对其作品在互联网上的传播情况进行监测，及时发现侵权行为，并通过截图、录音、存证等方式进行取证，为维权提供证据。在处理视频课程侵权案件时，应当全面浏览课程内容，保留与课程时长、数量相关的证据，并在内容上选择突出原作者独创性或关键内容的部分。这有助于凸显课程视频所蕴含的丰富抽象劳动力和高价值。通过保留相关证据，法院可以更好地评估侵权行为的程度和造成的损害，从而合理确定赔偿金额。

（5）发送警示函。著作权人可以向涉嫌侵权的相关方发送警示函，提醒其停止侵权行为，并要求赔偿损失或者采取其他补救措施。

（6）提起诉讼。如果侵权行为严重或者无法通过其他途径解决，著作权人可以向法院提起诉讼，要求法院依法保护其著作权，追究侵权方的法律责任，并获得相应的赔偿。

（7）利用第三方平台。著作权人可以利用第三方平台提供的版权保护服务，例如在网络平台上发布版权声明、申请内容下架、投诉侵权等，以加强对其著作权的保护。

智能电视侵权行为类型

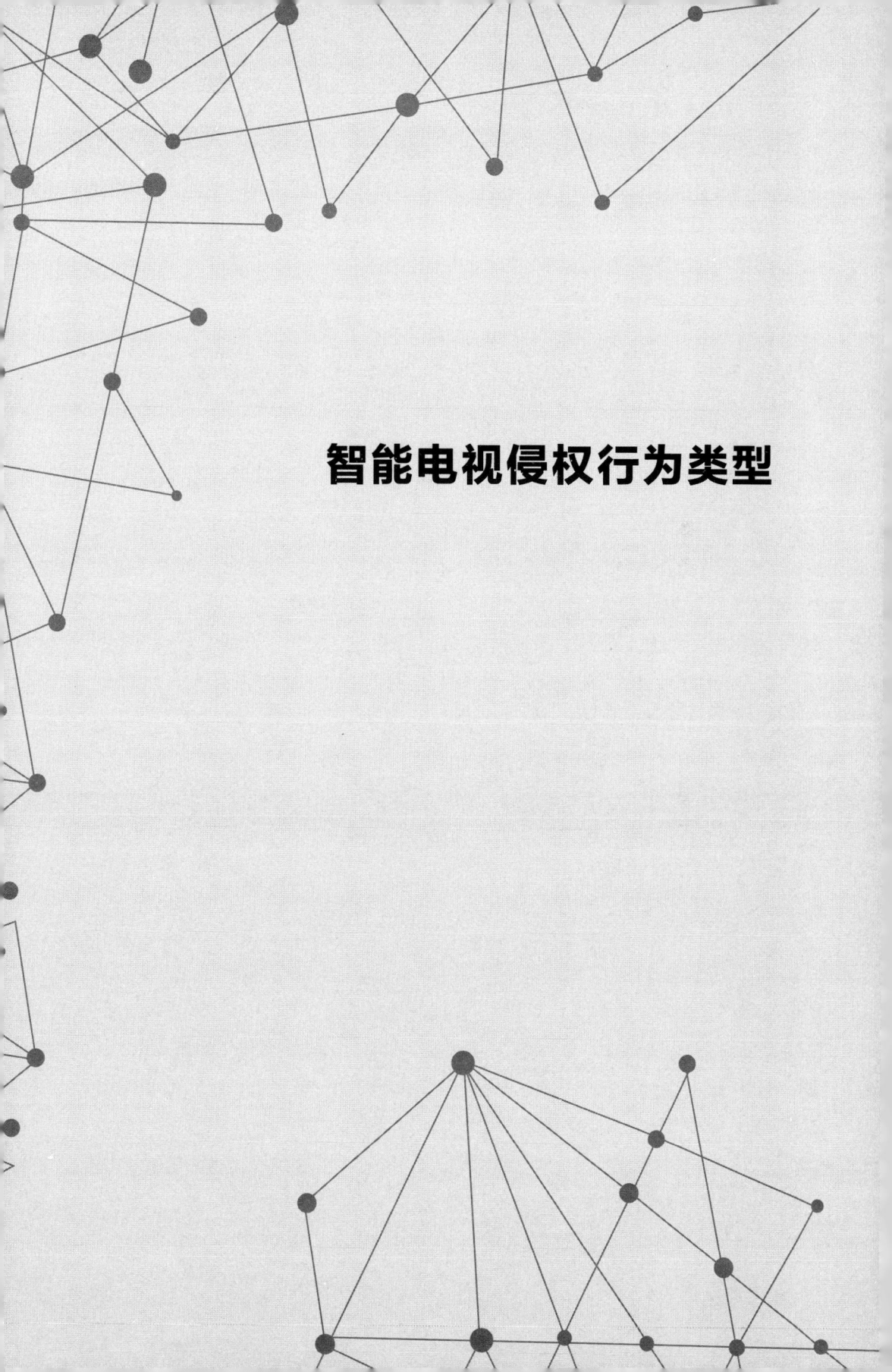

背 景

交互式网络电视的介绍

交互式网络电视（Internet Protocol TV，IPTV）是一种利用宽带网络基础设施的交互式网络电视技术，它将互联网、多媒体和通信技术整合到一起，通过 IP 协议向家庭用户提供各种数字媒体服务，包括数字电视等。用户可以通过家用电视机或计算机等设备接收和观看 IPTV 提供的节目内容，同时还可以享受到更多的交互功能，如点播、录制、互动等。IPTV 技术的发展使得用户可以更加灵活地选择和定制自己感兴趣的节目内容，提升了观看体验和服务质量。

根据国家相关文件规定合法的 IPTV 业务通常由三方主体构成，即内容提供方、集成播控方以及传输分发方。

内容提供方主要是中央级和省级广播电视机构，其责任是审核并提供相关的节目内容。这些内容经过审核后，会提供给集成播控方用于统一集成和播出监控。

集成播控方主要由中央电视台和各地方省级电视台组成，负责对内容提供方提供的节目内容进行统一集成和播出监控。他们会负责节目内容的整合、调度和监管，以确保内容的质量和合规性。

传输分发方指移动、电信及联通等三大运营商的各地方分公司，其职责是进行节目内容的信号传输和网络安全管理。他们负责将集成播控方提供的节目信号通过网络传输到用户终端，同时也负责保障网络安全，防止内容的非法传播和盗播。

在 IPTV 平台的运营中，内容提供方既产出一部分内容，也负责审核其他内容提供方制作的内容，集成播控方负责搭建、维护和管理平台技术系统，收集、整合和发布视频内容，而内容提供方则提供优质的视频内容，双方共同推动 IPTV 平台的发展和壮大。媒体传输服务方则为用户提供网络传输服务和技术支持，使用户能够方便地访问和观看 IPTV 平台上的节目内容。

案 例

以下案例从案件基本信息、案情简介、裁判要旨、争议焦点等方面对 IPTV 侵权的判决书进行评析,将司法实践中的焦点问题进行梳理,以期为知识产权的司法保护提供一些思路。

案例一：IPTV 有线电视播放的作品行为侵犯作品信息网络传播权的认定

【案件基本信息】

1. 一审：北京互联网法院（2021）京 0491 民初 51268 号

   二审：北京知识产权法院（2022）京 73 民终 1254 号

2. 案由：侵害作品信息网络传播权纠纷

3. 当事人：

原告：捷成华视网聚（北京）文化传媒有限公司

被告：中国广电天津网络有限公司

4. 侵权平台：天津数字电视平台

5. 涉案作品：电影《海兽之子》

【案情简介】

在连接机顶盒成功后，电视屏幕显示"天津数字电视天津广播电视网络有限公司"等内容，在节目搜索中输入"HSZZ"，显示七条《海兽之子》电影的相关结果，在"智享电影""精彩推荐"栏目有涉案影片的基本信息及内容简介，点击播放后可完整播放该影片。播放界面中显示有水印"BesTV"。

【裁判要旨】

本案涉及以下焦点问题：（1）一审关于侵权行为的认定是否正确？

(2) 一审关于判赔数额的认定是否适当？

一审法院判决如下：（1）中国广电天津网络有限公司（以下简称"广电天津公司"）于一审判决生效之日起10日内赔偿捷成华视网聚（北京）文化传媒有限公司（以下简称"捷成华视公司"）经济损失2万元；（2）驳回捷成华视网聚（北京）文化传媒有限公司其他诉讼请求。

二审法院判决如下：驳回上诉，维持原判。

【争议焦点】

(1) 一审关于侵权行为的认定是否正确？

《著作权法》（2020）第11项规定："广播权，即以有线或者无线方式公开传播或者转播作品，以及通过扩音器或者其他传送符号、声音、图像的类似工具向公众传播广播的作品的权利，但不包括本款第十二项规定的权利。"第10条第1款第12项规定："信息网络传播权，即以有线或者无线方式向公众提供，使公众可以在其选定的时间和地点获得作品的权利。"信息网络传播行为系指将作品、表演、录音录像制品置于网络中，使公众能够在个人选定的时间和地点以下载、浏览或者其他方式获得的行为。本案中，广电天津公司在其运营的电视平台中，提供有涉案作品的在线播放服务，使公众能够在个人选定的时间和地点获得涉案作品，属于信息网络传播权规制的行为。一审法院对此认定正确。

广电天津公司二审中主张涉案影片是其合作商提供，其不构成侵权。对此法院认为，第一，新疆华秀文化传媒有限公司向东方明珠新媒体股份有限公司出具授权书显示的授权性质是非独家授权，明确记载不包含转授权；第二，尽管广电天津公司提交了河北典元信息科技有限公司的委托函以及河北典元信息科技有限公司与广电天津公司的合作协议，欲证明涉案影片是由东方明珠新媒体股份有限公司的关联公司上海文广互动电视有限公司提供，但是合作协议系框架协议，没有涉案影片名称，广电天津公司亦未提交证据证明其向上海文广互动电视有限公司提供了技术支持，供上海文广互动电视有限公司在涉案平台上提供涉案影片。故广电天津公司提供的证据不足以证明其实施的被诉侵权行为有合法的授权来源。广电天津公司的该上诉主张无充足证据证明,法院不予支持。因此,广电天津公司在其运营的电视平台中,未经许可提供涉案作品的在线播放服务,侵害了捷成华视公司享有的信息网络传播权,应当承担停止侵权、赔偿损失的法律责任。一审法院认定正确,二审法院予以维持。

(2) 一审关于判赔数额的认定是否适当?

关于经济损失,鉴于捷成华视公司未举证证明其实际损失或广电天津公司的侵权获利情况,一审法院综合考虑涉案影片的知名度和市场影响力、广电天津公司涉案侵权行为的性质及范围、主观过错程度等因素,酌情确定具体的金额,属合理范围,并无不当,二审法院予以维持。关于合理开支的诉求,捷成华视公司未能提交相关票据,一审法院不能确定合理开支的费用是否实际支付、由谁支付以及具体金额等情况,故根据"谁主张谁举证"的原则,对捷成华视公司的该项请求一审法院不予支持,亦无不当,二审法院予以维持。广电天津公司关于判赔数额不合理的上诉主张,未有足够证据证明,二审法院不予支持。

【法律评价】

(1) 侵权行为的认定。一审法院正确认定了广电天津公司在其运营的电视平台中提供涉案作品的在线播放服务构成侵权行为。根据《著作权法》的相关规定,被告未经许可提供涉案作品的在线播放服务,侵犯了捷成华视公司的信息网络传播权。

(2) 合作关系的证明。广电天津公司在二审中主张涉案影片是其合作商提供,并非其自身提供,但其提供的证据不足以证明其行为具有合法的授权来源。因此,法院不支持广电天津公司的上诉主张,维持了一审法院的判决。

(3) 赔偿数额的认定。一审法院综合考虑了涉案影片的知名度和市场影响力、侵权行为的性质及范围、主观过错程度等因素,酌情确定了捷成华视公司的经济损失赔偿数额,判决属于合理范围。至于捷成华视公司关于合理开支的诉求,由于未能提交相关票据,一审法院未予支持,维持了一审法院的判决。

案例二：智能电视软件侵犯作品信息网络传播权的认定

【案件基本信息】

1. 一审：北京互联网法院（2021）京0491民初31167号
2. 案由：侵害作品信息网络传播权纠纷
3. 当事人：

原告：广州居升广告有限公司

被告：国广东方网络（北京）有限公司

4. 侵权平台：CIBN高清影视
5. 涉案作品：电影《麻雀变王妃3》（Prince & Me3）

【案情简介】

国广东方网络（北京）有限公司在其运营的CIBN高清影视软件上在线播放广州居升广告有限公司（以下简称"居升公司"）享有信息网络传播权的《麻雀变王妃3》，致使居升公司拥有信息网络传播权的电影作品在不特定公众中大范围被点击观赏及扩散，国广东方网络（北京）有限公司的行为未获得居升公司的合法授权，侵害了居升公司的合法权益，给居升公司造成巨大经济损失。

【裁判要旨】

本案涉及以下焦点问题：（1）居升公司是否享有涉案作品的信息网络传播权？（2）国广东方网络（北京）有限公司是否应当承担侵权责任？

法院依照《著作权法》（2010）第10条第1款第12项、第48条第1项、第49条，《民事诉讼法》（2017）第67条之规定，判决如下：

（1）国广东方网络（北京）有限公司于本判决生效之日起7日内，赔偿居升公司经济损失5000元；（2）驳回居升公司其他诉讼请求。

【争议焦点】

（1）居升公司是否享有涉案作品的信息网络传播权？

涉案影片的片尾截图显示："2008PM3，INC. ALL RIGHTS RESERVED."

Trevor Short 作为 PM3，INC. 的代表人将涉案作品的独家销售代理授权给 Nuimage，INC.，包括所有媒体形式（院线、音像、付费电视、免费电视、VOD、IPTV、MOBILETV、PPV、互联网和无线），授权期限是自涉案影片至成片之日起至永久，授权范围是全世界。该份授权的公证时间为 2014 年 6 月 24 日。

Nuimage，INC. 将涉案影片《麻雀变王妃3》的独家信息网络传播权授权给 H. G. C. Entertainment，Ltd，授权时间为自 2011 年 4 月 23 日起 10 年。该份授权的公证时间为 2011 年 8 月 5 日。

2011 年 4 月 25 日，H. G. C. Entertainment，Ltd 将涉案影片《麻雀变王妃3》的独家信息网络传播权授权给广州佳华文化活动策划有限公司，授权期限为 2011 年 4 月 25 日至 2021 年 4 月 22 日。2016 年 4 月 14 日，"广州佳华文化活动策划有限公司"名称变更为"广州佳华影业股份有限公司"。

2019 年 11 月 1 日，广州佳华影业股份有限公司将涉案影片《麻雀变王妃3》的独家信息网络传播权授权给居升公司。

居升公司提供了涉案影片片头片尾截图及授权书等文件，其取得授权的链条完整，在无相反证据的情况下，应认定原告在授权区域及授权期间内享有涉案影片的专有性信息网络传播权及维权权利，且取证时间在其合法授权期间，故居升公司有权提起本案诉讼。

（2）国广东方网络（北京）有限公司是否应当承担侵权责任？

国广东方网络（北京）有限公司未经居升公司许可，擅自在其经营的"CIBN 高清影视"软件中通过网络向公众非法提供了涉案影片的在线播放服务，侵害了原告享有的信息网络传播权。国广东方网络（北京）有限公司辩称，"CIBN 高清影视"软件中载明，软件的内容提供方为优酷信息技术（北京）有限公司，同时在播放预览页面也标注内容来源于"优酷"，故涉案内容由优酷信息技术（北京）有限公司提供，国广东方网络（北京）有限公司并非适格被告。根据《最高人民法院关于审理侵害信息网络传播权民事纠纷案件适用法律若干问题的规定》第 4 条的规定，有证据证明网络服务提供者与他人以分工合作等方式共同提供作品、表演、录音录像制品，构成共同侵权行为的，人民法院应当判令其承担连带责任。网络服务提供者能够证明其仅提供自动接入、自动传输、信息存储空间、搜索、链接、文件分享技术等网络服务，主张其不构成共同侵权行为的，人民法院应予支持。对此，法院认为，本案中根据"CIBN高清影视"软件中用户协议，载明优酷信息技术（北京）有限公司和被告等上述三方、任何两方或任何一方，均称为互联网电视服务提供方，且涉案作品播放缩略图页面显示"CIBN""优酷"等字样，可以反映出国广东方网络（北京）有限公司与优酷信息技术（北京）有限公司对涉案内容的提供存在分工合作；同时，被告并未提供其或优酷信息技术（北京）有限公司曾获得涉案作品合法授权的相关证据。综上，被告通过与优酷信息技术（北京）有限公司分工合作，在"CIBN高清影视"软件中播放涉案作品的行为，侵犯了原告的信息网络传播权，应承担连带责任。

【法律评价】

国广东方网络（北京）有限公司未经居升公司许可，在其经营的"CIBN高清影视"软件中提供了涉案影片的在线播放服务，侵害了原告的信息网络传播权。根据《最高人民法院关于审理侵害信息网络传播权民事纠纷案件适用法律若干问题的规定》，如果网络服务提供者与他人以分工合作等方式共同提供作品，构成共同侵权行为，应当承担连带责任。在本案中，被告通过与优酷信息技术（北京）有限公司分工合作，在"CIBN高清影视"软件中播放涉案作品的行为构成了共同侵权，因此应当承担连带责任。

法律实践

实务中 IPTV 侵权的法律责任

在 IPTV 领域，侵犯著作权的案件中，法院认定内容平台运营方和媒体传输服务方共同承担侵权责任的情况较为普遍。这种共同承担责任的判决背后反映了以下几个方面的因素。

首先，作为平台的管理者和运营者，内容平台运营方对平台上的内容具有一定的管理责任和监督义务。他们需要对上传到平台的视频内容进行审核和管理，确保这些内容不侵犯他人的著作权。如果内容平台运营方未能履行好这一管理责任，导致平台上出现侵权行为，法院通常会认定其对侵权行为负有直接责任。

其次，作为提供网络传输服务的主体，媒体传输服务方对网络传输过程中可能存在的侵权行为也应当负有一定的监督责任。尽管他们可能并不直接涉及视频内容的制作和发布，但他们通过提供网络传输服务，为侵权行为的发生提供了技术支持和便利条件。因此，法院通常会认定媒体传输服务方在侵权行为中承担一定的间接责任。

最后，最关键的因素是内容平台运营方和媒体传输服务方之间往往存在合作关系，彼此之间的合作和互动对侵权行为的发生产生一定影响。内容平台运营方依赖于媒体传输服务方提供稳定的网络传输服务，而媒体传输服务方也依赖于内容平台运营方提供的内容吸引用户。在这种合作关系下，双方都有责任确保平台运营的合法性和合规性，因此，法院更倾向于将侵权责任分摊给双方。

相关案例 1——苏宁体育文化传媒（北京）有限公司诉中国电信股份有限公司浙江分公司、中国电信股份有限公司杭州分公司、浙江广电新媒体有限公司[*]

该案中，苏宁公司诉称中国电信杭州、浙江分公司和浙江广电新媒体公司在 IPTV 业务中侵犯了其作品的信息网络传播权。

法院认定浙江电信公司、浙江广电新媒体公司在 IPTV 业务中进行了合作运营，并提供侵权作品，从中获得经济利益。因此，法院认定电信运营商与侵权方构成了对他人著作权的共同侵权。

相关案例 2——咪咕视讯科技有限公司与中国电信股份有限公司重庆分公司著作权侵权纠纷案[**]

法院根据被告提供的《重庆 IPTV 平台整合协议》，认定被告中国电信股份有限公司重庆分公司并非单纯负责 IPTV 信号传输，还参与了 EPG 分配和管理、享有业务分成等，实际参与了 IPTV 业务运营。因此，法院认定被告作为平台经营者，在其平台播出的节目构成侵权的行为，应对外承担相应的民事责任。

在 IPTV 著作权侵权案件中，电信运营商的责任认定是一个备受关注的问题。随着 IPTV 技术的不断发展和普及，涉及著作权的侵权案件也逐渐增多，其中电信运营商作为传输和提供服务的主体，在侵权案件中承担着重要的责任。

电信运营商在 IPTV 平台中扮演着重要的角色。作为传输服务方，电信运营商提供网络传输服务，使得内容平台运营方的节目能够顺利地传输到用户端。在 IPTV 的架构中，电信运营商负责将节目信号从平台传输到用户终端，这一环节涉及著作权的传播和展示，因此电信运营商在其中承担着一定的法律责任。

然而，电信运营商并非直接参与节目的制作和内容的运营，他们仅提供传输服务，并不对节目的版权和内容进行管理。因此，在著作权侵权案件中，

---

[*] （2019）浙 0192 民初 5335 号，（2020）浙 01 民终 7419 号。
[**] （2020）沪 0115 民初 51647 号民事判决书，（2022）沪 73 民终 119 号。

电信运营商的责任往往要根据具体情况来认定。一般情况下，如果电信运营商事先得知传输的内容涉嫌侵权，却未采取措施阻止传输，那么他们可能会被视为共同侵权方之一。

举例来说，假设某内容平台运营方擅自在其平台上传播了未经授权的影视作品，而电信运营商提供了传输服务，将该影视作品传输到了用户终端。如果电信运营商在得知该影视作品侵权后，未采取措施加以阻止传输，那么他们可能会被视为共同侵权方之一，需承担相应的法律责任。如果电信运营商在得知侵权情况后采取了积极的措施，例如停止传输相关内容或与内容平台运营方协商解决侵权问题，那么他们可能会避免或减轻法律责任的追究。

电信运营商在 IPTV 著作权侵权案件中的责任认定需要根据具体情况来评判。尽管他们并非直接制作或运营侵权内容，但作为传输服务方，他们有责任在得知侵权情况后采取积极措施加以阻止，以减轻自身可能承担的法律责任。因此，在 IPTV 著作权侵权案件中，电信运营商的责任认定应当充分考虑其在侵权行为中的具体作用和行为，以便作出合理的裁决。

在 IPTV 著作权侵权案件中，电信运营商可能承担共同侵权责任的主要原因有以下几个方面。

（1）实际参与业务运营。电信运营商作为 IPTV 业务的实际运营方之一，参与了与著作权侵权相关的客观行为，如提供 IPTV 服务、收取费用等。

（2）与侵权作品提供方合作。电信运营商与侵权作品提供方进行合作运营，共同提供作品并获取经济利益，因此在侵权行为中扮演了重要角色。

（3）知晓侵权作品并从中获利。电信运营商在具体的 IPTV 业务运营中，对侵权作品的内容有获知渠道，甚至可能存在主观上的故意或过失，但仍选择传播这些侵权作品以获取经济利益。

（4）控制能力和甄别能力。在 IPTV 专网环境下，电信运营商对接收到的内容和信息具有一定的控制和甄别能力，有能力对侵权行为进行识别和控制，但未采取有效措施。

基于以上原因，电信运营商在 IPTV 著作权侵权案件中可能与侵权作品的内容提供者构成对他人著作权权利的共同侵权。电信运营商与侵权方共同开拓市场、发展客户，并直接从业务中获利，这些行为符合共同侵权的法律构成要件，应当承担相应的责任。

IPTV 司法救济

IPTV 作为一种新型的电视传输方式，在其发展和普及过程中，不可避免地面临各种著作权侵权问题。针对这些问题，司法救济是保护著作权人权益、维护法律尊严的重要手段。在 IPTV 司法救济中，涉及侵权行为的认定、责任主体的界定、赔偿等多个方面，其核心目的在于通过司法手段维护著作权人的合法权益，推动 IPTV 行业的健康发展。

首先，IPTV 司法救济的核心问题是侵权行为的认定。在涉及著作权侵权的案件中，首要任务是明确侵权行为的性质和范围。例如，判断某平台是否未经授权传播了他人的作品，或者是否侵犯了著作权人的权益。这一过程需要依靠法律条文、相关证据以及技术手段进行综合分析，以确保对侵权行为的认定准确无误。

其次，司法救济需要界定责任主体。在 IPTV 环境下，可能涉及多个责任主体，包括内容平台运营方、媒体传输服务方等。针对侵权行为，需要明确各方的责任和义务，以确定谁应对侵权行为承担法律责任。这涉及各方在侵权行为中的具体作用和行为，以及其在防范侵权方面是否尽到了合理的注意义务。

最后，司法救济还需要进行赔偿处理。一旦侵权行为被认定，侵权方需要承担相应的法律责任，并向著作权人进行赔偿。赔偿金额的确定涉及侵权行为的具体情况、损失程度以及法律规定的赔偿标准等因素。司法机关需要在公平、合理的原则下进行赔偿额的确定，既要保护著作权人的合法权益，又避免对侵权方的不当惩罚。

理论研究

IPTV 电视的兴起带来了媒体行业的深刻变革，与此同时，其发展也引发了诸多法律问题和挑战。下文将探讨 IPTV 电视的发展现状，并就其中涉及的法律问题进行深入分析与思考。

IPTV 电视的崛起与法律困境

一、IPTV 简介

IPTV 是一种基于互联网协议的不同于传统意义上直接通过无线电视信号接收的或者有线闭路就可以实现的电视服务。它将电视机、个人电脑及其他设备作为显示终端，通过机顶盒或计算机接入宽带网络，实现数字电视、移动电视、互动电视等服务，这种服务通过 IP 网络，如宽带互联网，向用户提供包括视听作品的播放、综艺节目的观看、视频点播、互联网访问、教育培训、游戏等多种交互式数字媒体服务。

IPTV 的播放方式是开端于传统意义上的电视屏，后来又在多屏（电视屏、电脑、手机屏等）也可以实现的传输、播放实现方式，IPTV 播放视频内容是一种很普遍的播放方式。也就是说，IPTV 的用户可以通过电视机、电脑、手机或其他类似设备来接收 IPTV 内容。IPTV 不仅提供传统意义上的电视内容（电影、电视剧、综艺节目等），它还基于 IP 技术，通过宽带网络传送各种业务，包括视频、音频、图形和数据等。在 IPTV 的电视类业务中，除了传统的直播电视功能，还包括视频点播、时移电视和电视回看等增值业务功能。

二、IPTV 发展现状

在我国，IPTV 业务获得国家层面的支持，相关主管部门积极倡导三网融合，IPTV 业务是国家大力推进"三网融合"过程中的一个突出代表，它融合了电信网、广播电视网、互联网三网技术。因为内容管理的原因，开始的IPTV对内容的播放只能跟获得内容播放许可的牌照方合作，这也限制了IPTV业务的发展。我国的IPTV产业起步于2003年，当时两大基础电信运营商中国电信和中国网通开始进入IPTV的运营领域。2005年，自上海文化广播影视集团有限公司（以下简称"上海文广"）取得"信息网络传播视听节目许可证"之后，中国电信和中国网通分别与上海文广进行合作，开始在一些城市进行试验，推广IPTV业务。

伴随着网络技术的发展，宽带传输成本的降低，观众对所要观看的节目与作品的清晰度的要求的提高，并且伴随着多个省市获得IPTV集成播控服务牌照，IPTV业务获得巨大的发展。

IPTV的兴起又为电信运营商继续发展宽带业务创造了一个良好的机遇，在IPTV业务产生之前，宽带接入的繁荣并没有带来内容服务上的繁荣，宽带网络的业务和应用多数还停留在初始阶段，宽带用户的消费需求远远没有满足。IPTV扩展了电信业务的使用终端，这大大扩展了电信运营商的用户群体。作为一种基于宽带网络的交互式视频业务，IPTV为电信运营商创造了新的发展机遇，电信运营商发展IPTV能够促进宽带接入的继续发展，既满足了用户的消费需求，也增加了收入，同时IPTV的出现也为运营商从传统电信服务商向新型综合信息服务提供商的转型创造了条件。

三、IPTV侵权的法律问题

（1）IPTV的出现给人们带来了一种全新的内容流媒体观看方式，它改变了以往被动的电视观看模式，实现了对内容的按需观看。在光纤的普及、网络传播技术飞速发展下，高清、4K等节目的传输也极为流畅。这种播放方式让内容的传播更加普遍，触达也更加精准，所以不管是用户、内容的提供方，还是广告方，都普遍使用IPTV，加上IPTV获得了内容播放牌照，这些年获得了飞速发展。

如前所述，IPTV的传播方式是基于电视机对影视作品进行播放，所以该播放形式涉及的权项一度被认为是广播权，这个争议甚至一直存在，但是主流观点认为IPTV播放影视作品涉及的权项是信息网络传播权。IPTV的播放符合信息网络传播权的特征，根据我国《著作权法》中关于信息网络传播权的定义，信息网络传播权即以有线或者无线方式向公众提供，使公众可以在其选定的时间和地点获得作品的权利。

（2）目前的 IPTV 业务的基本载体是专用 IP 传输网络（宽带接入技术），用户终端可以选用运营商提供或市场上购买的机顶盒等具有视频编辑解码功能的数字化设备，并调用运营商所提供的视频源或者通过聚合服务商的各种流媒体服务内容和增值应用，为用户提供多种可互动多媒体服务的互联网应用业务。

网络电视的基本形态决定了其可能的侵权场景即传输视频的数字化、传输 IP 化、播放流媒体化，场景决定了 IPTV 侵权的场景或者场所所在。基于 TV（通过机顶盒链接网络）平台的网络电视以 IP 机顶盒为上网设备，利用电视作为显示终端。因为在酒店或者家庭中的电视用户大大多于电脑用户，所以酒店、其他经营性场所与家庭是 IPTV 业务的主要场所。

（3）IPTV 侵权中涉及的权项之争：信息网络传播权与广播权。根据《著作权法》中关于信息网络传播权的规定，选定的时间、选定的地点，表现为点对点的交互式传播特征，是判断传播行为构成信息网络传播行为的标准。但是因为 IPTV 应用更多的场景与硬件设备是电视屏，而播放的内容又大多与电视台的播放内容同质化，所以对 IPTV 播放内容涉及的权项一度有信息网络传播权与广播权之争。

在互联网技术发展、内容播放方式更加多元化的情况下，2020 年修正的《著作权法》对广播权、广播组织者权的权利进行了扩张，将一部分网络转播行为纳入了广播权和广播组织者权的权利范畴。即便如此，修正后的广播权虽然在表现方式、传播方式上与信息网络传播权看起来并无实质性差异，但是严格区分广播权与信息网络传播权权项的标准仍然是"交互性"。

在《著作权法》未修正之前，为了应对市场发展中涉及的知识产权问题，2011 年最高人民法院发布了《关于充分发挥知识产权审判职能作用推动社会主义文化大发展大繁荣和促进经济自主协调发展若干问题的意见》，其中已有涉及"三网融合"背景下的知识产权审判工作新问题，虽然未透露任何裁判规则，但是要求各级人民法院密切关注电信网、广电网、互联网"三网融合"等信息技术发展带来的新问题,妥善处理好著作权权益保护、技术中立与新兴行业发展之间的关系。在司法实践中,有的法院已经适用该意见作出相关的裁决书。

(4) IPTV"回看"中的权项定性之争。讨论 IPTV 侵权场景,不能不谈到几年前一直有典型性争议的"回看"定性问题。本书不详细分析该争议,原因在于其学术争议大于司法实践之争。因为"回看"是受信息网络传播权还是广播权规制,分歧主要集中在"IPTV 回看"业务在时间、地点上的限制性,是否会阻碍信息网络传播行为的成立。后者认为"IPTV 回看"属于信息网络传播行为,理由是"IPTV 回看"乃是通过 IP 专网传播,其受众的地域范围和用户人数有限,且往往只能回看三天至一周内的电视节目,超过特定的时间范围,用户则无法再观看,不满足信息网络传播行为所指的"公众"范围以及"选定的时间和地点"要求。

目前司法裁判的主流观点认为,"IPTV 回看"业务满足了用户在其选定的时间和地点获得作品的条件,具备交互式传播的特征,因此落入信息网络传播权的控制范围。司法实践中,大多数主审法官严格按照信息网络传播权的两个主要特征来审判"回看"类案件,这两个特征是:控制"交互式传播";能够使公众"获得"。对照上述特征,用户通过回看列表中点击节目名称即可播放完整涉案节目,即用户可根据自己的需要,在平台提供涉案节目在线播放的服务期间内,在个人选定的时间和地点观看涉案节目,该行为符合信息网络传播权的交互性特征。

后　记

原本我想在后记中好好回顾完成本书的心路历程，因为梳理思路、整理资料、写作总结进而编辑出书，相对代理案件而言是一件非常出力不讨好的事情。在这个喜欢"快餐""浮躁"的环境下，笃定初心完成出版更是如此。但是在本书即将出版之际，突然没有了这个想法，原因也许就是自己内心所向，"因为山在那里"，出书亦是如此。

在很多场所被问起我本人的执业领域并得到回应后，不少人表现出对知识产权的热情，认为知识产权在当下很火。我想这个"火"的背后，有商业解读，有政策解读，亦有历史与代入感的对比感受。但是于我，却是因为曾经的理科生对技术、对创新、对未来永远充满好奇，进而探究如何保护他人知识成果、尊重他人劳动成果的内心选择！这也有力地诠释了我的跨学科学习与探索，都是出于自己内心这份对知识的尊重与虔诚！

技术发展日新月异，商业模式迭代迅速，法律从业者对被侵害的知识产权如何获得法律救济、适用何种法律变得扑朔迷离。但是，无论多么复杂的案件，代理律师也应该全力以赴。俗语云，"隔行如隔山"，经济学家看重效率与发展，而法学家看重公平与正义，二者对垄断的态度就截然不同，那么在同一件事情的处理上，就不能由一个角色兼顾。知识产权受法律保护是天然的，但是其无形性、授权转移相对实体的随意性、发展的阶段性等因素，造成权利人寻求知识产权保护的困难重重。而在侵权的认定与判赔上，又因知识产权的无形性、创新性而没有可靠的参考标准，增加了裁判者对案件的裁决难度。这个时候，裁判者手中的权力如果有了不理智的冲动，就容易让案件的裁决不那么经得起时间的考验。只有秉承法律对权利保护的本义，才不难作出对知识产权保护的裁决。

正因如此，我认为本书中的案例精析是方法与理论的总结，依然具有生命力。从案例选择上，力求场景新颖、面面俱到，即选择在技术的发展中所呈现出来的最新侵权方式、最前沿侵权类型，并力求更为类型化、多样性，更具有参考意义。在体例设计上，站在作品的呈现场景以及律师对场景法律处理上，直接用侵权场景来列明，使律师或者其他法律工作者可以直接有针对性地触达选择。

感谢知识产权出版社的刘睿编审、邓莹副编审在本书出版过程中给予我的许多建设性意见与具体指教，让我受益良多，感谢她们！她们的专业、敬业让我对编辑更加尊重、对著书立作更加敬畏！

我的助理蔡静聪明、肯干，在工作中能打胜仗，敢打硬仗！本书中的很多整理工作由她帮助我完成，感谢她！但本书的所有缺陷与不足由我承担。在这个新媒体与法律服务相结合的时代，蔡静不仅拥有丰富的诉讼及争议解决经验，涉及知识产权、公司法、民商事等多个领域，亦是一名在法律短视频领域奔跑的前行者，且许我借此机会，欢迎各位读者关注"合博法记""合博说法"两个视频号和公众号。本人水平有限，书中难免存有不足，恳请各位读者朋友不吝指教！我的邮箱是 dr.shi@hebolaw.com。

史本军
2024 年 11 月